板書で見る
国語
全単元の授業のすべて
小学校 5年 下

中村和弘 監修
井上陽童・小木和美 編著

東洋館出版社

まえがき

令和２年度に完全実施となる小学校の学習指導要領では、これからの時代に求められる資質・能力や教育内容が示されました。

この改訂を受け、これからの国語科では、

・子供たちが言語活動を通して「言葉による見方・考え方」を働かせながら学習に取り組むことができるようにする。

・単元の目標／評価を、〔知識及び技能〕と〔思考力、判断力、表現力等〕のそれぞれの指導事項を結び付けて設定し、それらの資質・能力が確実に身に付くよう学習過程を工夫する。

・子供たちにとって「主体的・対話的で深い学び」が実現するよう、単元の構成や教材の扱い、言語活動の設定などを工夫する。

などの授業づくりが求められています。

一方で、こうした授業を実現していくためには、いくつかの難しさを抱えているように思います。例えば、言語活動が重視されるあまり、「国語科の授業で肝心なのは、言葉や言葉の使い方などを学ぶことである」という共通認識が薄れているように感じます。あるいは、活動には取り組ませているけれども、今日の学習でどのような言葉の力が付いたのかが、教師にも子供たちにも自覚的ではない授業が見られます。

国語科の授業を通して、「どんな力が付けばよいのか」「何を教えればよいのか」という肝心な部分で、困っている先生方が多いのではないかと感じています。

本書は、「板書をどうすればいいのか」という悩みに答えながら、同時に、国語科の授業で「どんな力が付けばよいのか」「何を教えればよいのか」というポイントを、単元ごとに分かりやすく具体的に示しています。いわば、国語科の授業づくりの手引き書でもあることが特徴です。

この板書シリーズは、2005年の初版刊行以来、毎日の授業づくりに寄り添う実践書として多くの先生方に活用されてきました。そして、改訂を重ねるたびに、板書の仕方はもちろん、「もっとうまく国語の授業ができるようになりたい」という先生方の要望に応えられる内容と質を備えられるよう、改善されてきました。

今回、平成29年告示の学習指導要領に対応する新シリーズを作るに当たっても、そうした点を大切にして、検討を重ねてきました。

日々教室で子供たちと向き合う先生方に、「こういうふうに授業を進めていけばよいのか」「指導のポイントは、こういうところにあるのか」「自分でもこんな工夫をしてみたい」と国語科の授業づくりの楽しさを感じながらご活用いただければ幸いです。

令和２年３月吉日

中村　和弘

本書活用のポイント―単元構想ページ―

本書は、各学年の全単元について、単元全体の構想と各時間の板書のイメージを中心とした本時案を紹介しています。各単元の冒頭にある単元構想ページの活用のポイントは次のとおりです。

教材名と指導事項、関連する言語活動例

本書の編集に当たっては、令和２年発行の光村図書出版の国語教科書を参考にしています。まずは、各単元で扱う教材とその時数、さらにその下段に示した学習指導要領に即した指導事項や関連する言語活動例を確かめましょう。

単元の目標

単元の目標を総括目標として示しています。各単元で身に付けさせたい資質・能力の全体像を押さえておきましょう。

評価規準

ここでは、指導要録などの記録に残すための評価を取り上げています。本書では、❶❷のように記録に残すための評価は色付きの丸数字で統一して示しています。本時案の評価で色付きの丸数字が登場したときには、本ページの評価規準と併せて確認することで、より単元全体を意識した授業づくりができるようになります。

おおきな　かぶ　（6 時間扱い）

〔知識及び技能〕(1)ク　〔思考力、判断力、表現力等〕C 読むことイ、エ　関連する言語活動例 C(2)イ

単元の目標

・場面の様子について、登場人物の行動を中心に想像を広げながら読むことができる。
・繰り返しの言葉やリズムを考えながら、声に出して読むことができる。

評価規準

知識・技能	❶語のまとまりや言葉の響きなどに気を付けて音読している。(〔知識及び技能〕(1)ク)
思考・判断・表現	❷「読むこと」において場面の様子や登場人物の行動など、話の内容の大体を捉えている。(〔思考力・判断力・表現力〕C イ) ❸「読むこと」において場面の様子に着目して、登場人物の行動を具体的に想像している。(〔思考力・判断力・表現力〕C エ)
主体的に学習に取り組む態度	❹進んで場面の様子から登場人物の行動を具体的に想像し、学習の見通しをもって、想像したことや考えたことを音読で表現しようとしている。

単元の流れ

次	時	主な学習活動	評価
一	1	教師の範読後、全文を読み、物語の場面や登場人物や出てくる順番を確かめる。 初発の感想を書く。	
二	2	学習の見通しをもつ 初発の感想から、話の特徴やおもしろいところを共有し、学習課題を考える。 繰り返しの言葉を見つけ、その効果を考える。	❷
	3	かぶを抜こうとするときや助けを呼ぼうとするときの、登場人物の行動や気持ちを想像する。 繰り返し出てくる言葉の意味の違いを考え、音読の仕方を工夫する。	❶
	4	かぶが抜けないときやかぶを抜こうとするときの、登場人物の行動や気持ちを想像する。 つなぎ言葉の意味の違いを考え、音読の仕方を工夫する。 かぶが抜けた理由について話し合う。	❸
三	5・6	役割を決めて、音読の練習をする。 音読発表会をする。 学習を振り返る 学習の振り返りをする。	❹

おおきな　かぶ
202

単元の流れ

単元の目標や評価規準を押さえた上で、授業をどのように展開していくのかの大枠をここで押さえます。各展開例は学習活動ごとに構成し、それぞれに対応する評価をその右側の欄に対応させて示しています。

ここでは、「評価規準」で挙げた記録に残すための評価のみを取り上げていますが、本時案では必ずしも記録には残さない、指導に生かす評価も示しています。本時案での詳細かつ具体的な評価の記述と併せて確認することで、指導と評価の一体化を意識することが大切です。

また、学習の見通しをもつ 学習を振り返る という見出しが含まれる単元があります。見通しをもたせる場面と振り返りを行う場面を示すことで、教師が子供の学びに向かう姿を見取ったり、子供自身が自己評価を行う機会を保障したりすることに活用できるようにしています。

授業づくりのポイント

〈単元で育てたい資質・能力〉

本単元のねらいは、場面の様子から想像したことを音読で表現する力を育むことである。

そのために、登場人物の行動や会話に着目し、具体的に登場人物の様子や気持ちを想像できるようにする。想像したことを音読で表現することで、繰り返し出てくる言葉の意味やリズムのよさなどに気付くことができるようにする。

具体例

○おじいさんはかぶの種をまくときに、「あまい　あまい　かぶに　なれ。おおきな　おおきな　かぶに　なれ。」と言っている。「あまい　かぶに　なれ。」ではなく「あまい　あまい」や「おおきな　おおきな」と２回同じ言葉を繰り返している。このことから、このときのおじいさんの気持ちを考えさせたい。

〈教材・題材の特徴〉

「おおきな　かぶ」は、反復表現と登場人物が現れる順序が特徴的な話であり、その繰り返しの効果がおもしろさを引き出している教材である。

登場人物が次の登場人物を呼んでくる同じ展開の繰り返し、「うんとこしょ、どっこいしょ。」という同じ掛け声の繰り返し、「○○が□□をひっぱって」という行動描写の繰り返し、「それでも～ぬけません」「まだまだ～ぬけません」等の接続詞や副詞を使った同じ状況の繰り返しがある。言葉の繰り返しは、イメージと意味を強調する効果がある。

登場人物が現れる順序は、自分よりも力が弱いものを呼んでくる設定が繰り返される。大きなかぶを抜こうとしているのに対して、どんどん力が小さい登場人物が登場することで、かぶが抜けてほしいという思いと果たしてかぶは抜けるのかという緊張感があいまって、読み手は作品に引き込まれていく。最後に小さな力のねずみの参加でかぶが抜ける意外性とともに、みんなで協力することの大切さや小さな存在の大きな役割という価値も見いだすことができる。

具体例

○「うんとこしょ、どっこいしょ。」は６回繰り返される。１回ごとにかぶを引っ張る人数が増えるとともに、かぶを抜きたいという気持ちが強くなっていく。このことを踏まえ、どのように音読することがふさわしいのかと、表現方法を考えさせていく。

○「○○が□□をひっぱって」という表現が繰り返されることで、文章にリズムのよさが生まれる。登場人物の動作と会話のタイミングなどを具体的に想像させていく。

〈言語活動の工夫〉

話の繰り返される展開や繰り返し出てくる言葉に着目し、その効果のおもしろさを味わえるように言語活動を設定する。そのために、場面ごとに区切って読むのではなく、話全体を何度も通読することで、繰り返される言葉の意味の違いや効果を読み取り、音読の表現に生かせるようにする。また、繰り返される言葉が生み出す心地よいリズムによって、読み手は、自然と身体も動きだすであろう。動作化も取り入れながら、場面の様子を具体的に想像できるようにするとよい。

具体例

○話の世界を具体的に想像できるように、気持ちや会話を書き込めるようなワークシートを用意する。また、具体的に動作化できるように立体的なかぶを用意するなど工夫する。

○どのような音読表現がよいかについて、友達同士がアドバイスできる学習環境も整えたい。

203

授業づくりのポイント

ここでは、本単元の授業づくりのポイントを取り上げています。

全ての単元において〈単元で育てたい資質・能力〉を解説しています。単元で育てたい資質・能力を確実に身に付けさせるために、気を付けたいポイントや留意点に触れています。授業づくりに欠かせないポイントを押さえておきましょう。

他にも、単元や教材文の特性に合わせて〈教材・題材の特徴〉〈言語活動の工夫〉〈他教材や他教科との関連〉〈子供の作品やノート例〉〈並行読書リスト〉などの内容を適宜解説しています。これらの解説を参考にして、学級の実態を生かした工夫を図ることが大切です。各項目では解説に加え、具体例も挙げていますので、併せてご確認ください。

本書活用のポイント―本時案ページ―

単元の各時間の授業案は、板書のイメージを中心に、目標や評価、学習の進め方などを合わせて見開きで構成しています。各単元の本時案ページの活用のポイントは次のとおりです。

本時の目標

本時の目標を総括目標として示しています。単元冒頭ページとは異なり、各時間の内容により即した目標を示していますので、「授業の流れ」などと併せてご確認ください。

本時の主な評価

ここでは、各時間における評価について２種類に分類して示しています。それぞれの意味は次のとおりです。

○❶❷などの色付き丸数字が付いている評価

指導要録などの記録に残すための評価を表しています。単元冒頭ページにある「単元の流れ」の表に示された評価と対応しています。各時間の内容に即した形で示していますので、具体的な評価のポイントを確認することができます。

○「・」の付いている評価

必ずしも記録に残さない、指導に生かす評価を表しています。以降の指導に反映するための教師の見取りとして大切な視点です。指導との関連性を高めるためにご活用ください。

資料等の準備

ここでは、板書をつくる際に準備するとよいと思われる絵やカード等について、箇条書きで示しています。なお、💿の付いているものについては、本書付録の DVD にデータが収録されています。

本時案

おおきな　かぶ　1/6

本時の目標

・話の流れや登場人物を読み取ることができる。
・話を読んで、感想をもつことができる。

本時の主な評価

・話の流れを理解し、登場人物が出てくる順番を読み取っている。
・話のおもしろいところに気付き、感想を書くことができている。

資料等の準備

・挿絵
・登場人物のお面　💿 17-01～07

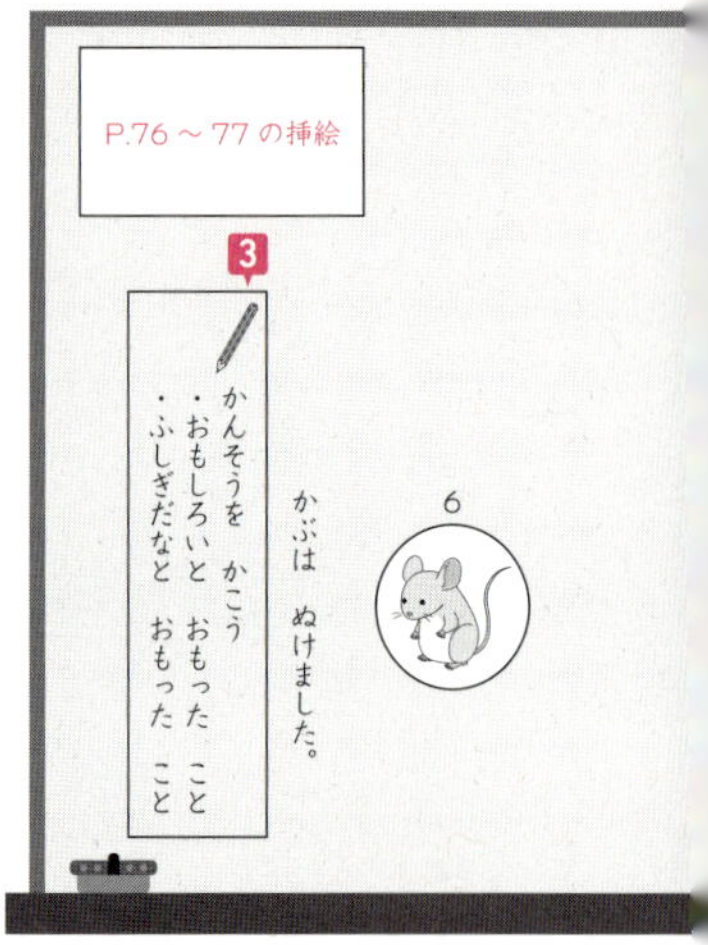

P.76～77の挿絵
6
かぶは　ぬけました。
3
かんそうを　かこう
・おもしろいと　おもった　こと
・ふしぎだなと　おもった　こと

授業の流れ ▷▷▷

1 「おおきな　かぶ」という題名から、どんな話か想起させ、教師の範読を聞く〈10分〉

○題名「おおきな　かぶ」や挿絵から話の内容を想像させ、話の内容に興味や期待感をもたせるようにする。

T　「おおきな　かぶ」はどんな話だと思いますか。

・大きなかぶの話。
・おじいさんがかぶを抜く話。

○範読を聞かせる際には、意識させたい観点を提示してから聞かせるようにする。

T　どんな話か、登場人物は何人でてくるのかを考えながら聞きましょう。

2 物語の場面や登場人物を出てきた順番に確認する〈25分〉

○教師の後に続いて全文を音読する。

○音読する際には、地の文と会話文（「　」）があることを確認し、会話文を意識して音読できるようにする。

T　話の場面はどこですか。

・おじいさんの畑。

T　どんな話でしたか。

・おじいさんが大きなかぶを育てた話。
・みんなで力を合わせてかぶを抜く話。

T　登場人物は何人いましたか。それは誰ですか。出てきた順番に言いましょう。

・６人。
・おじいさん、おばあさん、まご、いぬ、ねこ、ねずみ。

おおきな　かぶ
204

本時の板書例

子供たちの学びを活性化させ、授業の成果を視覚的に確認するための板書例を示しています。学習活動に関する項立てだけでなく、子供の発言例なども示すことで、板書全体の構成をつかみやすくなっています。

板書に示されている 1 2 などの色付きの数字は、「授業の流れ」の各展開と対応しています。どのタイミングで何を提示していくのかを確認し、板書を効果的に活用することを心掛けましょう。

色付きの吹き出しは、板書をする際の留意点です。実際の板書では、テンポよくまとめる必要がある部分があったり、反対に子供の発言を丁寧に記していく必要がある部分があったりします。留意点を参考にすることで、メリハリをつけて板書を作ることができるようになります。

その他、色付きの文字で示された部分は実際の板書には反映されない部分です。黒板に貼る掲示物などが当たります。

これらの要素をしっかりと把握することで、授業展開と一体となった板書を作り上げることができます。

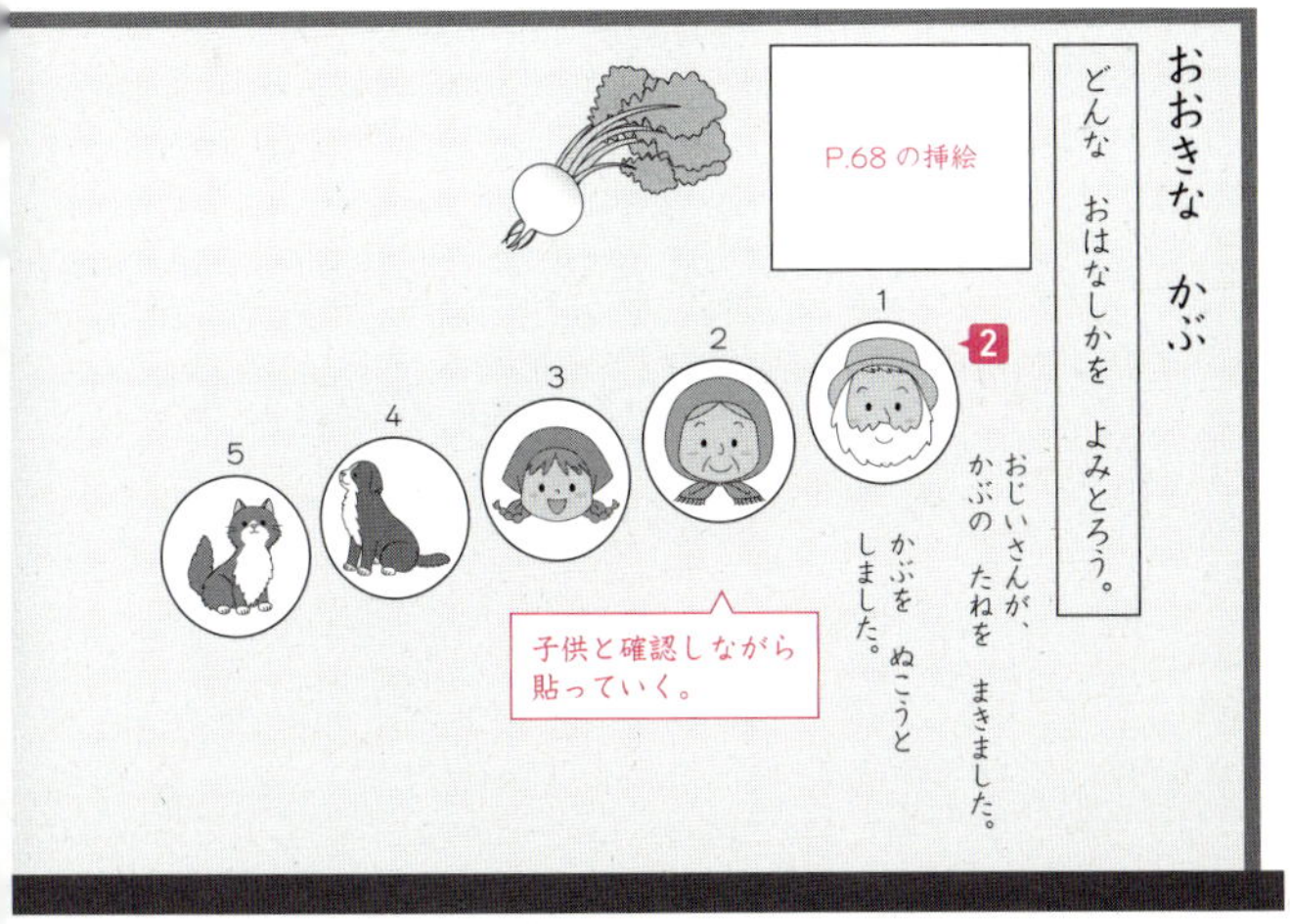

3 物語を読んだ感想を書く〈10分〉

○観点（おもしろいと思ったこと・不思議だなと思ったことなど）を示して感想を書かせるようにする。
・何回も「うんとこしょ、どっこいしょ。」と言っていておもしろい。
・なかなかかぶが抜けなくて、どきどきした。
・みんなでかぶを引っ張って、かぶが抜けてよかった。
・どうして、ねずみが引っ張ってかぶが抜けたのだろう。

よりよい授業へのステップアップ

範読の工夫

低学年の子供への教師の範読は、子供が話を理解したり、話の世界に浸ったりする手助けとなるため重要である。地の文と会話文の表現の違いが分かるように音読し、「誰が何をしたのか」「だれが何と言ったのか」など、登場人物の行動や話の展開を理解できるように工夫する。

掲示物の工夫

話の流れや登場人物の順番を理解できるように挿絵などの掲示物を効果的に使うようにしたい。

第1時
205

よりよい授業へのステップ

ここでは、本時の指導についてポイントを絞って解説しています。授業を行うに当たって、子供がつまずきやすいポイントやさらに深めたい内容について、各時間の内容に即して実践的に示しています。よりよい授業づくりのために必要な視点を押さえましょう。

授業の流れ

1時間の授業をどのように展開していくのかについて示しています。

各展開例について、主な学習活動とともに目安となる時間を示しています。導入に時間を割きすぎたり、主となる学習活動に時間を取れなかったりすることを避けるために、時間配分もしっかりと確認しておきましょう。

各展開は、T：教師の発問や指示等、・：予想される子供の反応例、〇：留意点等の3つの内容で構成されています。この展開例を参考に、各学級の実態に合わせてアレンジを加え、より効果的な授業展開を図ることが大切です。

板書で見る全単元の授業のすべて
国語 小学校５年下
もくじ

まえがき …… 001
本書活用のポイント …… 002

1 第５学年における授業づくりのポイント

「主体的・対話的で深い学び」を目指す授業づくりのポイント …… 010
「言葉による見方・考え方」を働かせる授業づくりのポイント …… 012
学習評価のポイント …… 014
板書づくりのポイント …… 016
第５学年及び第６学年　指導事項／言語活動一覧表 …… 018
第５学年の指導内容と身に付けたい国語力 …… 020

2 第５学年の授業展開

季節の言葉３
秋の夕暮れ …… 026

たがいの立場を明確にして、話し合おう
よりよい学校生活のために …… 034

漢字の広場③ …… 050

4 資料を用いた文章の効果を考え、それをいかして書こう
固有種が教えてくれること／統計資料の読み方／グラフや表を用いて書こう …… 054

伝えられてきた文化
古典芸能の世界―語りで伝える …… 078

カンジー博士の暗号解読 …… 084

声に出して楽しもう
古典の世界（二） …… 090

漢字の広場④ …… 096

5 伝記を読んで、自分の生き方について考えよう

やなせたかし—アンパンマンの勇気 …… 100

読み手が納得する意見文を書こう

あなたは、どう考える …… 114

季節の言葉4

冬の朝 …… 130

詩の楽しみ方を見つけよう

生活の中で詩を楽しもう …… 138

言葉

方言と共通語 …… 146

漢字の広場⑤ …… 152

6 事例と意見の関係をおさえて読み、考えたことを伝え合おう

想像力のスイッチを入れよう …… 156

言葉

複合語 …… 170

言葉について考えよう

伝わる表現を選ぼう …… 176

相手や目的を明確にして、すいせんする文章を書こう

この本、おすすめします …… 184

事実と感想、意見とを区別して、説得力のある提案をしよう

提案しよう、言葉とわたしたち …… 202

言葉

日本語の表記 …… 216

漢字の広場⑥ …… 220

7 すぐれた表現に着目して読み、物語のみりょくをまとめよう

大造じいさんとガン …… 224

監修者・編著者・執筆者紹介 …… 240

1

第5学年における
授業づくりのポイント

「主体的・対話的で深い学び」を目指す授業づくりのポイント

1 国語科における「主体的・対話的で深い学び」の実現

平成29年告示の学習指導要領では、国語科の内容は育成を目指す資質・能力の３つの柱の整理を踏まえ、〔知識及び技能〕と〔思考力、判断力、表現力等〕から編成されている。これらの資質・能力は、国語科の場合は言語活動を通して育成される。

つまり、子供の取り組む言語活動が充実したものであれば、その活動を通して、教師の意図した資質・能力は効果的に身に付くということになる。逆に、子供にとって言語活動がつまらなかったり気が乗らなかったりすると、資質・能力も身に付きにくいということになる。

ただ、どんなに言語活動が魅力的であったとしても、あるいは子供が熱中して取り組んだとしても、それらを通して肝心の国語科としての資質・能力が身に付かなければ、本末転倒ということになってしまう。

このように、国語科における学習活動すなわち言語活動は、きわめて重要な役割を担っている。その言語活動の質を向上させていくための視点が、「主体的・対話的で深い学び」ということになる。学習指導要領の「指導計画作成上の配慮事項」では、次のように示されている。

> 単元など内容や時間のまとまりを見通して、その中で育む資質・能力の育成に向けて、児童の主体的・対話的で深い学びの実現を図るようにすること。その際、言葉による見方・考え方を働かせ、言語活動を通して、言葉の特徴や使い方などを理解し自分の思いや考えを深める学習の充実を図ること。

ここにあるように、「主体的・対話的で深い学び」の実現は、「資質・能力の育成に向けて」工夫されなければならない点を確認しておきたい。

2 主体的な学びを生み出す

例えば、「読むこと」の学習では、子供の読む力は、何度も文章を読むことを通して高まる。ただし、「読みましょう」と教師に指示されて読むよりも、「どうしてだろう」と問いをもって読んだり、「こんな点を考えてみよう」と目的をもって読んだりした方が、ずっと効果的である。問いや目的は、子供の自発的な読みを促してくれる。

教師からの「〇場面の人物の気持ちを考えましょう」という指示的な学習課題だけでは、こうした自発的な読みが生まれにくい。「〇場面の人物の気持ちは、前の場面と比べてどうか」「なぜ、変化したのか」「ＡとＢと、どちらの気持ちだと考えられるか」など、子供の問いや目的につながる課題や発問を工夫することが、主体的な学びの実現へとつながる

この点は、「話すこと・聞くこと」や「書くこと」の授業でも同じである。「まず、こう書きましょう」「書けましたか。次はこう書きましょう」という指示の繰り返しで書かせていくと、活動がいつの間にか作業になってしまう。それだけではなく、「どう書けばいいと思う？」「前にどんな書き方を習った？」「どう工夫して書けばいい文章になるだろう？」などのように、子供に問いかけ、考えさせながら書かせていくことで、主体的な学びも生まれやすくなる。

3 対話的な学びを生み出す

対話的な学びとして、グループで話し合う活動を取り入れても、子供たちに話し合いたいことがなければ、形だけの活動になってしまう。活動そのものが大切なのではなく、何かを解決したり考えたりする際に、１人で取り組むだけではなく、近くの友達や教師などの様々な相手に、相談したり自分の考えを聞いてもらったりすることに意味がある。

そのためには、例えば、「疑問（〇〇って、どうなのだろうね？）」「共感や共有（ねえ、聞いてほしいんだけど……）」「目的（いっしょに、〇〇しよう！）」「相談（〇〇をどうしたらいいのかな）」などをもたせることが有用である。その上で、何分で話し合うのか（時間）、誰と話し合うのか（相手）、どのように話し合うのか（方法や形態）といったことを工夫するのである。

また、国語における対話的な学びでは、相手や対象に「耳を傾ける」ことが大切である。相手の言っていることにしっかり耳を傾け、「何を言おうとしているのか」という意図など考えながら聞くということである。

大人でもそうだが、思っていることや考えていることなど、頭の中の全てを言葉で言い表すことはできない。だからこそ、聞き手は、相手の言葉を手がかりにしながら、その人がうまく言葉にできていない思いや考え、意図を汲み取って聞くことが大切になってくる。

聞くとは、受け止めることであり、フォローすることである。聞き手がそのように受け止めてくれることで、話し手の方も、うまく言葉にできなくても口を開くことができる。対話的な学びとは、話し手と聞き手とが、互いの思いや考えをフォローし合いながら言語化する共同作業である。対話することを通して、思いや考えが言葉になり、そのことが思考を深めることにつながる。

国語における対話的な学びの場面では、こうした言葉の役割や対話をすることの意味などに気付いていくことも、言葉を学ぶ教科だからこそ、大切にしていきたい。

4 深い学びを生み出す

深い学びを実現するには、言葉による見方・考え方を働かせ、言語活動を通して国語科としての資質・能力を身に付けることが欠かせない（「言葉による見方・考え方」については、次ページを参照）。授業を通して、子供の中に、言葉や言葉の使い方についての発見や更新が生まれるということである。

国語の授業は、言語活動を通して行われるため、どうしても活動することが目的化しがちである。だからこそ、読むことでも書くことでも、「どのような言葉や言葉の使い方を学習するために、この活動を行っているのか」を、常に意識して授業を考えていくことが最も大切である。

そのためには、例えば、学習指導案の本時の目標と評価を、できる限り明確に書くようにすることが考えられる。「〇場面を読んで、人物の気持ちを想像する」という目標では、どのような語句や表現に着目し、どのように想像させるのかがはっきりしない。教材研究などを通して、この場面で深く考えさせたい叙述や表現はどこなのかを明確にすると、学習する内容も焦点化される。つまり、本時の場面の中で、どの語句や表現に時間をかけて学習すればよいかが見えてくる。全部は教えられないので、扱う内容の焦点化を図るのである。焦点化した内容について、課題の設定や言語活動を工夫して、子供の学びを深めていく。言葉や言葉の使い方についての、発見や更新を促していく。評価についても同様で、何がどのように読めればよいのかを、子供の姿で考えることでより具体的になる。

このように、授業のねらいが明確になり、扱う内容が焦点化されると、その部分の学習が難しい子供への手立ても、具体的に用意することができる。どのように助言したり、考え方を示したりすればその子供の学習が深まるのかを、個別に具体的に考えていくのである。

「言葉による見方・考え方」を働かせる授業づくりのポイント

1 「言葉を学ぶ」教科としての国語科の授業

国語科は「言葉を学ぶ」教科である。

物語を読んで登場人物の気持ちについて話し合っても、説明文を読んで分かったことを新聞にまとめても、その言語活動のさなかに、「言葉を学ぶ」ことが子供の中に起きていなければ、国語科の学習に取り組んだとは言いがたい。

「言葉を学ぶ」とは、普段は意識することのない「言葉」を学習の対象とすることであり、これもまたあまり意識することのない「言葉の使い方」（話したり聞いたり書いたり読んだりすること）について、意識的によりよい使い方を考えたり向上させたりしていくことである。

例えば、国語科で「ありの行列」という説明的文章を読むのは、アリの生態や体の仕組みについて詳しくなるためではない。その文章が、どのように書かれているかを学ぶために読む。だから、文章の構成を考えたり、説明の順序を表す接続語に着目したりする。あるいは、「問い」の部分と「答え」の部分を、文章全体から見付けたりする。

つまり、国語科の授業では、例えば、文章の内容を読み取るだけでなく、文章中の「言葉」の意味や使い方、効果などに着目しながら、筆者の書き方の工夫を考えたりすることなどが必要である。また、文章を書く際にも、構成や表現などを工夫し、試行錯誤しながら相手や目的に応じた文章を書き進めていくことなどが必要となってくる。

2 言葉による見方・考え方を働かせるとは

平成29年告示の学習指導要領では、小学校国語科の教科の目標として「言葉による見方・考え方を働かせ、言語活動を通して、国語で正確に理解し適切に表現する資質・能力を次のとおり育成することを目指す」とある。その「言葉による見方・考え方を働かせる」ということついて、『小学校学習指導要領解説　国語編』では、次のように説明されている。

> 言葉による見方・考え方を働かせるとは、児童が学習の中で、対象と言葉、言葉と言葉との関係を、言葉の意味、働き、使い方等に着目して捉えたり問い直したりして、言葉への自覚を高めることであると考えられる。様々な事象の内容を自然科学や社会科学等の視点から理解することを直接の学習目的としない国語科においては、言葉を通じた理解や表現及びそこで用いられる言葉そのものを学習対象としている。このため、「言葉による見方・考え方」を働かせることが、国語科において育成を目指す資質・能力をよりよく身に付けることにつながることとなる。

一言でいえば、言葉による見方・考え方を働かせるとは、「言葉」に着目し、読んだり書いたりする活動の中で、「言葉」の意味や働き、その使い方に目を向け、意識化していくことである。

前に述べたように、「ありの行列」という教材を読む場合、文章の内容の理解のみを授業のねらいとすると、理科の授業に近くなってしまう。もちろん、言葉を通して内容を正しく読み取ることは、国語科の学習として必要なことである。しかし、接続語に着目したり段落と段落の関係を考えたりと、文章中に様々に使われている「言葉」を捉え、その意味や働き、使い方などを検討していくことが、言葉による見方・考え方を働かせることにつながる。子供たちに、文章の内容への興味をもたせるとともに、書かれている「言葉」を意識させ、「言葉そのもの」に関心をもたせることが、国語科の授業では大切となる。

3 〔知識及び技能〕と〔思考力、判断力、表現力等〕

言葉による見方・考え方を働かせながら、文章を読んだり書いたりさせるためには、〔知識及び技能〕の事項と〔思考力、判断力、表現力等〕の事項とを組み合わせて、授業を構成していくことが必要となる。文章の内容ではなく、接続語の使い方や文末表現への着目、文章構成の工夫や比喩表現の効果など、文章の書き方に目を向けて考えていくためには、そもそもそういった種類の「言葉の知識」が必要である。それらは主に〔知識及び技能〕の事項として編成されている。

一方で、そうした知識は、ただ知っているだけでは、読んだり書いたりするときに生かされてこない。例えば、文章構成に関する知識を使って、今読んでいる文章について、構成に着目してその特徴や筆者の工夫を考えてみる。あるいは、これから書こうとしている文章について、様々な構成の仕方を検討し、相手や目的に合った書き方を工夫してみる。これらの「読むこと」や「書くこと」などの領域は、〔思考力、判断力、表現力等〕の事項として示されているので、どう読むか、どう書くかを考えたり判断したりする言語活動を組み込むことが求められている。

このように、言葉による見方・考え方を働かせながら読んだり書いたりするには、「言葉」に関する知識・技能と、それらをどう駆使して読んだり書いたりすればいいのかという思考力や判断力などの、両方の資質・能力が必要となる。単元においても、〔知識及び技能〕の事項と〔思考力、判断力、表現力等〕の事項とを両輪のように組み合わせて、目標／評価を考えていくことになる。先に引用した『解説』の最後に、「『言葉による見方・考え方』を働かせることが、国語科において育成を目指す資質・能力をよりよく身に付けることにつながる」としているのも、こうした理由からである。

4 他教科等の学習を深めるために

もう１つ大切なことは、言葉による見方・考え方を働かせることが、各教科等の学習にもつながってくる点である。一般的に、学習指導要領で使われている「見方・考え方」とは、その教科の学びの本質に当たるものであり、教科固有のものであるとして説明されている。ところが、言葉による見方・考え方は、他教科等の学習を深めることとも関係してくる。

これまで述べてきたように、国語科で文章を読むときには、書かれている内容だけでなく、どう書いてあるかという「言葉」の面にも着目して読んだり考えたりしていくことが大切であった。

この「言葉」に着目し、意味を深く考えたり、使い方について検討したりすることは、社会科や理科の教科書や資料集を読んでいく際にも、当然つながっていくものである。例えば、言葉による見方・考え方が働くということは、社会の資料集や理科の教科書を読んでいるときにも、「この言葉の意味は何だろう、何を表しているのだろう」と、言葉と対象の関係を考えようとしたり、「この用語と前に出てきた用語とは似ているが何が違うのだろう」と言葉どうしを比較して検討しようとしたりするということである。

教師が、「その言葉の意味を調べてみよう」「用語同士を比べてみよう」と言わなくても、子供自身が言葉による見方・考え方を働かせることで、そうした学びを自発的にスタートさせることができる。国語科で、言葉による見方・考え方を働かせながら学習を重ねてきた子供たちは、「言葉」を意識的に捉えられる「構え」が生まれている。それが他の教科の学習の際にも働くのである。

言語活動に取り組ませる際に、どんな「言葉」に着目させて、読ませたり書かせたりするのかを、教材研究などを通してしっかり捉えておくことが大切である。

学習評価のポイント

1 国語科における評価の観点

各教科等における評価は、平成29年告示の学習指導要領に沿った授業づくりにおいても、観点別の目標準拠評価の方式である。学習指導要領に示される各教科等の目標や内容に照らして、子供の学習状況を評価するということであり、評価の在り方としてはこれまでと大きく変わることはない。

ただし、その学習指導要領そのものが、「知識及び技能」「思考力、判断力、表現力等」「学びに向かう力、人間性等」の資質・能力の３つの柱で、目標や内容が構成されている。そのため、観点別学習状況の評価についても、この３つの柱に基づいた観点で行われることとなる。

国語科の評価観点も、これまでの５観点から次の３観点へと変更される。

「（国語への）関心・意欲・態度」 「話す・聞く能力」 「書く能力」 「読む能力」 「（言語についての）知識・理解（・技能）」	→	「知識・技能」 「思考・判断・表現」 「主体的に学習に取り組む態度」

2 「知識・技能」「思考・判断・表現」の評価規準

国語科の評価観点のうち、「知識・技能」と「思考・判断・表現」については、それぞれ学習指導要領に示されている〔知識及び技能〕と〔思考力、判断力、表現力等〕と対応している。

例えば、低学年の「話すこと・聞くこと」の領域で、夏休みにあったことを紹介する単元があり、次の２つの指導事項を身に付けることになっていたとする。

・音節と文字との関係、アクセントによる語の意味の違いなどに気付くとともに、姿勢や口形、発声や発音に注意して話すこと。　〔知識及び技能〕(1)イ
・相手に伝わるように、行動したことや経験したことに基づいて、話す事柄の順序を考えること。　〔思考力、判断力、表現力等〕A 話すこと・聞くことイ

この単元の学習評価を考えるには、これらの指導事項が身に付いた状態を示すことが必要である。したがって、評価規準は次のように設定される。

「知識・技能」	姿勢や口形、発声や発音に注意して話している。
「思考・判断・表現	「話すこと・聞くこと」において、相手に伝わるように、行動したことや経験したことに基づいて、話す事柄の順序を考えている。

このように、「知識・技能」と「思考・判断・表現」の評価については、単元で扱う指導事項の文末を「〜こと」から「〜している」として置き換えると、評価規準を作成することができる。その際、単元で育成したい資質・能力に照らして、指導事項の文言の一部を用いて評価規準を作成する場合もあることに気を付けたい。また、「思考・判断・表現」の評価を書くにあたっては、例のように、冒頭に「『話すこと・聞くこと』において」といった領域名を明記すること（「書くこと」「読む

こと」も同様）も必要である。

3 「主体的に学習に取り組む態度」の評価規準

一方で、「主体的に学習に取り組む態度」の評価については、指導事項の文言をそのまま使うということができない。学習指導要領では、「学びに向かう力、人間性等」については教科の目標や学年の目標に示されてはいるが、指導事項としては記載されていないからである。そこで、「主体的に学習に取り組む態度」の評価規準は、それぞれの単元で、育成する資質・能力と言語活動に応じて、次のように作成する必要がある。

「主体的に学習に取り組む態度」の評価規準は、次の①〜④の内容で構成される（〈　〉内は当該内容の学習上の例示）。

①粘り強さ〈積極的に、進んで、粘り強く等〉
②自らの学習の調整〈学習の見通しをもって、学習課題に沿って、今までの学習を生かして等〉
③他の２観点において重点とする内容（特に、粘り強さを発揮してほしい内容）
④当該単元（や題材）の具体的な言語活動（自らの学習の調整が必要となる具体的な言語活動）

先の低学年の「話すこと・聞くこと」の単元の場合でいえば、この①〜④の要素に当てはめてみると、例えば、①は「進んで」、②は「今までの学習を生かして」、③は「相手に伝わるように話す事柄の順序を考え」、④は「夏休みの出来事を紹介している」とすることができる。

この①〜④の文言を、語順などを入れ替えて自然な文とすると、この単元での「主体的に学習に取り組む態度」の評価規準は、

「主体的に学習に取り組む態度」	進んで相手に伝わるように話す事柄の順序を考え、今までの学習を生かして、夏休みの出来事を紹介しようとしている。

と設定することができる。

4 評価の計画を工夫して

学習指導案を作る際には、「単元の指導計画」などの欄に、単元のどの時間にどのような言語活動を行い、どのような資質・能力の育成をして、どう評価するのかといったことを位置付けていく必要がある。評価規準に示した子供の姿を、単元のどの時間でどのように把握し記録に残すかを、計画段階から考えておかなければならない。

ただし、毎時間、全員の学習状況を把握して記録していくということは、現実的には難しい。そこで、ABCといった記録に残す評価活動をする場合と、記録には残さないが、子供の学習の様子を捉え指導に生かす評価活動をする場合との、二つの学習評価の在り方を考えるとよい。

記録に残す評価は、評価規準に示した子供の学習状況を、原則として言語活動のまとまりごとに評価していく。そのため、単元のどのタイミングで、どのような方法で評価するかを、あらかじめ計画しておく必要がある。一方、指導に生かす評価は、毎時間の授業の目標などに照らして、子供の学習の様子をそのつど把握し、日々の指導の工夫につなげていくことがポイントである。

こうした２つの学習評価の在り方をうまく使い分けながら、子供の学習の様子を捉えられるようにしたい。

板書づくりのポイント

1 縦書き板書の意義

国語科の板書のポイントの１つは、「縦書き」ということである。教科書も縦書き、ノートも縦書き、板書も縦書きが基本となる。

また、学習者が小学生であることから、板書が子供たちに与える影響が大きい点も見過ごすことができない。整わない板書、見にくい板書では子供たちもノートが取りにくい。また、子供の字は教師の字の書き方に似てくると言われることもある。

教師の側では、電子黒板やデジタル教科書を活用し、いわば「書かないで済む板書」の工夫ができるが、子供たちのノートは基本的に手書きである。教師の書く縦書きの板書は、子供たちにとっては縦書きで字を書いたりノートを作ったりするときの、欠かすことのできない手がかりとなる。

デジタル機器を上手に使いこなしながら、手書きで板書を構成することのよさを再確認したい。

2 板書の構成

基本的には、黒板の右側から書き始め、授業の展開とともに左向きに書き進め、左端に最後のまとめなどがくるように構成していく。板書は45分の授業を終えたときに、今日はどのような学習に取り組んだのかが、子供たちが一目で分かるように書き進めていくことが原則である。

黒板の右側　授業の始めに、学習日、単元名や教材名、本時の学習課題などを書く。学習課題は、色チョークで目立つように書く。

黒板の中央　授業の展開や学習内容に合わせて、レイアウトを工夫しながら書く。上下二段に分けて書いたり、教材文の拡大コピーや写真や挿絵のコピーも貼ったりしながら、原則として左に向かって書き進める。チョークの色を決めておいたり（白色を基本として、課題や大切な用語は赤色で、目立たせたい言葉は黄色で囲むなど）、矢印や囲みなども工夫したりして、視覚的にメリハリのある板書を構成していく。

黒板の左側　授業も終わりに近付き、まとめを書いたり、今日の学習の大切なところを確認したりする。

3 教具を使って

(1) 短冊など

画用紙などを縦長に切ってつなげ、学習課題や大切なポイント、キーワードとなる教材文の一部などを事前に用意しておくことができる。チョークで書かずに短冊を貼ることで、効率的に授業を進めることができる。ただ、子供たちが短冊をノートに書き写すのに時間がかかったりするなど、配慮が必要なこともあることを知っておきたい。

(2) ミニホワイトボード

グループで話し合ったことなどを、ミニホワイトボードに短く書かせて黒板に貼っていくと、それらを見ながら、意見を仲間分けをしたり新たな考えを生み出したりすることができる。専用のものでなくても、100円ショップなどに売っている家庭用ホワイトボードの裏に、板磁石を両面テープで貼るなどして作ることもできる。

⑶ 挿絵や写真など

物語や説明文を読む学習の際に、場面で使われている挿絵をコピーしたり、文章中に出てくる写真や図表を拡大したりして、黒板に貼っていく。物語の場面の展開を確かめたり、文章と図表との関係を考えたりと、いろいろな場面で活用できる。

⑷ ネーム磁石

クラス全体で話し合いをするときなど、子供の発言を教師が短くまとめ、板書していくことが多い。そのとき、板書した意見の上や下に、子供の名前を書いた磁石も一緒に貼っていく。そうすると、誰の意見かが一目で分かる。子供たちも「前に出た○○さんに付け加えだけど……」のように、黒板を見ながら発言をしたり、意見をつなげたりしやすくなる。

4 黒板の左右に

⑴ 単元の学習計画や本時の学習の流れ

単元の指導計画を子供向けに書き直したものを提示することで、この先、何のためにどのように学習を進めるのかという見通しを、子供たちももつことができる。また、今日の学習が全体の何時間目に当たるのかも、一目で分かる。本時の授業の進め方も、黒板の左右の端や、ミニホワイトボードなどに書いておくこともできる。

⑵ スクリーンや電子黒板

黒板の上に広げるロール状のスクリーンを使用する場合は、当然その分だけ、板書のスペースが少なくなる。電子黒板などがある場合には、教材文などは拡大してそちらに映し、黒板のほうは学習課題や子供の発言などを書いていくことができる。いずれも、黒板とスクリーン（電子黒板）という二つをどう使い分け、どちらにどのような役割をもたせるかなど、意図的に工夫すると互いをより効果的に使うことができる。

⑶ 教室掲示を工夫して

教材文を拡大コピーしてそこに書き込んだり、挿絵などをコピーしたりしたものは、その時間の学習の記録として、教室の背面や側面などに掲示していくことができる。前の時間にどんなことを勉強したのか、それらを見ると一目で振り返ることができる。また、いわゆる学習用語などは、そのつど色画用紙などに書いて掲示していくと、学習の中で子供たちが使える言葉が増えてくる。

5 上達に向けて

⑴ 板書計画を考える

本時の学習指導案を作るときには、板書計画も合わせて考えることが大切である。本時の学習内容や活動の進め方とどう連動しながら、どのように板書を構成していくのかを具体的にイメージすることができる。

⑵ 自分の板書を撮影しておく

自分の授業を記録に取るのは大変だが、「今日は、よい板書ができた」というときには、板書だけ写真に残しておくとよい。自分の記録になるとともに、印刷して次の授業のときに配れば、前時の学習を振り返る教材として活用することもできる。

⑶ 同僚の板書を参考にする

最初から板書をうまく構成することは、難しい。誰もが見よう見まねで始め、工夫しながら少しずつ上達していく。校内でできるだけ同僚の授業を見せてもらい、板書の工夫を学ばせてもらうとよい。時間が取れないときも、通りがかりに廊下から黒板を見させてもらうだけでも勉強になる。

〈第５学年及び第６学年　指導事項／言語活動一覧表〉

教科の目標

	言葉による見方・考え方を働かせ、言語活動を通して、国語で正確に理解し適切に表現する資質・能力を次のとおり育成することを目指す。
知識及び技能	(1)　日常生活に必要な国語について、その特質を理解し適切に使うことができるようにする。
思考力、判断力、表現力等	(2)　日常生活における人との関わりの中で伝え合う力を高め、思考力や想像力を養う。
学びに向かう力、人間性等	(3)　言葉がもつよさを認識するとともに、言語感覚を養い、国語の大切さを自覚し、国語を尊重してその能力の向上を図る態度を養う。

学年の目標

知識及び技能	(1)　日常生活に必要な国語の知識や技能を身に付けるとともに、我が国の言語文化に親しんだり理解したりすることができるようにする。
思考力、判断力、表現力等	(2)　筋道立てて考える力や豊かに感じたり想像したりする力を養い、日常生活における人との関わりの中で伝え合う力を高め、自分の思いや考えを広げることができるようにする。
学びに向かう力、人間性等	(3)　言葉がもつよさを認識するとともに、進んで読書をし、国語の大切さを自覚して、思いや考えを伝え合おうとする態度を養う。

〔知識及び技能〕

（１）言葉の特徴や使い方に関する事項

(1)　言葉の特徴や使い方に関する次の事項を身に付けることができるよう指導する。	
言葉の働き	ア　言葉には、相手とのつながりをつくる働きがあることに気付くこと。
話し言葉と書き言葉	イ　話し言葉と書き言葉との違いに気付くこと。 ウ　文や文章の中で漢字と仮名を適切に使い分けるとともに、送り仮名や仮名遣いに注意して正しく書くこと。
漢字	エ　第５学年及び第６学年の各学年においては、学年別漢字配当表*の当該学年までに配当されている漢字を読むこと。また、当該学年の前の学年までに配当されている漢字を書き、文や文章の中で使うとともに、当該学年に配当されている漢字を漸次書き、文や文章の中で使うこと。
語彙	オ　思考に関わる語句の量を増し、話や文章の中で使うとともに、語句と語句との関係、語句の構成や変化について理解し、語彙を豊かにすること。また、語感や言葉の使い方に対する感覚を意識して、語や語句を使うこと。
文や文章	カ　文の中での語句の係り方や語順、文と文との接続の関係、話や文章の構成や展開、話や文章の種類とその特徴について理解すること。
言葉遣い	キ　日常よく使われる敬語を理解し使い慣れること。
表現の技法	ク　比喩や反復などの表現の工夫に気付くこと。
音読、朗読	ケ　文章を音読したり朗読したりすること。

＊…学年別漢字配当表は、『小学校学習指導要領（平成29年告示）』（文部科学省）を参照のこと

（２）情報の扱い方に関する事項

(2)　話や文章に含まれている情報の扱い方に関する次の事項を身に付けることができるよう指導する。	
情報と情報との関係	ア　原因と結果など情報と情報との関係について理解すること。
情報の整理	イ　情報と情報との関係付けの仕方、図などによる語句と語句との関係の表し方を理解し使うこと。

（３）我が国の言語文化に関する事項

(3)　我が国の言語文化に関する次の事項を身に付けることができるよう指導する。	
伝統的な言語文化	ア　親しみやすい古文や漢文、近代以降の文語調の文章を音読するなどして、言葉の響きやリズムに親しむこと。 イ　古典について解説した文章を読んだり作品の内容の大体を知ったりすることを通して、昔の人のものの見方や感じ方を知ること。
言葉の由来や変化	ウ　語句の由来などに関心をもつとともに、時間の経過による言葉の変化や世代による言葉の違いに気付き、共通語と方言との違いを理解すること。また、仮名及び漢字の由来、特質などについて理解すること。
書写	エ　書写に関する次の事項を理解し使うこと。 (ア)用紙全体との関係に注意して、文字の大きさや配列などを決めるとともに、書く速さを意識して書くこと。 (イ)毛筆を使用して、穂先の動きと点画のつながりを意識して書くこと。 (ウ)目的に応じて使用する筆記具を選び、その特徴を生かして書くこと。
読書	オ　日常的に読書に親しみ、読書が、自分の考えを広げることに役立つことに気付くこと。

〔思考力、判断力、表現力等〕

A　話すこと・聞くこと

	(1)　話すこと・聞くことに関する次の事項を身に付けることができるよう指導する。

話すこと	話題の設定	ア　目的や意図に応じて、日常生活の中から話題を決め、集めた材料を分類したり関係付けたりして、伝え合う内容を検討すること。
	情報の収集	
	内容の検討	
	構成の検討	イ　話の内容が明確になるように、事実と感想、意見とを区別するなど、話の構成を考えること。
	考えの形成	
	表現	ウ　資料を活用するなどして、自分の考えが伝わるように表現を工夫すること。
	共有	
聞くこと	話題の設定	【再掲】ア　目的や意図に応じて、日常生活の中から話題を決め、集めた材料を分類したり関係付けたりして、伝え合う内容を検討すること。
	情報の収集	
	構造と内容の把握	エ　話し手の目的や自分が聞こうとする意図に応じて、話の内容を捉え、話し手の考えと比較しながら、自分の考えをまとめること。
	精査・解釈	
	考えの形成	
	共有	
話し合うこと	話題の設定	【再掲】ア　目的や意図に応じて、日常生活の中から話題を決め、集めた材料を分類したり関係付けたりして、伝え合う内容を検討すること。
	情報の収集	
	内容の検討	
	話合いの進め方の検討	オ　互いの立場や意図を明確にしながら計画的に話し合い、考えを広げたりまとめたりすること。
	考えの形成	
	共有	
(2)　(1)に示す事項については、例えば、次のような言語活動を通して指導するものとする。		
	言語活動例	ア　意見や提案など自分の考えを話したり、それらを聞いたりする活動。 イ　インタビューなどをして必要な情報を集めたり、それらを発表したりする活動。 ウ　それぞれの立場から考えを伝えるなどして話し合う活動。

B　書くこと

(1)　書くことに関する次の事項を身に付けることができるよう指導する。	
題材の設定	ア　目的や意図に応じて、感じたことや考えたことなどから書くことを選び、集めた材料を分類したり関係付けたりして、伝えたいことを明確にすること。
情報の収集	
内容の検討	
構成の検討	イ　筋道の通った文章となるように、文章全体の構成や展開を考えること。
考えの形成	ウ　目的や意図に応じて簡単に書いたり詳しく書いたりするとともに、事実と感想、意見とを区別して書いたりするなど、自分の考えが伝わるように書き表し方を工夫すること。
記述	エ　引用したり、図表やグラフなどを用いたりして、自分の考えが伝わるように書き表し方を工夫すること。
推敲	オ　文章全体の構成や書き表し方などに着目して、文や文章を整えること。
共有	カ　文章全体の構成や展開が明確になっているかなど、文章に対する感想や意見を伝え合い、自分の文章のよいところを見付けること。
(2)　(1)に示す事項については、例えば、次のような言語活動を通して指導するものとする。	
言語活動例	ア　事象を説明したり意見を述べたりするなど、考えたことや伝えたいことを書く活動。 イ　短歌や俳句をつくるなど、感じたことや想像したことを書く活動。 ウ　事実や経験を基に、感じたり考えたりしたことや自分にとっての意味について文章に書く活動。

C　読むこと

(1)　読むことに関する次の事項を身に付けることができるよう指導する。	
構造と内容の把握	ア　事実と感想、意見などとの関係を叙述を基に押さえ、文章全体の構成を捉えて要旨を把握すること。 イ　登場人物の相互関係や心情などについて、描写を基に捉えること。
精査・解釈	ウ　目的に応じて、文章と図表などを結び付けるなどして必要な情報を見付けたり、論の進め方について考えたりすること。 エ　人物像や物語などの全体像を具体的に想像したり、表現の効果を考えたりすること。
考えの形成	オ　文章を読んで理解したことに基づいて、自分の考えをまとめること。
共有	カ　文章を読んでまとめた意見や感想を共有し、自分の考えを広げること。
(2)　(1)に示す事項については、例えば、次のような言語活動を通して指導するものとする。	
言語活動例	ア　説明や解説などの文章を比較するなどして読み、分かったことや考えたことを、話し合ったり文章にまとめたりする活動。 イ　詩や物語、伝記などを読み、内容を説明したり、自分の生き方などについて考えたことを伝え合ったりする活動。 ウ　学校図書館などを利用し、複数の本や新聞などを活用して、調べたり考えたりしたことを報告する活動。

第５学年の指導内容と身に付けたい国語力

1 第５学年の国語力の特色

各学年の目標を２学年まとめて示し、子供の発達段階や中学校との関連を図る国語科において、第５学年は、低中学年の内容を発展させせつつ、小学校への最高学年、そして中学校へとつなげていく意識をもって取り組みたい学年である。第６学年を小学校での学びの集大成の体現としていくためにも、高学年の学びを確かに身に付ける学年として、第５学年の学習を扱うようにする。

［知識及び技能］に関する目標は、全学年を通して共通であり、「日常生活に必要な国語の知識や技能を身に付ける」ことが求められる。高学年の学習においては、中学校の国語科の目標である「社会生活に必要な国語科の知識技能を身に付けること」にも意識を向け、日常生活の中でもより社会生活につながる知識・技能の習得を目指していきたい。また、「我が国の言語文化に親しんだり理解したりする」ことも、中学校への接続を考えて取り扱いたい。

［思考力、判断力、表現力等］に関する目標では、「筋道立てて考える力」と「豊かに感じたり想像したりする力を養う」こと、「日常生活における人との関わりの中で伝え合う力を高める」ことが、中学年と同様に示されている。自分の思いや考えについては、中学年の「まとめること」から「広げること」に発展している。

また、［学びに向かう力、人間性等］の態度の育成については、言葉がもつよさについて、中学年の「気付く」から「認識する」に、読書については「幅広く読書をし」から「進んで読書をし」にと、自己認識や主体性をより重視した目標となっている。このような「学びに向かう力、人間性等」の育成によって、「知識及び技能」及び「思考力、判断力、表現力等」の育成も支えられている。

2 第５学年の学習指導内容

〔知識及び技能〕

学習指導要領では「⑴言葉の特徴や使い方に関する事項」「⑵情報の扱い方に関する事項」「⑶我が国の言語文化に関する事項」から構成されている。［思考力、判断力、表現力等］で構成されているものと別個に指導をしたり、先に〔知識及び技能〕を身に付けるという順序性をもたせたりするものではないことに留意をするようにする。

「⑴言葉の特徴や使い方に関する事項」では、他者との良好な関係をつくる働きや特徴に気付くために、「言葉には、相手とのつながりをつくる働きがあることに気付くこと」が今回の改訂で新設された。「日常よく使われる敬語を理解し使い慣れること」のように、相手と自分との関係を意識することも、他者との関係をつくる視点で発揮したい力となる。「話し言葉と書き言葉との違いに気付くこと」や「語感や言葉の使い方に対する感覚を意識して、語や語句を使うこと」など、総合的に言葉への理解を深め、実際に活用できることが求められている。教科書においては、『よりよい学校生活のために』『伝わる表現を選ぼう』『提案しよう、言葉とわたしたち』など、他者との関わりを重視した単元も扱われている。

「⑵情報の扱い方に関する事項」では、「原因と結果など情報と情報との関係について理解すること」や「情報と情報との関連付けの仕方、図などによる語句と語句との関係の表し方を理解し使うこと」が示されている。複雑な事柄などを分解したり、多様な要素をまとめたり、類推したり系統化したりと、複数の情報を結び付けて捉えられるようにしたい。その際には、関連する語句を囲んだり線でつないだりと図示することによって情報を整理して考えを明確にし、思考をまとめることも重要である。教科書では、情報についての内容を前後の単元で活用して、より確かな知識として身に付けられるように配置されている。『原因と結果』は説明文『言葉の意味が分かること』、『統計資料の読み方』は説明文『固有種が教えてくれること』と書くこと『グラフや表を用いて書こう』の単元での活用がそれぞれ見込まれている。このように、指導に当たっては〔思考力、判断力、表現力等〕の各領域との関連を図り、指導の効果を高めることが考えられている。

「(3)我が国の言語文化に関する事項」には、「伝統的な言語文化」の項に、「昔の人のものの見方や感じ方を知ること」が示されている。昔の人々の生活や文化、世の中の様子を解説した文章や、作品の内容の大体を現代語で易しく書き換えられたものを用いて、作者や当時の人々の考えを知ることができる。現代人のものの見方や感じ方と比べ、古典や言語文化への興味・関心を深めて、様々な伝統芸能を鑑賞したり、日常にある年中行事や祭事を調べたりといった活動も考えられる。また、語句の由来や時間の経過による言葉の違い、共通語と方言の違いなど、言葉の変化や違いを意識することで、場に応じた適切な言葉遣いが身に付くようにさせたい。

「読書」の項には、「日常的に読書に親しみ、読書が自分の考えを広げることに役立つことに気付くこと」とある。学校での学習に留まらず、日常生活の中での主体的、継続的な読書を進めたい。

〔思考力、判断力、表現力等〕

① A　話すこと・聞くこと

高学年の「話すこと」では、「目的や意図に応じて、日常生活の中から」話題を設定するとともに、聞き手の求めに応じて材料をどう整理すればよいかを考えることが求められている。話の構成においては、自分の立場や結論などが明確になるようにする。事実と感想、意見とを区別するために、接続語や文末表現などにも注意する。表現する際には、資料を活用するなどして、相手や目的を一層意識した表現の工夫をしたい。

「聞くこと」では、話し手の目的や伝えたいことは何かを踏まえるとともに、自分はどのような情報を求めているのか、聞いた内容をどのように生かそうとしているのかなどを明確にして聞くことが示されている。話し手と自分の考えの共通点や相違点を整理したり、共感した内容や事例を取り上げたりして、自分の考えをまとめる。この経験を積み重ねることで、中学校での、自分の考えを筋道立てて整えることへ発展させていく。

「話し合うこと」では、「互いの立場や意図を明確にしながら計画的に話し合い、考えを広げたりまとめたりすること」が示されている。話題に対する互いの考えを明らかにし、話合いを通して何を達成するか、どのように話し合うかなどを明確にすることも重要である。話合いの内容、順序、時間配分などを事前に検討し、話合いの目的や方向性も検討して、計画的に話し合えるようにする。

本書では、「きくこと」について、『きいて、きいて、きいてみよう』で、インタビューをする側、される側、記録を取るとき、発表を聞くときなど、様々な「きく」を考える。また、『どちらを選びますか』を通して、それぞれの立場を明確にし、考えの違いを踏まえて話し合う経験を積む。その後の、『よりよい学校生活のために』で、「A (2)ウ　それぞれの立場から考えを伝えるなどして話し合う活動」を想定した学習へとつなげていく。

② B　書くこと

高学年の「書くこと」では、「目的や意図に応じて」書くことが示されている。これは、中学年で意識してきた相手や目的に加え、場面や状況を考慮することなども含んだものである。目的や意図に応じて書く材料を分類、関係付けしたり、簡単に書いたり詳しく書いたりと、構成や表現を工夫する。また、「引用したり、図表やグラフなどを用いたり」といった書き表し方の工夫も高学年の書くことの特徴である。

「知識及び技能」「⑵情報の扱い方に関する事項」での「情報と情報との関係」「情報の整理」の内容も関連付けて活用していきたい。第５学年の学習では、『みんなが過ごしやすい町へ』で、調べたことを正確に報告する活動を行う前に、情報の扱い方として『目的に応じて引用するとき』の小単元で資料を集める際の留意点を学ぶ。また、説明文『固有種が教えてくれること』を読み、情報『統計資料の読み方』を学んだ後に、『グラフや表を用いて書こう』で資料を効果的に用いる学習が設定されている。このように、「読むこと」や「情報の扱いに関する事項」での学びを「書くこと」で実践し、他教科や日常生活にも生かしていけるようにしたい。

③C　読むこと

高学年の「読むこと」では、説明的な文章で、「事実と感想、意見などとの関係を叙述を基に押さえ、文章全体の構成を捉えて要旨を把握すること」が示されている。文章全体の構成を正確に捉え、書き手がどのような事実を理由や事例として挙げているのか、どのような感想や意見などをもっているのかに着目したい。また、要旨を手掛かりとして、必要な情報を見つけたり、論の進め方を考えたりする。目的に応じて、文章の中から必要な情報を取捨選択したり、整理したり、再構成したりするためにも、読む目的を明確にして取り組みたい。また、考えをより適切に伝えるために、書き手がどのように論を進めているのか、説得力を高めているのかについても考えをもたせたい。第５学年では、『言葉の意味が分かること』で、主に文章の要旨の捉え方、『固有種が教えてくれること』で、文章以外の資料の効果的な用い方、『想像力のスイッチを入れよう』で、自分の考えを明確にし、伝え合うことを学んでいく。

文学的な文章では、「登場人物の相互関係や心情などについて、描写を基に捉えること」が示されている。この場合の相互関係や心情には、登場人物の性格や情景なども含まれる。心情は、行動や会話、情景などを通して暗示的に表現されている場合もある。登場人物の相互関係などを手掛かりに、その人物像や物語などの全体像を具体的に思い描き、優れた叙述に着目しながら様々な表現の工夫の効果を考えたい。文学的な文章の『なまえつけてよ』では、登場人物同士の関わりを読むこと、『たずねびと』では、物語の全体像から考えたことを伝え合うこと、『大造じいさんとガン』では、優れた表現に着目することを学んでいく。

高学年の「読むこと」では、文章を読んで理解したことに基づいて、自分の考えをまとめることや、まとめた意見や感想を共有し、自分の考えを広げることが示されている。互いの考えの違いを明らかにしたり、よさを認め合ったりすることが大切である。

3　第５学年における国語科の学習指導の工夫

第５学年は、高学年として国語科の年間授業時数が減少（中学年245時間→高学年175時間）する中で学習内容がより高度になる。カリキュラム・マネジメントを充実させながら、学級の子供の実態を踏まえた国語科の授業を実現していくことが肝要となる。

①話すこと・聞くことにおける授業の工夫について

【様々な音声言語活動の実施】

適切に話したり聞いたり話し合ったりする能力は、実際の音声言語活動を通して培われていく。したがって、子供には国語の授業のみならず、全教科の授業や生活の場面を通して様々な種類の音声言語活動を経験させていきたい。その際は、目的や意図を明確にして活動することが重要となる。例えば、話し合うことによって１つの結論に絞るのか、いろいろな意見を出し合って互いの考えを広げるのかなど、何のために言葉を交わすのかという目的や話し合う場面や状況を考慮することで、音声言語活動が充実したものとなる。

【事中・事後指導の充実】

話すこと・聞くことの学習の難しさは、長田友紀（2008）によれば、音声言語の２つの特徴に起因する。その第１は、音声言語が目に見えず生まれたそばから消えてしまう「非記録性」という特徴をもつからである。したがって、子供たちが価値あるコミュニケーションを行っていても、なかなか行為の当事者がその価値を自覚しにくいのである。さらに、音声言語の「非記録性」により、話合いの論点や友達の発言が学習者それぞれの中に曖昧に蓄積され、議論の共有性が低くなるという「非共有性」も生み出されることとなる。そこで、高学年の話すこと・聞くことの学習では、話合いを可視化するためのツールを活用した事中・事後指導が重要となる。自分たちが話したり聞いたり話し合ったりしている様子をホワイトボードや黒板に記録として残しそれを事中や事後に振り返ることで、話すこと・聞くことのコツを学習者自身が見いだしていくことができる。そういったメタ認知を伴った言語活動は、高学年ならではの学習と言えるだろう。

②書くことにおける授業の工夫について

【書くことの学習指導過程の軽重をつけた指導】

前述のとおり、高学年での国語の授業時間数は限られている。その中でも、書くことの学習の配当授業時間数は年間で55単位時間程度とされており、３学期制ならば１学期につき約20時間弱の時数しか取れないこととなる。したがって、国語の書くことの授業では、書くことの学習指導過程を意識しながら、年間を通して重点を決めて指導していくことが重要となる。具体的には、１つの書くことの単元において「題材の設定・情報の収集・内容の検討」「構成の検討」「考えの形成」「記述」「推敲」「共有」のどの段階を重点とするかを明確にして指導することが求められる。そして、年間を通して、上記の６つの学習指導過程のそれぞれが重点となる単元が実施されることで、書くことの能力が螺旋的・反復的に高められていくことを目指す。

また、書くことの評価で注意することとして、「完成した作品のみを評価対象としない」ことが挙げられる。評価のしやすさから完成した作品を評価対象としたくなるところであるが、そうなると「記述」や「推敲」の過程が常に評価項目となってしまう恐れがある。前述のとおり、単元ごとに重点を設定するからにはその重点を単元の評価項目とし、学習指導過程の適切なタイミングで評価をする必要があるだろう。

【他教科等での書くことの活用】

国語科の授業で培った書くことの能力は、国語科の授業時間内だけでは定着しない。そこで、他教科等の書くことの活動を通して、国語科で身に付けた書き方を大いに活用させていくことが重要となる。特に、高学年は総合的な学習の時間や理科や社会科の時間に、自分の考えをまとめる学習活動が多くなる時期である。それらの他教科等の学習を支える言葉の力として書くことの能力が生きることで、子供たちは書くことの大切さやおもしろさを再認識することになるだろう。そして、次の国語科の書くことの学習へ意欲をもって取り組むことにつながる。

長田友紀（2008）「話し合い指導におけるコミュニケーション能力観の拡張－事中・事後指導における視覚情報化ツール」，桑原隆『新しい時代のリテラシー教育』東洋館出版社，pp.196–206.

③読むことにおける授業の工夫について

【ノート学習の充実】

子供たちは、中学年までの文学的文章の読むことの授業において、様々な読みの方略（登場人物の心情を想像する吹き出しや心情の変化を表す心情曲線、登場人物に同化しその人物の言葉で記述する日記等）を身に付けてきている。したがって、高学年の文学的文章の読むことの授業では、学習者一人一人が教材文の特徴や読みの目的に合わせて、これまでに培った読みの方略を生かしながら自分の読みをつくっていくことが重要となる。具体的には、ノート学習を積極的に活用させたい。

今村（2014）によれば、「ノート学習は教師が学習内容を知識として教授するのではなく、子供自身がノートというツールを使いながら思考を展開していくこと、それが思考力・判断力の基礎となり、ノートというフィールドに記されることによって表現力となる（p.2）」ものである。ワークシートなどのポイントを押さえた学習とノート学習のような学習者の主体性を生かした学習を併用しながら、子供たちの読みの力を高めていくことが求められる。

【非連続型テキストの活用】

2018年の PISA 調査では、日本の読解力の順位が下がったことが盛んに取り沙汰された。しかしながら、稿者が注目したのは国語の設問において多様な形式のデジタルテキスト（ウェブサイト、投稿文、電子メール）が活用され、複数のインターネット上の情報を読み比べたり、事実か意見かを区別したりする能力が試されていた点である。情報化社会において必須のこういった読む能力を高めるためには、高学年の授業において積極的に非連続型テキストを読む学習を導入していく必要があるだろう。具体的には、社会科で学んだ貿易の輸出入のグラフや理科の天気図等のように、子供たちの学習や生活と関連した非連続型テキストを活用していきたい。

【読書の充実】

高学年になると、読書が好きな子供と嫌いな子供の二極化が進む傾向がある。また、高学年の忙しさから、授業内で図書の時間を確保することも難しくなる。しかし、読書は想像力や言語感覚を豊かにする重要な活動である。そこで、学校生活の隙間の時間でいつでも読書ができるように、机の横などに図書用のバックを準備させるとよいだろう。また、読書が苦手な子供用に、教師や学級の子供たちが選書したものを置く「おすすめ図書コーナー」を学級内に設置することも効果があるだろう。

今村久二（2014）『ノート学習についての一考察』，平成26年度東京都青年国語研究会月例会配布資料（私家版）.

2

第 5 学年の授業展開

季節の言葉3

秋の夕暮れ

2時間扱い

〔知識及び技能〕(3)ア 〔思考力、判断力、表現力等〕B書くことア 関連する言語活動例B(2)ウ

単元の目標

・親しみやすい古文について大体の内容を知るとともに、リズムよく音読することなどを通して、季節を表す言葉の語感や言葉の使い方に気付くことができる。
・自分が感じた秋について文章などに書き表すことを通して、昔の人のものの見方や感じ方に対する理解を深めることができる。

評価規準

知識・技能	❶親しみやすい古文や漢文、近代以降の文語調の文章を音読するなどして、言葉の響きやリズムに親しんでいる。(〔知識及び技能〕(3)ア)
思考・判断・表現	❷「書くこと」において、目的や意図に応じて、感じたことや考えたことなどから書くことを選び、集めた材料を分類したり関係付けたりして、伝えたいことを明確にしている。(〔思考力、判断力、表現力等〕Bア)
主体的に学習に取り組む態度	❸語感や言葉の使い方に対する感覚を意識しながら、自分が感じたり考えたりしたことを進んで文章の形にまとめようとしている。

単元の流れ

時	主な学習活動	評価
1	**学習の見通しをもつ** ・『枕草子』の「秋は夕暮れ」を音読し、言葉の響きに親しんだり、文語調の文章のリズムに慣れたりしている。 ・自分が秋を感じる事柄や食べ物、様子などについて想起し、伝え合う。 ・秋の言葉や写真から、秋の様子や情景を想像する。 ・秋の言葉や文章をさらに探し、気に入った秋の表現や秋の言葉を基に、自分の秋のイメージを広げたり、気に入った秋の表現や秋の言葉を音読したりする。	❶
2	・学んだ秋の表現や秋の言葉を参考にし、自分の秋のイメージを広げる。 ・学んだ秋の言葉や自分のイメージに合う秋の言葉を基に、自分が感じる秋を『枕草子』風に表現する。 ・作った作品を紹介し合う。 **学習を振り返る** ・本単元の学習を振り返る。	❷❸

授業づくりのポイント

〈単元で育てたい資質・能力〉

秋を表す言葉やその語感、言葉の使い方に気付く力を高め、言葉はおもしろい、言葉を使ってみたいという思いを育むことが大切である。今回は、「自分が秋を感じるのはこれ」という思いを、秋の言葉や古語の語感を生かしながら表現できるようにする。

秋についての自分の思いを表現することで、人による感じ方の差異に気付いたり、昔の人々のものの見方や感じ方への理解を深めたりできるようにする。

具体例

○『枕草子』の「秋は夕暮れ」を範読し、大体の内容を解説する。その際、「あはれ」や「をかし」などの言葉に着目させ、現代語と古語の意味の違いを説明する。子供は、言葉の意味は時代によって変化することに気付いたり、なぜ意味が変わったのか考えたりすることができる。また、清少納言は秋のどんな様子が好きなのかを問うことで、自分の感じ方との異同や意識のもち方の違い、昔の人々のものの見方や感じ方などについても意識させることができる。

〈言語活動の工夫〉

旬に関係なく野菜が１年中見られるなど、子供を取り巻く現代の環境は、季節を感じにくいものになっている。そんな中でも、紅葉や落ち葉、日暮れの早さ、秋刀魚などには子供も季節を感じていることが多い。それらの生活経験を想起させ、自分の見つけた言葉と合わせて自分の感じる秋について意識させ、文章化させる。その際、「あはれ」や「をかし」に加えて、「いと」「まいて」「はた言ふべきにあらず」なども使うように指導することで、言葉の語感や使い方を意識することができる。

具体例

○「弓張月」や「星月夜」という言葉から、月に関する言葉が数多くあると気付かせ、さらに調べたいとの思いをもたせる。春や夏同様、国語辞典や子供向けの季語の本なども活用して言葉を探すことで、昔の人々が月を愛で、様々に言い表してきたことに気付かせる。

○「秋○○」や「○○狩り」などの言葉も想起させ、感情を表現しやすい言葉を探すように促す。

○清少納言の「秋は夕暮れ」を参考にし、自分の感じる秋について『枕草子』風にまとめる。その際、一文目は「秋は○○。」、三文目は「まいて～、いと～。」、四文目は「～はた言ふべきにあらず。」で書くという型を決めることで、文章を書くことが苦手な子供も書きやすくなる。

〈子供の作品やノート例〉

清少納言の『枕草子』を参考に、実際に子供が書いた作品を紹介する。子供のものの感じ方を大切にし、秋を感じる食べ物や現象で書くことを限定せず、秋になると自分はこんなことをするという行為も含めて子供の生活経験を尊重すると、生き生きとした文章表現が出てきやすくなる。

本時案

秋の夕暮れ

1/2

本時の目標

・親しみやすい文語調の文章を音読して大体の内容を知り、秋の言葉の響きやリズムに親しみながら秋のイメージを広げることができる。

本時の主な評価

❶『枕草子』の「秋は夕暮れ」等の親しみやすい古文や漢文、文語調の文章を音読し、言葉の響きやリズムに親しんでいる。【知・技】

・秋に関する語彙を豊かにし、語感を意識して、語や語句を使っている。

資料等の準備

・教科書の文・写真の拡大コピー
・国語辞典
・子供向けの季語の本など
・秋の言葉ワークシート 01-01
・「秋にまつわる作品」 01-02

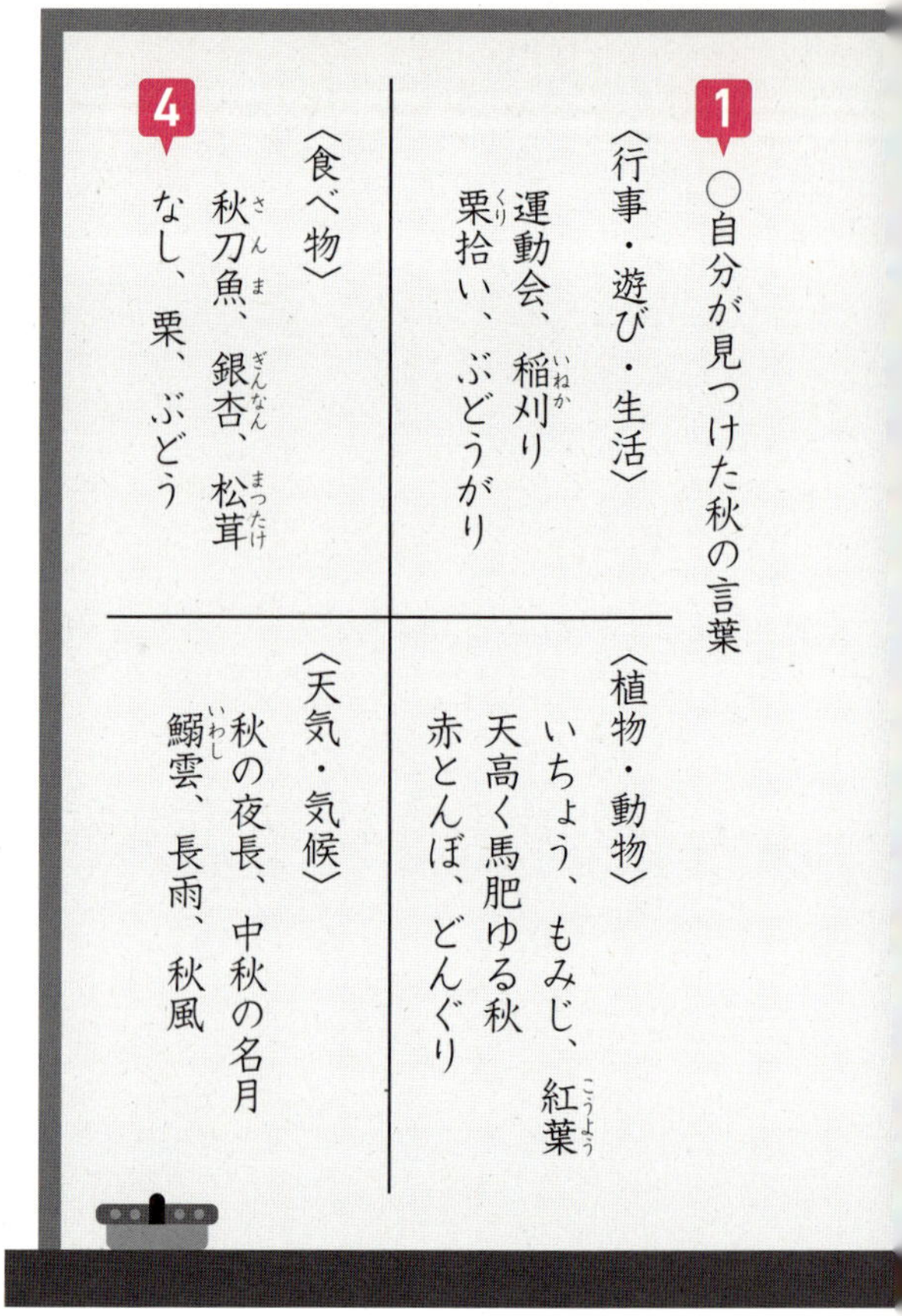

1
○自分が見つけた秋の言葉
〈行事・遊び・生活〉
運動会、稲刈《いねか》り
栗《くり》拾い、ぶどうがり
〈植物・動物〉
いちょう、もみじ、紅葉《こうよう》
天高く馬肥ゆる秋
赤とんぼ、どんぐり
〈食べ物〉
秋刀魚《さんま》、銀杏《ぎんなん》、松茸《まつたけ》
4
なし、栗、ぶどう
〈天気・気候〉
秋の夜長、中秋の名月
鰯雲《いわしぐも》、長雨、秋風

授業の流れ ▷▷▷

1 自分が経験した秋の様子について話し合う 〈5分〉

T　秋についてみんなで考えてみましょう。秋にはどのような経験をしたことがありますか。秋で思い出す言葉をワークシートに記入してみましょう。

・スポーツの秋、読書の秋、食欲の秋だよ。
・いちょうとかが落ち葉になる。じゅうたんみたいで、すごくきれいだった。
・１年生の生活科でどんぐり拾いに行ったね。
・秋は秋刀魚だよ。栗も銀杏も食べるよ。

○秋の情景を想起させ、出された言葉を内容によって大まかに分けて板書する。秋の食材や紅葉を見たなど、子供の経験を自由に語らせ、経験した感情も合わせて想起できるようにする。

2 『枕草子』の「秋は夕暮れ」の大体を知る 〈15分〉

T　『枕草子』の「秋は夕暮れ」を読んで昔の人のものの見方や感じ方に触れてみましょう。

・「まいて」は、「まして」と同じなのかな。
・今の「とても」は、昔は「いと」なんだね。
・「烏」に「雁」、鳥が気になるんだ。
・夏に出た「をかし」がまた出てきたよ。
・清少納言も、秋は夕暮れがいいと思ったんだね。感じることは今も昔も同じなんだね。

○雁の飛ぶ姿を知らない子供がほとんどと思われる。写真を用いて飛び方等を説明し、情景を想像しやすくする。また、清少納言の動植物への感じ方を通して、昔の人と現代の子供たちとの感じ方の共通点や相違点にも触れていく。

秋の夕暮《ぐ》れ

秋に関する言葉や文章から、秋のイメージを広げよう。

「いと」…とても

「あはれ」…しみじみとしている

「まいて」…まして

「をかし」…味わい深い

「はた言うべきにあらず」…言い表しようがなくよい

教科書P.126～127上部の写真

3 秋の言葉や文章から、さらに秋の様子や情景を想像する 〈15分〉

T 「望月」や「星月夜」からどのような情景が想像できますか。

・「望月」は「満月」だよね。明るくて夜空に輝いている感じがする。

・「星月夜」は星も月もあるから、すごくきれい。

・なんでこんなに月の付く言葉が多いのかな。昔の人は月が好きだったのかな。

○夏同様、秋は子供が知っている季節の言葉が多くある。辞書や資料を活用して、言葉と季節感が結び付くようにする。また、陰暦を用いており、現代よりも夜が暗かった昔は、月が人々に身近なものとして意識されていたことにも気付かせ、現代の自分たちと昔の人の感じ方の共通点、相違点に触れていく。

4 気に入った秋の言葉を音読、視写する 〈10分〉

T どんな言葉が気に入りましたか。声に出してみたり、ノートに書いてみたりして、さらに想像を膨らませてみましょう。

・「月」が付く言葉がいいね。「有明月」がきれいだ。

・「○○狩り」もたくさんあるから、昔の人も楽しみにしていたような気がするな。

・雲も意外とあるね。意識していなかったな。

○情景を想像することが難しい子供には、写真も掲載してある季語の本等を提示し、情景を想像したり言葉を探しやすくしたりすることで、言葉と情景が一致するようにする。

○次時のために、見つけた言葉について感じたことを書かせるのもよい。

本時案

秋の夕暮れ

2/2

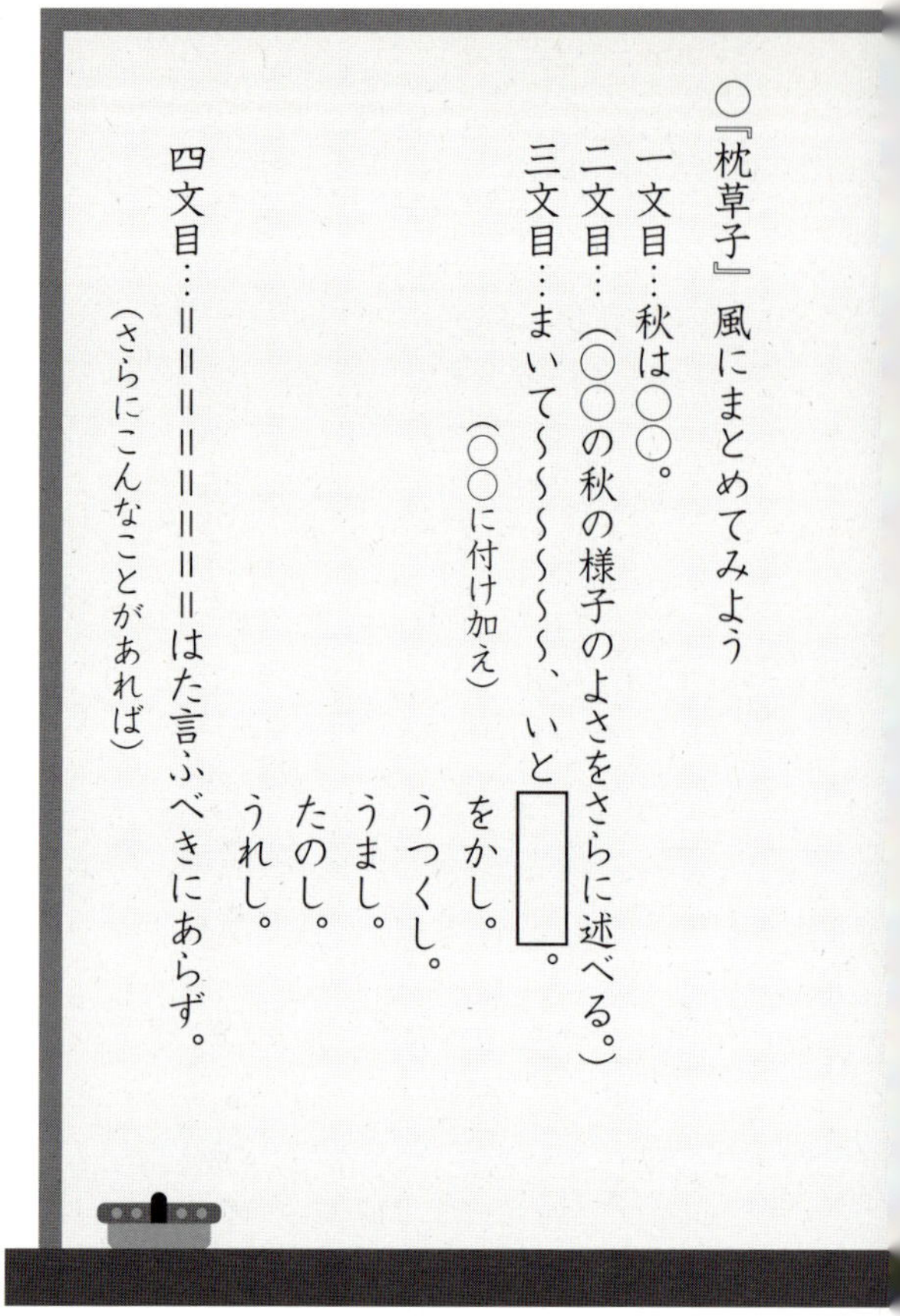

○『枕草子』風にまとめてみよう
一文目…秋は○○。
二文目…（○○の秋の様子のよさをさらに述べる。）
三文目…まいて〜〜〜〜、いと□。
（○○に付け加え）
をかし。
うつくし。
うまし。
たのし。
うれし。
四文目…＝＝＝＝＝＝＝はた言ふべきにあらず。
（さらにこんなことがあれば）

本時の目標

・自分が感じた秋を文章などに書き表すことを通して、昔の人のものの見方や感じ方に対する理解を深めることができる。

本時の主な評価

❷自分が感じた秋について、伝えたいことを明確にして文章にまとめている。【思・判・表】
❸語感や言葉の使い方を意識して、自分が感じた秋について、『枕草子』風の文章の形に進んでまとめようとしている。【態度】

資料等の準備

・『枕草子』風の作品例　01-03
・前時の板書のコピー
・国語辞典や子供向けの季語の本など

授業の流れ ▷▷▷

1 秋の言葉や文章などを音読する 〈5分〉

T　『枕草子』の「秋は夕暮れ」や秋の文章、秋の言葉を音読しましょう。

○「秋は夕暮れ」の音読の際は、言葉の響きやリズムに親しめるようにリズムよく音読し、語感や言葉の使い方に気付けるようにする。
○子供が探した文章や言葉も取り上げて音読し、想像を広げられるようにする。
○前時の子供のノート記述に、言葉や語感、リズムについて自分の考えを記載しているものや、昔の人のものの見方や感じ方について触れているものがあれば、学級全体に紹介し、共有をする。
○「ぶどう狩り」「栗拾い」から「狩る」と「拾う」の違いを確認するのもよい。

2 自分が感じた秋を、『枕草子』風の文章にまとめる 〈25分〉

T　自分が感じている秋の様子について、『枕草子』の「秋は夕暮れ」のような文章にまとめましょう。４文で構成します。

・秋はやっぱり落ち葉でしょう。落ち葉を投げて遊ぶとおもしろいからそれを書こう。
・栗は秋しか食べないね。栗ご飯が好きだし、香りもいいから、栗で書いてみよう。
・運動会も秋の季語だよね。「うれし」とか「たのし」とか使うと書けそうだよ。

○表現したいことが決まらずにいる子供には、秋で美しい、楽しいと感じる事柄から秋の言葉を想起させる。１文目が決まったら、なぜそう感じるのか、さらに思いが高まるのはどんなときかを語らせ、文章化させていく。

秋の夕暮《ぐ》れ

自分の感じる秋を、『枕草子』風にまとめよう。

○自分が見つけた秋の言葉

〈行事・遊び・生活〉
運動会、稲刈《いねか》り
栗《くり》拾い、ぶどうがり

〈食べ物〉
秋刀魚《さんま》、銀杏《ぎんなん》、松茸《まつたけ》
なし、栗《くり》、ぶどう

〈植物・動物〉
いちょう、もみじ、紅葉《こうよう》
天高く馬肥ゆる秋
赤とんぼ、どんぐり

〈天気・気候〉
秋の夜長、中秋の名月
鰯《いわし》雲、長雨、秋風

3 自分の書いた文章を紹介し、互いに読み合う 〈10分〉

T　秋について書いた文章を紹介し合います。秋についてどんなことを感じているのか、感じ方の違いや言葉の使い方を意識して読み合いましょう。

・「秋はもみじ」が同じだけど、その後の感じていることが全然違うね。おもしろい。
・秋刀魚は確かに秋を感じるよね。おいしく感じているのが伝わるね。
・月とか虫とか鳥とか、清少納言みたいに書いた人は誰かいるのかな。探してみよう。

○同じ事柄について述べている子供同士には、感じ方が同じかどうかを確認させる。違う事柄を書いていても、似たような思いをもっている子供がいないか意識して読み合うようにさせる。

4 学習を振り返り、気付いたことや学んだことを書く 〈5分〉

T　秋の言葉について感じたことや新たに気付いたこと、友達が書いた文章を読んで感じたことや考えたことを書きましょう。

・秋の言葉も春や夏同様、たくさんあると分かった。意識すれば、もっと見つかると思う。
・もみじや落ち葉で書いている人が多かったけれど、感じ方がちょっとずつ違った。昔の人と違い、月で書いた人がいなかった。
・「○○狩り」は今も昔も同じように楽しんだと分かって、昔の人が近く感じられた。

○学習のまとめとして、言葉への気付きを書いている子供や、昔の人の感じ方について書いている子供を取り上げて、気付きを共有する。

資料

1 第1時資料　秋の言葉ワークシート 01-01

秋の夕暮れ

年　組　名前（　　　　　　　　）

秋の言葉をたくさん見つけよう。

〈行事・遊び・生活〉

〈植物・動物〉

〈食べ物〉

〈天気・気候〉

3 第2時資料　『枕草子』風の作品例 01-03

秋は紅葉。夕日のさしていと美しく光りたる。真っ赤なもみじはいとおかし。まいて、鳥たちの美しい声が山々に響くはあはれなり。落ち葉となり、道を真っ赤にそめるなど、はた言ふべきにあらず。

秋は風。ふかれてふるえれば秋を感じるなり。まいて、家に帰りて家族が笑顔でむかえるはうれしきなり。ふるえた体は温かくなりて、このうれしき心は、はた言ふべきにあらず。

秋は読書。散りゆくいちょうを見つつ、あたたかな家の中で本を読みけるは、しあわせなり。まいて、茶をすすればいと楽しき日なり。日入り果てて、新たな知識を得られれば、はた言ふべきにあらず。

秋の夕暮《ぐ》れ

年　組　名前（　　　　）

他にも、このような秋の俳《はい》句や文章があります。

・柿《かき》食へば鐘《かね》が鳴るなり法隆寺《ほうりゅうじ》　正岡《まさおか》子規《しき》
・名月を取ってくれろと泣《な》く子かな　小林一茶《いっさ》
・をりとりてはらりとおもきすすきかな　飯田《いいだ》蛇笏《だこつ》
・秋の暮れ道にしゃがんで子がひとり　高浜《たかはま》虚子《きょし》
・名月や畳《たたみ》の上に松のかげ　宝井《たからい》其角《きかく》
・にょっぽりと秋の空なる不尽《じ》の山　上島《うえじま》鬼貫《おにつら》
・阿蘭陀《おらんだ》の文字か横たう天《あま》つ雁《かり》　西山宗因《そういん》
・川沿《ぞ》いの畠《はたけ》を歩く月見かな　杉山《すぎやま》杉風《さんぷう》
・荒海《あらうみ》や佐《さ》渡《ど》によこたふ天河《あまのがわ》　松尾《まつお》芭蕉《ばしょう》
・新米の其《その》一粒《つぶ》の光かな　高浜虚子
・歯にあてて雪の香《こ》ふかき林檎《りんご》かな　渡辺《わたなべ》水巴《すいは》
・行水の捨《す》てどころなき虫の声　上島鬼貫
・もの言えば唇《くちびる》寒し秋の風　松尾芭蕉

落葉松　北原白秋

一
からまつの林を過ぎて、
からまつをしみじみと見き。
からまつはさびしかりけり。
たびゆくはさびしかりけり。

二
からまつの林を出《い》でて、
からまつの林に入りぬ。
からまつの林に入りて、
また細く道はつづけり。

三
からまつの林の奥《おく》も
わが通る道はありけり。
霧雨《きりさめ》のかかる道なり。
山風の通《かよ》ふ道なり。

四
からまつの林の道は、
われのみか、ひともかよひぬ。
ほそぼそと通ふ道なり。
さびさびといそぐ道なり。

五
からまつの林を過ぎて、
ゆゑ《(え)》しらず歩みをひそめつ。
からまつはさびしかりけり。
からまつとささやきにけり。

六
からまつの林を出でて、
浅間嶺《せんげんれい》にけぶり立つ見つ。
浅間嶺にけぶり立つ見つ。
からまつのまたそのうへに。

七
からまつの林の雨は
さびしいけどいよよしづけし。
かんこ鳥鳴けるのみなる。
からまつの濡《ぬ》るるのみなる。

八
世の中よ、あはれなりけり。
常なけどうれしかりけり。
山川に山がはの音、
からまつにからまつのかぜ。

お月夜　北原白秋

トン、
トン、
トン、
あけてください
どなたです
わたしや木の葉よ
　トン、コトリ。

トン、
トン、
トン、
あけてください、
どなたです。
わたしや風です。
　トン、コトリ。

トン、
トン、
トン、
あけてください。
どなたです。
月のかげです。
　トン、コトリ。

たがいの立場を明確にして、話し合おう

よりよい学校生活のために　6時間扱い

〔知識及び技能〕(1)オ(2)イ　〔思考力、判断力、表現力等〕A話すこと・聞くことア、オ

単元の目標

・話題を決めて、互いの立場や意図を明確にしながら、計画的に話し合うことができる。

評価規準

知識・技能	❶思考に関わる語句の量を増し、話や文章の中で使うとともに、語句と語句との関係、語句の構成や変化について理解し、語彙を豊かにしている。(〔知識及び技能〕(1)オ) ❷情報と情報との関係付けの仕方、図などによる語句と語句との関係の表し方を理解し使っている。(〔知識及び技能〕(2)イ)
思考・判断・表現	❸「話すこと・聞くこと」において、目的や意図に応じて、日常生活の中から話題を決め、集めた材料を分類したり関係付けたりして、伝え合う内容を検討している。(〔思考力、判断力、表現力等〕Aア) ❹「話すこと・聞くこと」において、互いの立場や意図を明確にしながら計画的に話し合い、考えを広げたりまとめたりしている。(〔思考力、判断力、表現力等〕Aオ)
主体的に学習に取り組む態度	❺話題に対して、目的や条件、進行計画に沿って主体的に話し合い、考えを広げたりまとめたりしようとしている。

単元の流れ

次	時	主な学習活動	評価
一	1	学習の見通しをもつ ・よりよい学校生活のために、新たにしてみたいことや解決したい課題を見つけ、学級で話し合う議題を決める。	
二	2	・議題に対する自分の立場を明確にするために、現状と課題、解決策とその理由を考える。	❸
	3	・話合いの様子を聞き、話合いの仕方を確かめ、進行計画を立てる。教科書P.134のコラム「意見が対立したときには」を読む。	❶
	4	・話合いの流れ、目的、進め方を全体で確認する。 ・グループに分かれて話合いを行う。(前半グループ)	❷
	5	・グループに分かれて話合いを行う。(後半グループ) ・話合いの様子について、よかった点や課題点を共有する。	❹
三	6	・グループで話し合ったことを基にポスターセッションを行う。 学習を振り返る	❺

授業づくりのポイント

〈単元で育てたい資質・能力〉

本単元のねらいは、互いの立場や意図を明確にしながら、計画的に話し合う力を育むことである。そのためには、話合いに有効な言葉を豊かにし、意見の伝え方や質問の仕方、話合いのまとめ方への理解を深めることが必要となる。話し合う価値や必然性のある議題を設定し、実際に話し合う中で、「どのように意見を伝えればいいのか」「どのように話合いをまとめればいいのか」といった点について考えさせるようにする。加えて、話し合うことの楽しさを経験させていきたい。

具体例

○学校生活を振り返り、よい点と課題点を付箋紙に書き出し分類する。その際になぜそう考えたのか、理由や根拠をまとめながら整理する。議題を決める際には改善すべき点に優先度を付けると、より必要感のある議題を決定しやすくなる。

○事前に話合いの流れや順番を決めておくことで、見通しをもって話合いを行うことができる。すぐに多数決に頼らず、司会を中心に意見の共通点を考えながら話合いをまとめさせる。

〈教材・題材の特徴〉

本教材では、よりよい学校生活のためにどんな取り組みが必要なのかを考え、話し合うことを中心に学習活動を構成している。子供たちにとって話し合う価値や必然性のある議題を設定することができるので、意欲的に取り組むことができる。本教材では話合いのモデルとして、「考えを広げる話し合い」と「考えをまとめる話し合い」を示している。計画的な話合いを経験することで、国語科の学習以外の場面においても学んだことを活用することができるだろう。

具体例

○考えを広げる話合いでは、１人ずつ意見を出し合う。事前に自分の意見を考えておくとよい。出された意見に対して質問したり、答えたりしながらそれぞれの考えを整理していく。

○まとめる話合いでは、意見の共通点と相違点をそれぞれまとめる作業を行う。意見をまとめる際には条件や視点を決めるとよい。司会を中心に合意形成を図りたい。

○話合いの過程で新しい意見が出されることも話合いのよさとして価値付けるとよい。

〈言語活動の工夫〉

本単元では、話合いの形態としてグループによる話合いを取り入れている。司会を中心に少人数での話合いを行うことで、意見を伝えやすく、また他者の考えをじっくりと聞き、吟味することができるだろう。また、話合いを行う際に、グループを前半と後半とに分け、話合いの様子を記録・観察する機会を設定する。話合いの様子を客観的に見ることで、成果や改善点を明らかにすることができる。さらに、可視化するための工夫として、付箋紙を利用しながら１枚の用紙にまとめていくことにより、それぞれの意見を関連付けながら、話し合うことができる。

具体例

○話合いを３人～４人の少人数グループにする。全員が話合いに参加できるようにする。

○前半グループと後半グループとに分け、互いの話合いの様子を観察し合い、よかった点やアドバイスを伝え合う。意見の出し方やまとめ方のポイントを全体で共有することができる。

本時案

よりよい学校生活のために　1/6

本時の目標

・よりよい学校生活のために、新たにしてみたいことや解決したい課題を見つけ、学級で話し合う議題を決めることができる。

本時の主な評価

・よりよい学校生活のために、積極的に学級で話し合う議題を考えている。

資料等の準備

・ワークシート① 02-01

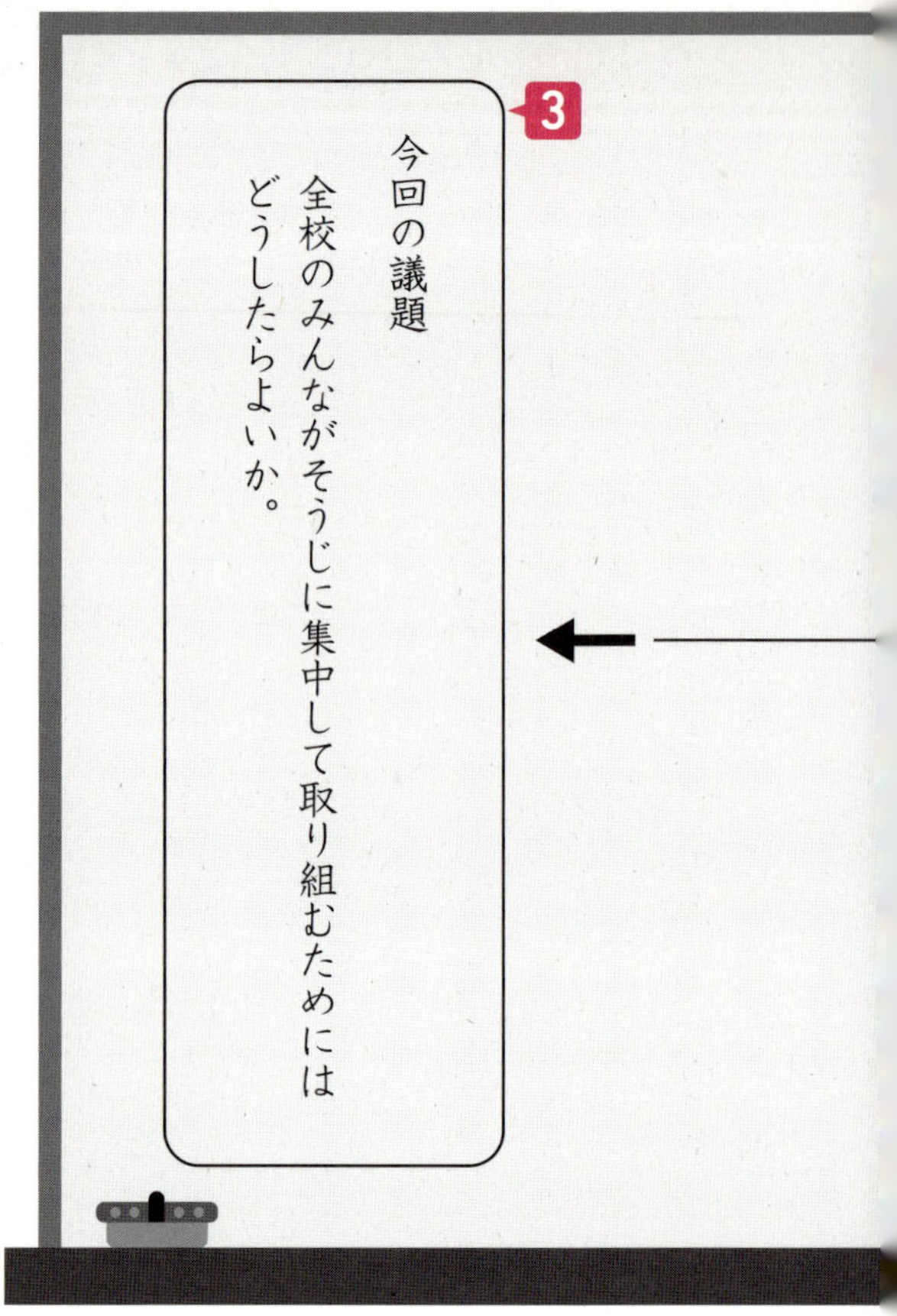

3
今回の議題
全校のみんながそうじに集中して取り組むためには
どうしたらよいか。

授業の流れ ▷▷▷

1 学習の見通しをもつ　〈5分〉

○単元全体の見通しをもつために、学習のゴールを確認する。学習に必然性をもたせるために特別活動の時間と関連させ、「児童会の目標の達成に向けて必要なことは何か」といった話題から学習の導入を行う。

T　児童会の目標にどのくらい近づいていると思いますか。10段階で評価しましょう。

T　児童会の目標の達成に向けて必要なことは何でしょうか。

・階段やろう下を走ってしまうから、その点を改善したい。

・掃除を今以上に丁寧にできるようにしたい。

T　これから「よりよい学校生活のために」の学習を通して、みんなで話し合いましょう。

2 自分たちの学校のよい点と課題点について考える　〈15分〉

○自分たちの学校の「よい点」と「課題点」をそれぞれ考えさせる。その際に、理由を明確にさせると具体的な話合いへと発展しやすい。

T　学校生活を振り返り、現状を捉えましょう。みなさんの学校の「よい点」と「課題点」についてそれぞれまとめましょう。

・進んであいさつをすることができるところがよい。

・学年関係なく触れ合うことができている点がよい。

・時間に遅れてしまうことがあるのは課題点。

○ノートやワークシートに記入させることで考えが整理される。友達と自由に交流する時間をつくると考えに広がりが生まれる。

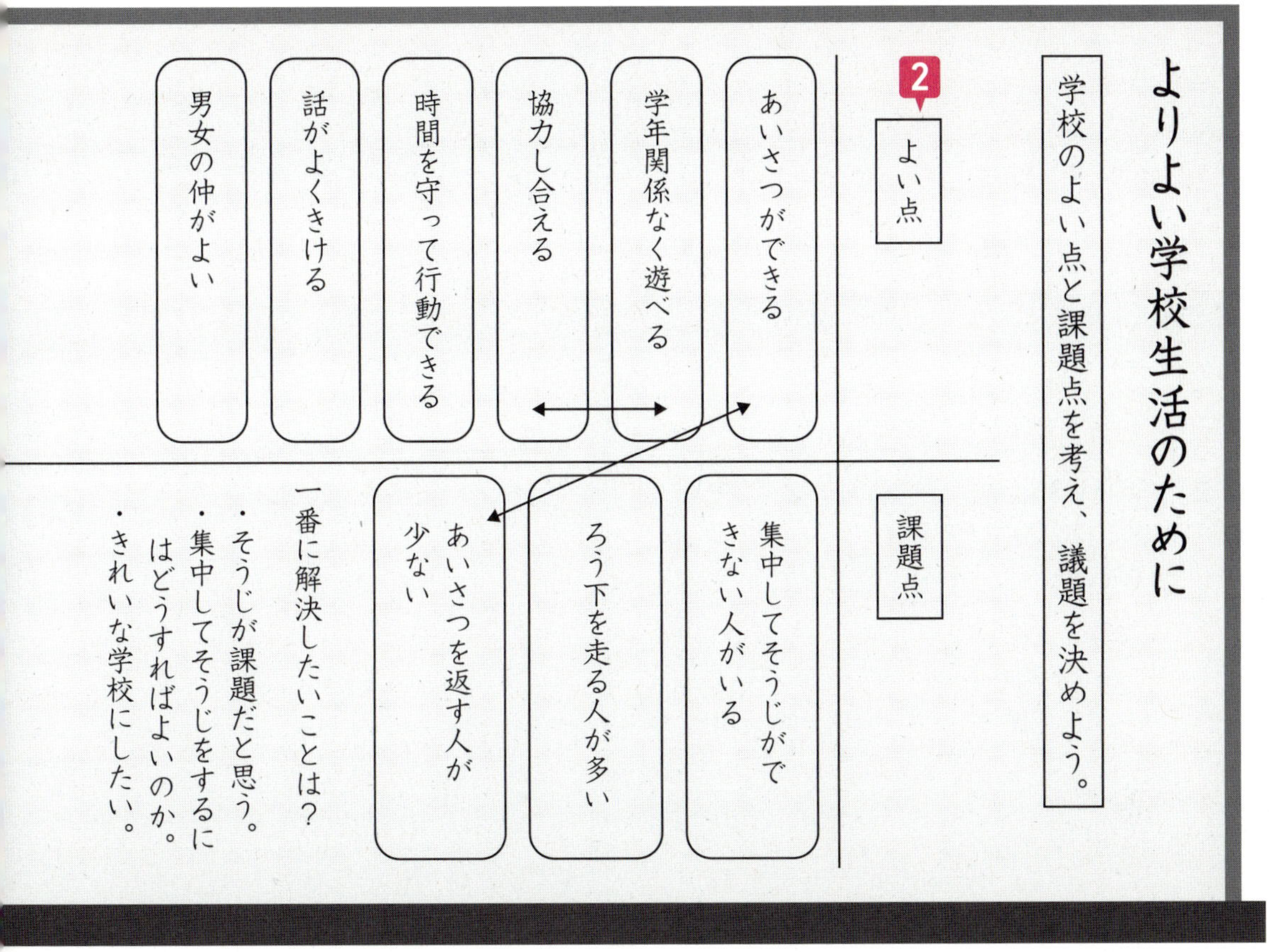
よりよい学校生活のために
学校のよい点と課題点を考え、議題を決めよう。
2
よい点
あいさつができる
学年関係なく遊べる
協力し合える
時間を守って行動できる
話がよくきける
男女の仲がよい
課題点
集中してそうじができない人がいる
ろう下を走る人が多い
あいさつを返す人が少ない
一番に解決したいことは？
・そうじが課題だと思う。
・集中してそうじをするにはどうすればよいのか。
・きれいな学校にしたい。

3 学級で話し合う議題を決める〈25分〉

T　考えたことを全体で共有しましょう。

○「よい点」と「課題点」について、それぞれまとめていく。関連する事柄を近くに書いたり、線でつなげたりしながら、意見を整理していくとよい。

T　様々な意見が出ましたが、課題点に着目しましょう。出された課題点の中から、学級で話し合う課題を１つに決めましょう。

・掃除に集中することが大切だと思います。

・賛成です。掃除についてみんなで話し合いたいと思います。

○すぐに多数決で決めるのではなく、賛成意見、反対意見を出し合いながら、話合いを進めたい。

よりよい授業へのステップアップ

必然性のある学習にするための工夫

本単元では国語科のみならず、特別活動の時間と関連させた学習活動を展開することができる。例えば学級活動の時間に「児童会の目標の達成に向けて必要なことは何か」や「学校をさらによくするための作戦を考えよう」といった課題意識を子供にもたせた上で、本単元の導入を行うと、学習に必然性が出てくる。子供が意欲的に学習に取り組むことができるように、学習の展開を工夫したい。

本時案

よりよい学校生活のために　2/6

本時の目標

・議題に対する自分の立場を明確にするために、現状と課題、解決策について考えることができる。

本時の主な評価

❸学級で決めた議題について、現状と課題点、解決方法とその理由を考えることで、伝え合う内容を検討している。【思・判・表】

資料等の準備

・ワークシート②　02-02
・ワークシート③　02-03

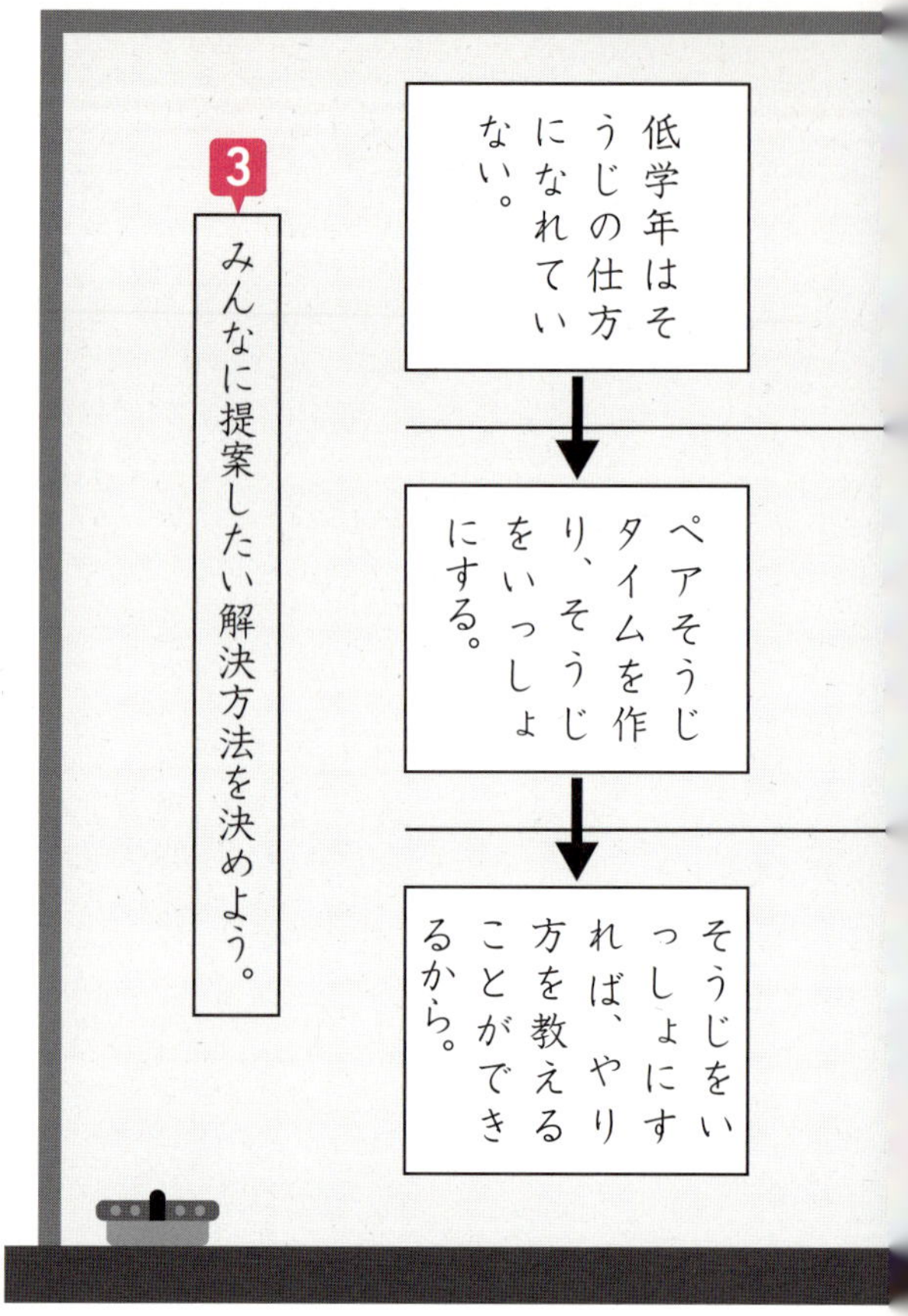

低学年はそうじの仕方になれていない。
ペアそうじタイムを作り、そうじをいっしょにする。
そうじをいっしょにすれば、やり方を教えることができるから。
3
みんなに提案したい解決方法を決めよう。

授業の流れ ▷▷▷

1 議題に関わる現状と問題点について考える　〈10分〉

T　クラスで決めた課題に対して、現状と問題点をまとめましょう。

○付箋紙を利用し、考えを整理していくとよい。この段階では1つの意見に絞るのではなく多様に出させたい。

・階段や渡りろう下は通る人が多く、ごみがたまりやすい。
・他学年とのあいさつがなかなかできない。
・ろう下を走る人が多い。
・他学年と遊んでいる人が少ない。
・時間を守れないことがある。

2 議題に関わる解決方法とその理由を考える　〈15分〉

T　現状を基にして、解決方法とその理由についてまとめましょう。

○現状と問題点について考えたことを基にして解決方法を考えていく。その際に理由も必ず付箋紙に書くようにする。

○解決方法を考えることが苦手な子供もいると予想される。ブレインストーミングのように、思い付いたことを付箋紙にどんどん書かせるようにしたい。友達と自由に意見を交流する時間を確保するとアイデアが生まれやすい。

○1つの付箋紙に1つの解決方法を書くようにする。

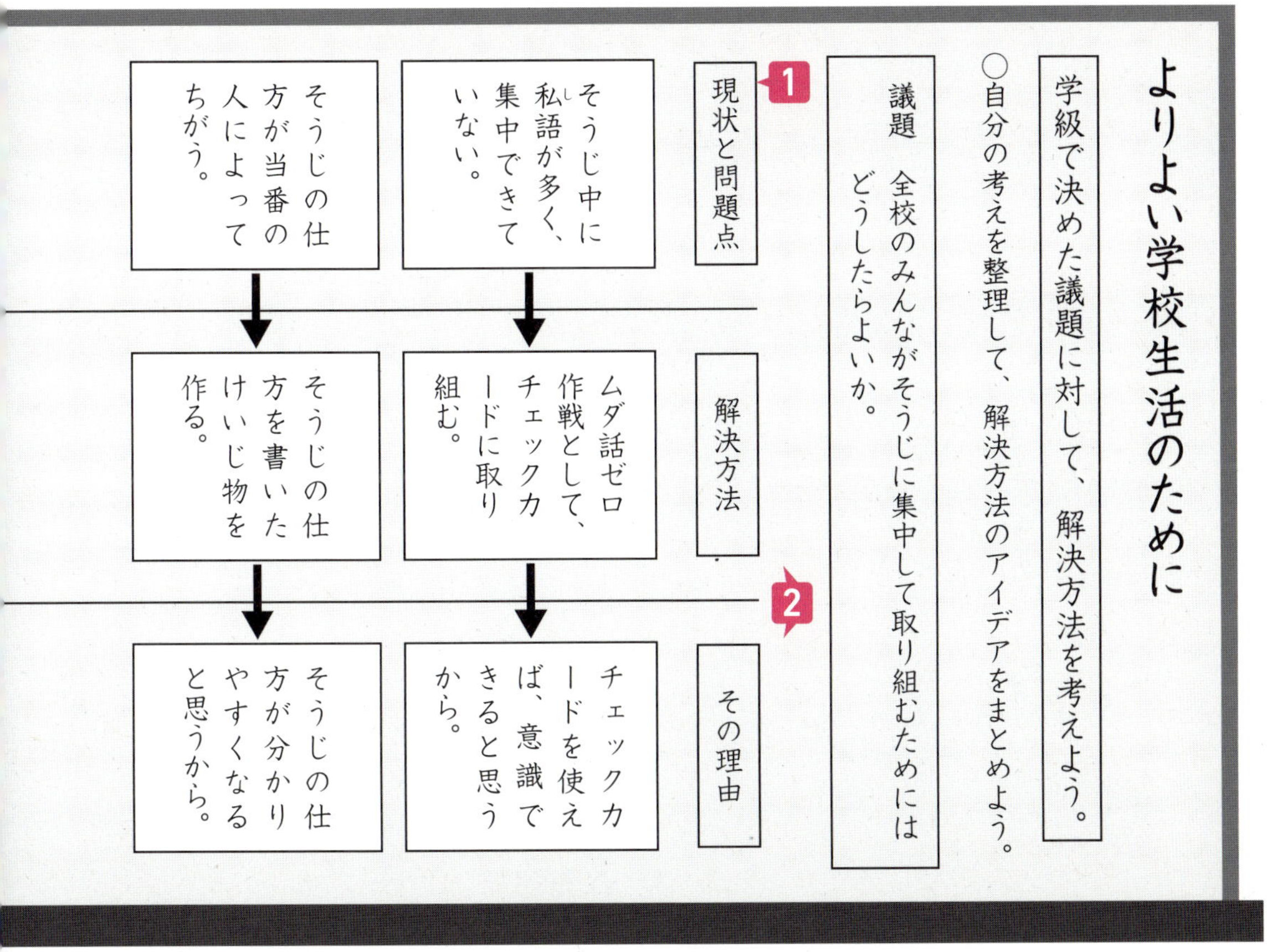
よりよい学校生活のために
学級で決めた議題に対して、解決方法を考えよう。
○自分の考えを整理して、解決方法のアイデアをまとめよう。
議題　全校のみんながそうじに集中して取り組むためにはどうしたらよいか。
1
現状と問題点
そうじ中に私《し》語が多く、集中できていない。
そうじの仕方が当番の人によってちがう。
解決方法
ムダ話ゼロ作戦として、チェックカードに取り組む。
そうじの仕方を書いたけいじ物を作る。
2
その理由
チェックカードを使えば、意識できると思うから。
そうじの仕方が分かりやすくなると思うから。

3 提案する解決方法を話し合う〈20分〉

T　考えた解決方法の中から、みんなに提案したい解決方法を1つ選びましょう。

○自分が考えた解決方法の中から1つを選び、具体的な提案を考える。提案を行う際の視点の例として、
①具体的な内容（いつ、だれが、期間）
②その解決方法を考えた理由
③その解決方法で予想される効果
の3つの視点から提案を考えさせると、自分の立場を明確にしやすくなる。

よりよい授業へのステップアップ

付箋紙を利用した思考の可視化

付箋紙を利用することで、考えを整理しやすくなる。本単元では項目ごとに3色の付箋紙を用意し、自分の考えを書かせるとよい。

【例】
緑の付箋紙→現状と問題点
青の付箋紙→解決方法
赤の付箋紙→その理由

付箋紙のよさは意見を追加したり、並べ替えたりすることが簡単にできる点である。また、1枚に1つの意見を書き、整理することで自分の思考が構造化しやすくなる利点がある。

本時案

よりよい学校生活のために　3/6

本時の目標

・話合いの様子を聞き、話合いの仕方を確かめ、進行計画を立てることができる。

本時の主な評価

❶話合いを行う際に必要な語句の量を増やし、質問の仕方や意見の伝え方、及び話し合いのまとめ方について理解し、語彙を豊かにしている。【知・技】

資料等の準備

・ワークシート④　02-04
・「話し合いの進め方（例）」　02-05
・教科書付録 CD（あるいは教科書の QR コードを読み取るためのタブレット型端末）

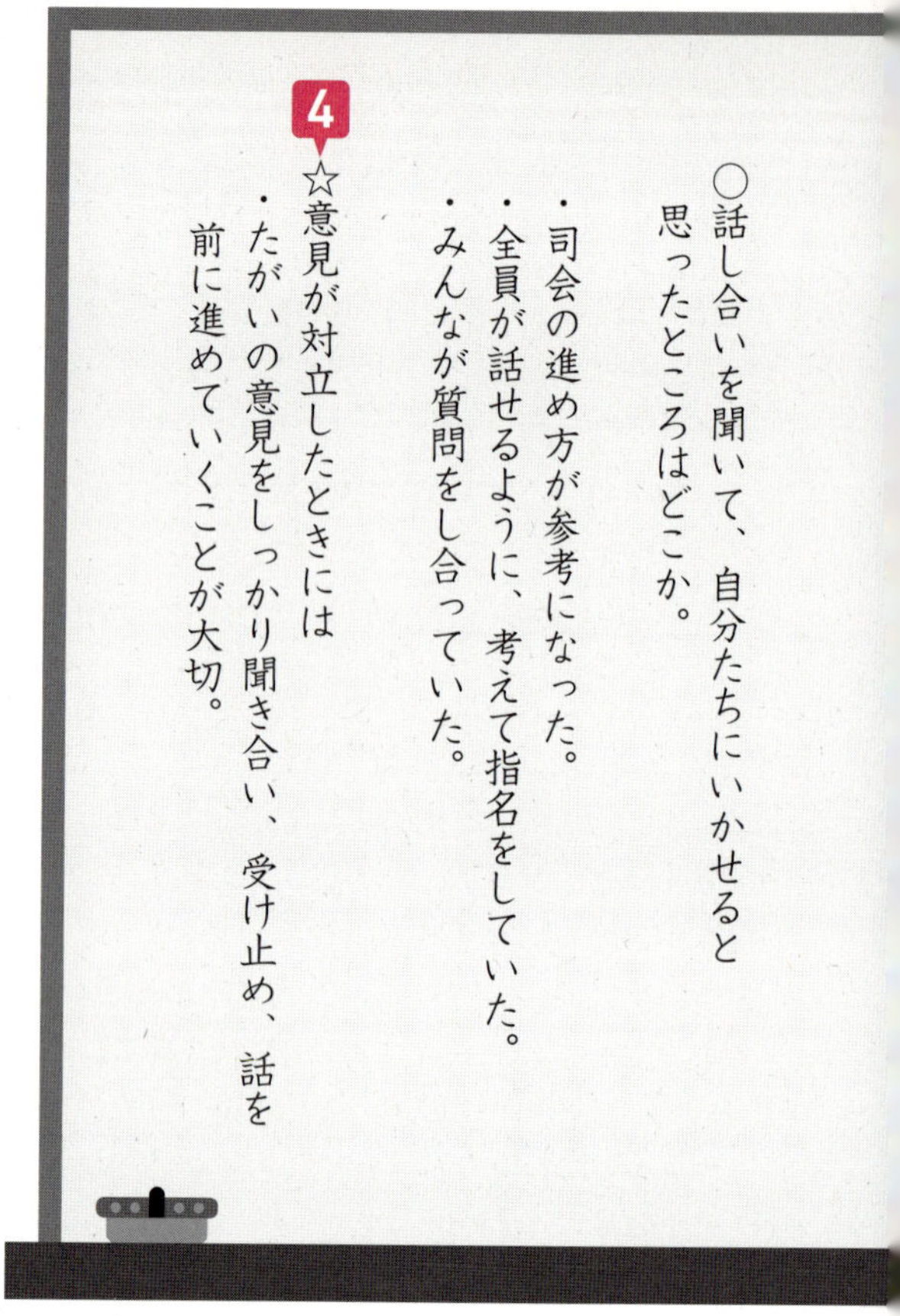

○話し合いを聞いて、自分たちにいかせると
思ったところはどこか。
・司会の進め方が参考になった。
・全員が話せるように、考えて指名をしていた。
・みんなが質問をし合っていた。
4
☆意見が対立したときには
・たがいの意見をしっかり聞き合い、受け止め、話を
前に進めていくことが大切。

授業の流れ ▷▷▷

1 話合いの経験を想起する　〈5 分〉

T　これまでの話合いの経験を振り返りましょう。困ったことはありましたか。
・意見がなかなか出なくて、話合いが進まなかった。
・話合いをうまくまとめることができなかった。
○これまでの経験を想起させ、話合いを円滑に進めるための計画の重要性を理解させたい。
T　話合いで大切なことは進行計画を立てることです。今日は話合いの計画を立てていきましょう。

2 話合いの仕方を確かめる　〈10分〉

T　話合いの進め方の例を見て、気付いたことを発表しましょう。
・全員が意見を順番に言っている。
・質問をする時間がある。
・共通点と異なる点でまとめている。
・話合いが 2 段階になっている。
・考えをまとめる条件を決めることが大切。
T　話合いには、「考えを広げる話し合い」と「考えをまとめる話し合い」があります。話合いの流れを意識すると意見がまとまりやすくなりますね。
○話合いには「考えを広げる話し合い」と「考えをまとめる話し合い」があることをつかませたい。

よりよい学校生活のために

話し合いのしかたを確かめ、進行計画を立てよう。

1

○話し合いをしていて、こまったこと

・意見がなかなか出なくて、話し合いが進まなかった。
・話し合いをうまくまとめることができなかった。
・意見がぶつかってしまった。

2

○話し合いの進め方の例

①一人ずつ意見を出し合う。
②たがいの考えについて質問したり、答えたりする。
③たがいの考えの共通点やことなる点を確かめる。
④考えをまとめる条件を考え、その条件にそって話し合う。

（①②）考えを広げる話し合い
（③④）考えをまとめる話し合い

3

○話し合いの様子をメモする。

3 話合いの様子を、メモを取りながら聞く 〈20分〉

T　話合いの様子を、メモを取りながら聞きましょう。

○教科書付録の音声などを活用し、話合いの様子を聞かせる。メモを取りながら聞かせることで、次時の話合いにおいてメモを取るための練習にもなる。

○メモの取り方もあわせて指導するとよい。短くキーワードでまとめるなどする。

T　話合いを聞いて、自分たちの話合いに生かせると思ったことは何ですか。

・司会の進め方が参考になった。
・全員が話せるように、うまく進めていた。
・相づちを打ったり、意見にコメントしたりしていた。

4 コラム「意見が対立したときには」を読む 〈10分〉

T　もし意見が対立してしまったときには、どのようにすればよいのでしょうか。

・相手の意見の理由をじっくりと聞く。
・相手の意見のよさを認めるようにする。
・自分の意見にこだわりすぎない。

T　コラム「意見が対立したときには」を読みましょう。大切なことをみんなで考えましょう。

T　意見が対立してしまった２人にどんな言葉をかけますか。

・相手の意見を自分の意見に生かすように意識するといいね。
・相手の意見のよさを見つけるといいね。

○教科書を用いて、大切なポイントを押さえる。

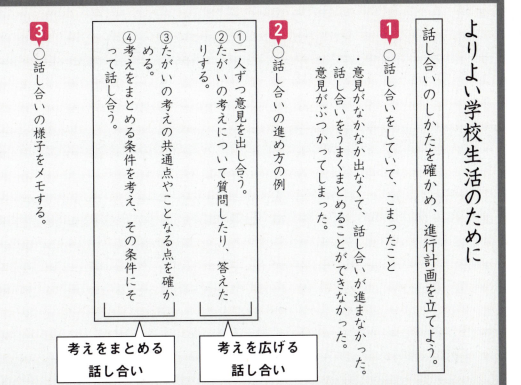

本時案

よりよい学校生活のために 4/6

本時の目標

・話合いの流れ、目的、進め方を理解し、よりよい学校生活にするための話合いをすることができる。

本時の主な評価

❷議題に対して、情報を関連付けたり、言葉を関係付けたりしながら、話合いをしている。【知・技】

・互いの立場や意見を明らかにしながら、計画的に話合いをしている。

資料等の準備

・「話し合いの進め方（例）」 02-05
・ワークシート④ 02-04
・話合い用シート（グループ１枚） 02-06
・付箋紙（前時までに作成したもの）

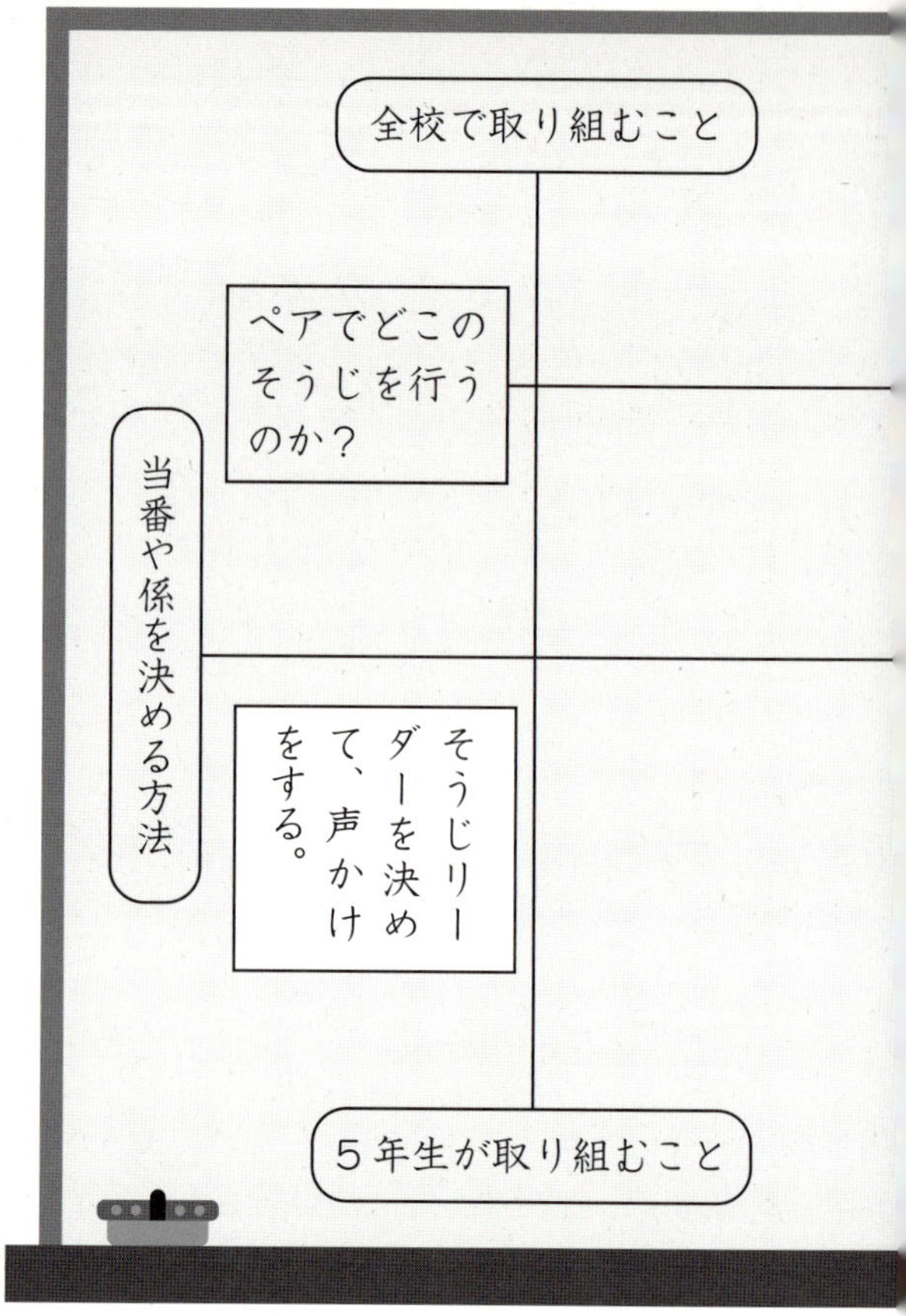

全校で取り組むこと
ペアでどこのそうじを行うのか？
当番や係を決める方法
そうじリーダーを決めて、声かけをする。
５年生が取り組むこと

授業の流れ ▷▷▷

1 話合いの流れ、目的、進め方、役割を確認する〈５分〉

T 話合いを行う前に、流れや目的を確認しましょう。

○事前に、前半グループと後半グループとに分けておく。また、グループごとに司会を決めておくとスムーズに話合いに入ることができる。

T 前半グループのみなさんは、話合いを行います。後半グループのみなさんは話合いの内容を記録しましょう。

2 話合いを行う（前半グループ）〈30分〉

T それでは司会の人を中心に、話合いを始めてください。

○話合いの進行計画を基に、話し合う。グループごとに時間のばらつきが出ることが予想される。おおまかな時間設定を示しておくとよい。

○後半グループは話合いの内容を記録しながら、質問や意見を出すこともできるようにすると話合いがより活発になる。

○話合いはマトリクスの中に、前時までに作成した付箋紙を利用して、意見を位置付けていく形で行う（板書を参照）。

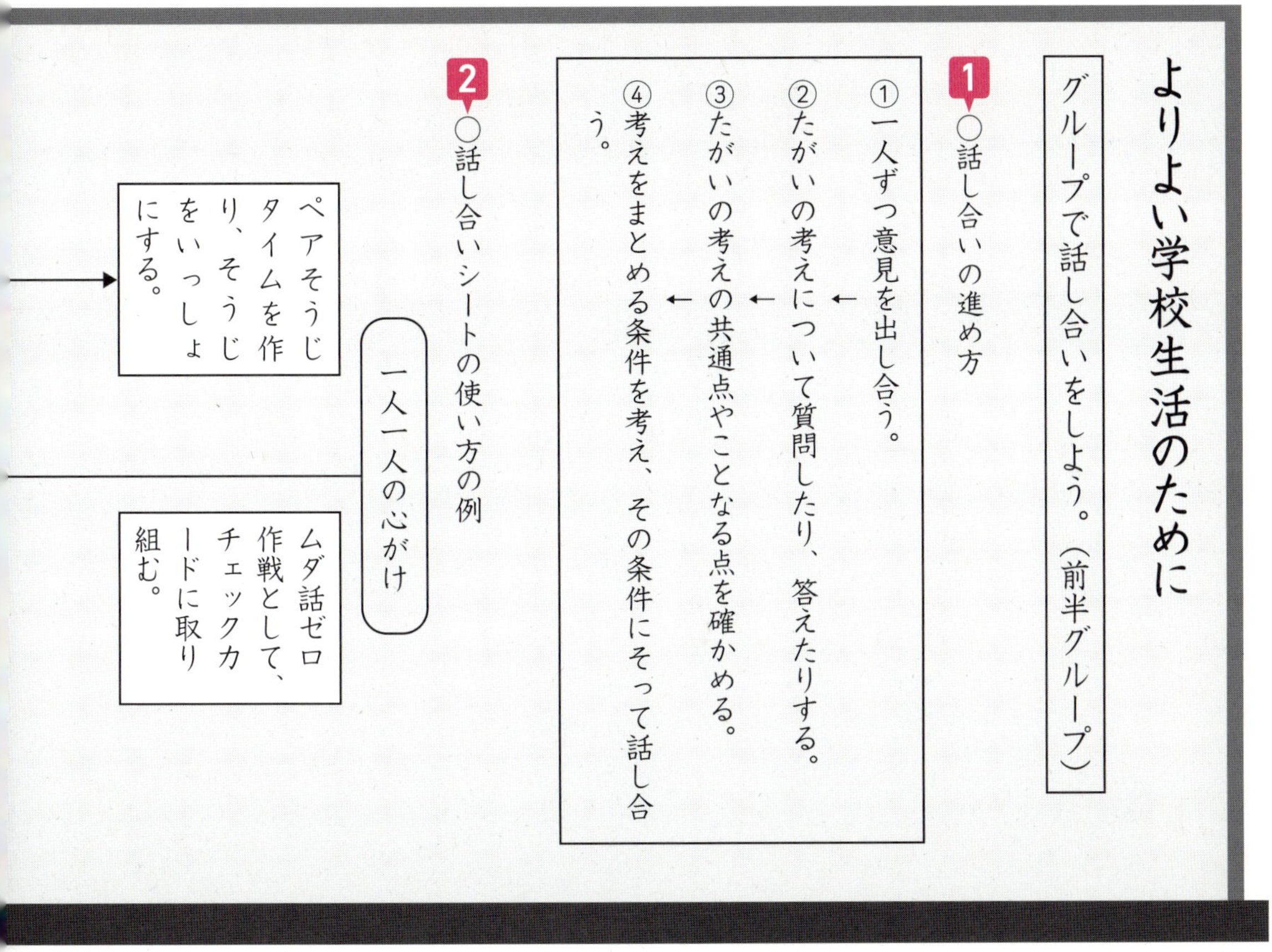
よりよい学校生活のために
グループで話し合いをしよう。（前半グループ）
1
○話し合いの進め方
①一人ずつ意見を出し合う。
②たがいの考えについて質問したり、答えたりする。
③たがいの考えの共通点やことなる点を確かめる。
④考えをまとめる条件を考え、その条件にそって話し合う。
2
○話し合いシートの使い方の例
一人一人の心がけ
ペアそうじタイムを作り、そうじをいっしょにする。
ムダ話ゼロ作戦として、チェックカードに取り組む。

3 話合いのよかった点、課題点を共有する 〈10分〉

T　今日の話合いの様子を振り返りましょう。話合いのよかった点や課題点をグループごとに発表しましょう。

・司会が「○○さんはどう思いますか」というように意見を求めていたので、とてもよかった。

・「○○さんに付け足しです、○○さんと同じです」という言葉がたくさんあったので、分かりやすかった。

T　グループで出た意見を全体で共有しましょう。

○話合いの振り返りをさせることで、次回の話合いのめあてになる。意識させていきたいポイントである。

よりよい授業へのステップアップ

話合いの役割の工夫

話合いの質を高めるために、話合いを子供自身が観察し、客観的に評価する機会をつくることが有効である。学級全体で一斉に話合いを行うのではなく、前半と後半に分け、前半チームの話合いの様子を後半チームが記録し、評価させるとよい。

また、記録者にフロアとしての役割も担わせることで話合いをより活発にすることができる。例えば、質問や意見を出す際には、記録者からも発言することができるように工夫すると、多様な意見が出るだろう。

本時案

よりよい学校生活のために　5/6

本時の目標

・話合いの流れ、目的、進め方を理解し、よりよい学校生活にするための話合いをすることができる。

本時の主な評価

・議題に対して、情報を関連付けたり、言葉を関係付けたりしながら、話合いをしている。
❹互いの立場や意見を明らかにしながら、計画的に話合いをしている。【思・判・表】

資料等の準備

・「話し合いの進め方（例）」 02-05
・ワークシート④ 02-04
・話合い用シート（グループ１枚）
・付箋紙（前時までに作成したもの）

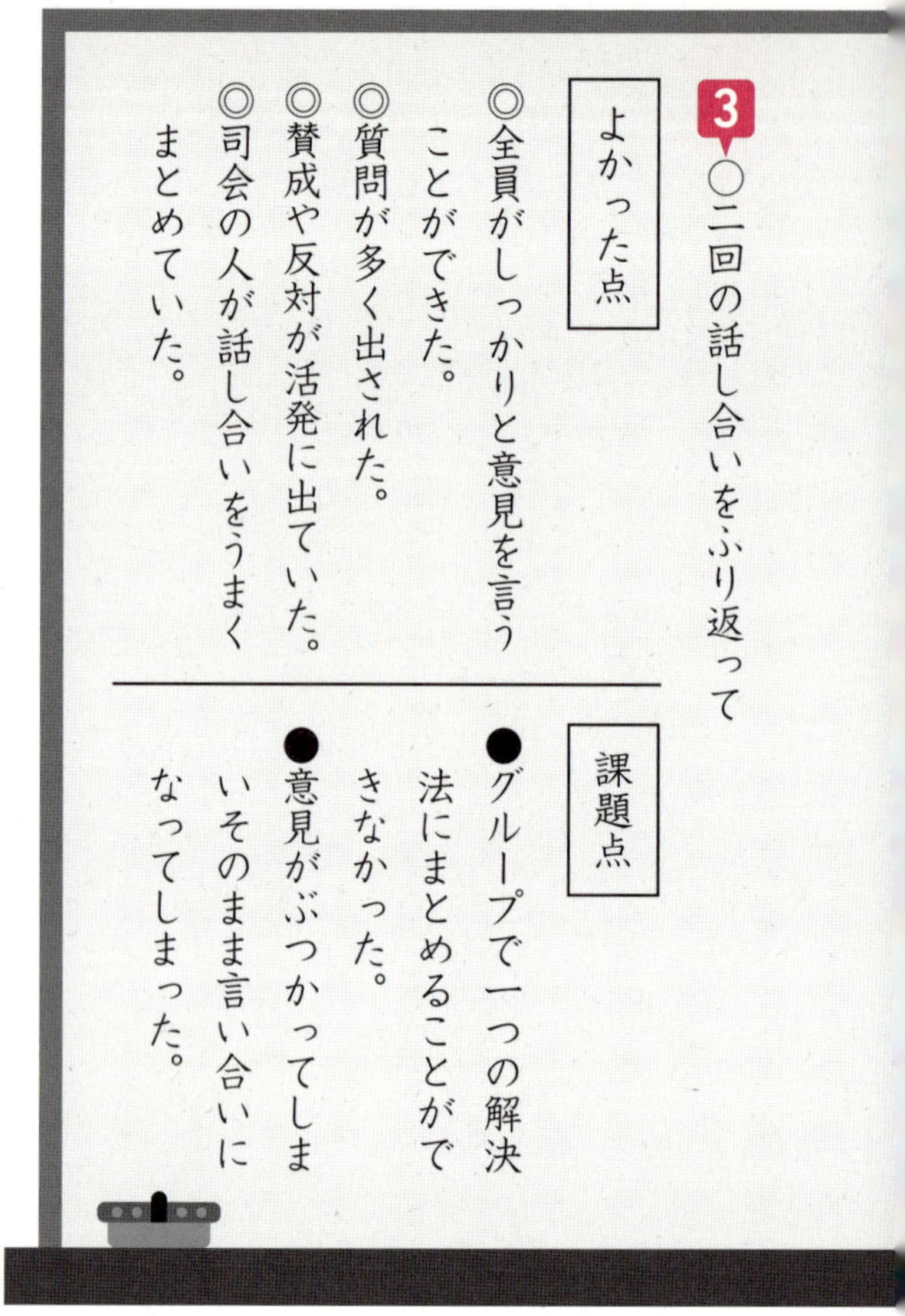

3
○二回の話し合いをふり返って
よかった点
◎全員がしっかりと意見を言うことができた。
◎質問が多く出された。
◎賛成や反対が活発に出ていた。
◎司会の人が話し合いをうまくまとめていた。
課題点
●グループで一つの解決法にまとめることができなかった。
●意見がぶつかってしまいそのまま言い合いになってしまった。

授業の流れ ▷▷▷

1 話合いのポイントを確認する〈５分〉

T　話合いを行う上でのポイントを確認しましょう。前回の話合いで出された点を意識して話し合いましょう。

・意見を言いやすいように、うなずきながら話を聞くことを大切にしたい。
・全員が意見を言えるように、司会者が配慮したい。
・質問に対して、具体的に答えられるようにしたい。

○本時は後半グループの話合いである。議題は前時と同様であるが、改めて確認をすることが大切である。

2 話合いを行う（後半グループ）〈30分〉

T　それでは司会の人を中心に、話合いを始めてください。

○話合いの進行計画を基に、話し合う。グループごとに時間のばらつきが出ることが予想される。おおまかな時間設定を示しておくとよい。
○前半グループは話合いの内容を記録しながら、質問や意見を出すこともできるようにすると話合いがより活発になる。
○前時と同様に話合いはマトリクスの中に、前時までに作成した付箋紙を利用して、意見を位置付けていく形で行う。

よりよい学校生活のために

グループで話し合いをしよう。（後半グループ）

1

○前の時間の話し合いで出されたポイント

・意見が出しやすいように、うなずきながら話を聞く。

・司会の人が話題をまとめるように進めていた。

・質問がたくさん出ていた。

・話し合いをまとめる条件を決めていた。

①簡《かん》単にできる

②だれでもできる

③がんばりがみとめられる　など

3 話合いのよかった点、課題点を共有する 〈10分〉

T　今日の話合いの様子を振り返りましょう。話合いのよかったところや課題点をグループごとに発表しましょう。

○前時と同様に、振り返りを行う。その際に、前回と比べてよかった点はどこだったのかという視点をもたせるとよい。

T　前半と後半の２回の話合いの感想をまとめましょう。

○話合いの感想を自分なりにまとめ、次時のポスターセッションにつなげていきたい。

よりよい授業へのステップアップ

付箋紙を利用した話合いの工夫

前時も同様であるが、付箋紙を利用しながら話合いを行うと、話合いが可視化され、意見がまとまりやすくなる。今回の話合いでは、板書例に示したように、マトリクスの中に、それぞれの意見を位置付けながら話し合う。このようにすることで、誰がどういった意見をもっているのか、よりよい意見はどれかを考えやすくなる。

また、話合いの流れによっては、新たな意見が出される場合がある。その際には、新たに付箋紙を貼るとよい。

本時案

よりよい学校生活のために

6/6

本時の目標

・ポスターセッションを通して、話合いの内容を共有し、感想を伝え合うことができる。

本時の主な評価

❺ポスターセッションを通して、話合いの内容を共有し、意欲的に感想を伝え合おうとしている。【態度】

資料等の準備

・話合い用シート（前時で使用したもの）
・ポスターセッションのメモ用シート

02-07

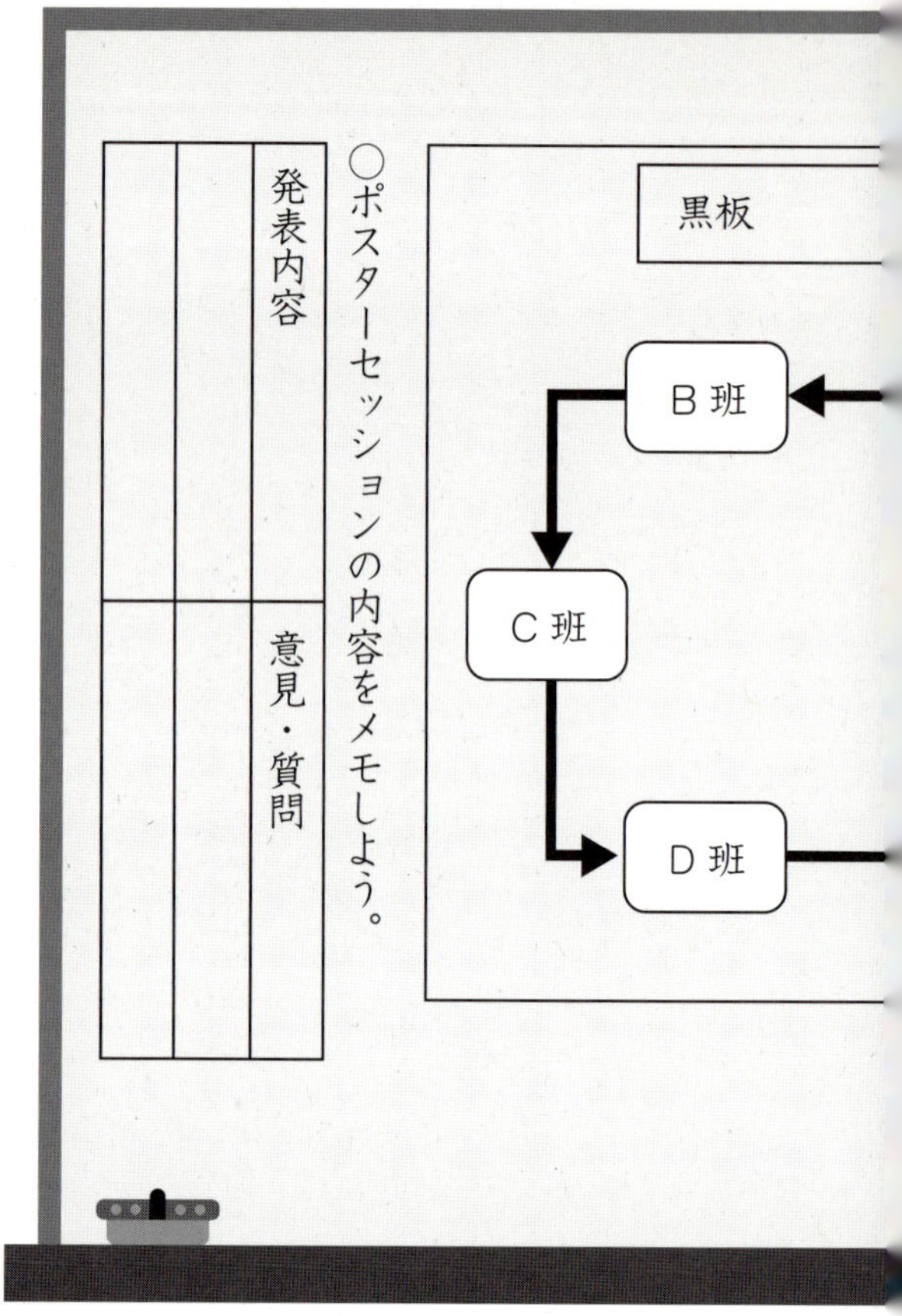

黒板
B 班
C 班
D 班
○ポスターセッションの内容をメモしよう。
発表内容
意見・質問

授業の流れ ▷▷▷

1 ポスターセッションの進め方を確認する〈5分〉

T　今日はポスターセッションを行います。ポスターセッションとは、発表と質問・意見の交流を行う方法の1つです。

T　前時までに話し合った内容を、友達に分かりやすく伝えるために大切なことは何ですか。

・班で決めた取り組みのよいところを中心に発表する。

・具体的な方法をしっかり伝えるといい。

・シートを指し示したり、みんなに問いかけたりするといい。

○ポスターセッションに初めて取り組む場合は、基本的な流れを板書し、実際にモデルを示すとイメージしやすい。

2 ポスターセッションの準備をする〈10分〉

○ポスターセッションの基本的な流れの例

①発表は交代しながら、全員が行う。

②発表時間は3分とする。

③質問・感想交流の時間は2分間とする。

④5分経ったところで、発表者を交代する。

学級の実態に応じて、時間設定をするとよい。

T　ポスターセッションに向けて、グループごとに準備をしましょう。どんな内容を発表するのかを確認しましょう。

○確認ができたグループから、発表の練習をするように声をかけるとよい。

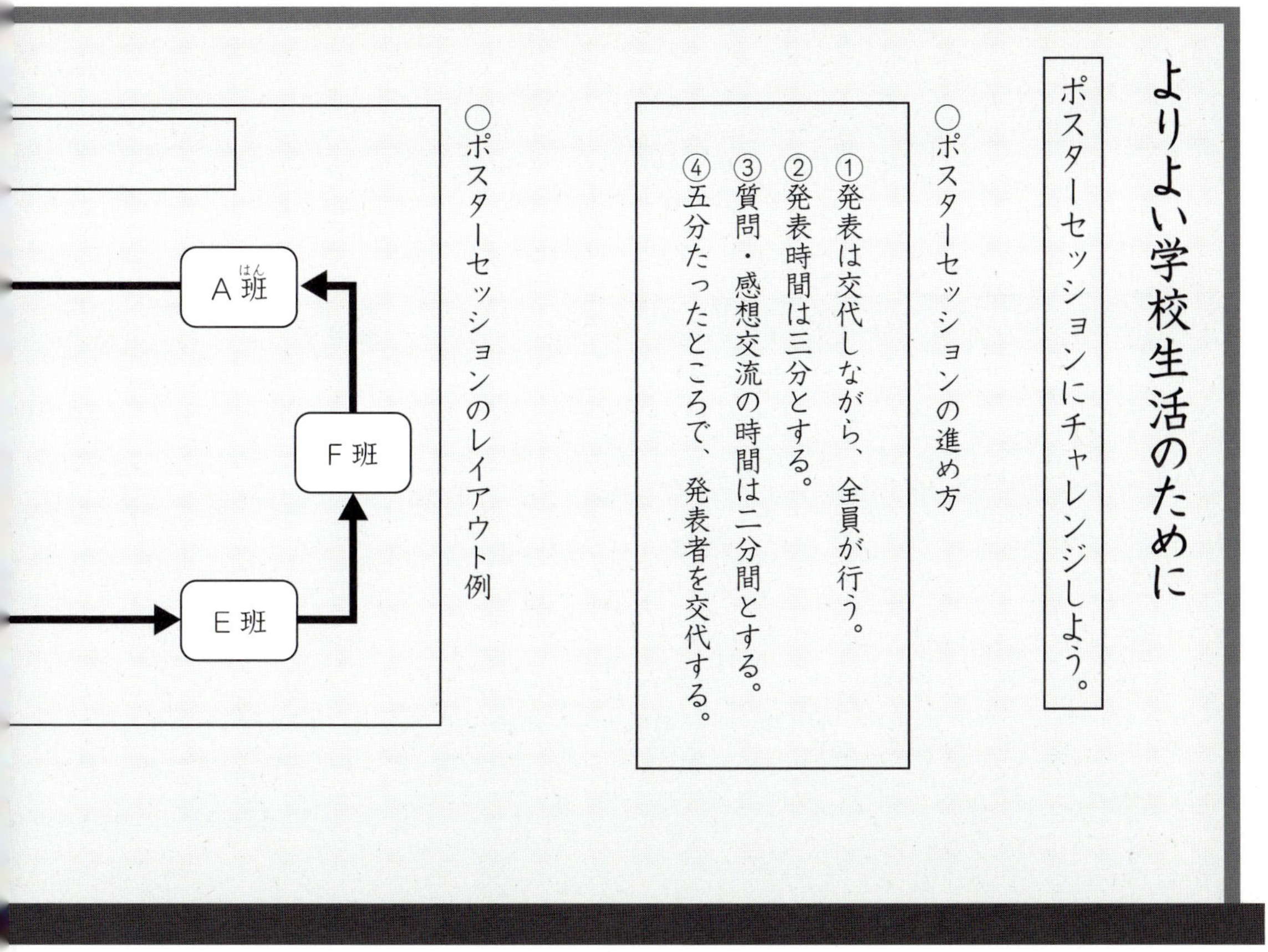
よりよい学校生活のために
ポスターセッションにチャレンジしよう。
○ポスターセッションの進め方
①発表は交代しながら、全員が行う。
②発表時間は三分とする。
③質問・感想交流の時間は二分間とする。
④五分たったところで、発表者を交代する。
○ポスターセッションのレイアウト例
A 班《はん》
F 班
E 班

3 ポスターセッションを行う 〈20分〉

○教室をグループ数に応じて区切り、発表コーナーを設置する。前時で使用した話合いシートを壁やホワイトボードに掲示したり、机の上に置いたりするなど、発表がしやすいように工夫したい。
○発表者以外は、それぞれのグループを自由に回ることができるようにする。あるいは、回る順番を指定してもよい。
○次のように教師が全体の進行をするとよい。
T　それでは、発表してください。
T　3分経ちました。質問や意見の交流をしましょう。
T　次のコーナーに移動してください。
T　発表者を交代してください。

4 学習全体を振り返り、感想をまとめる 〈10分〉

T　学習を振り返り、感想をまとめましょう。
○感想をまとめる視点として、次の2点を示すとまとめやすくなる。
①話合いの内容に関する視点
例：○○グループは効果的な解決方法だと思った。
②ポスターセッションやグループでの話合いの仕方に関する視点
例：○○さんの意見が経験を基にしていてよかった。

資料

1 第1時資料　ワークシート①　02-01

よりよい学校生活のために

年　組（　　　）

○学校のよい点と課題点について考えよう。

よい点		課題点	
理由		理由	

学級で決めた議題は

2 第2時資料　ワークシート②　02-02

よりよい学校生活のために

年　組（　　　）

○自分の考えを整理して、解決方法を考えよう。

議題

現状と問題点

解決方法

その理由

みんなに提案したい解決方法は

3 第２時資料　ワークシート③ 02-03

よりよい学校生活のために

年　組（　　　　　　　　）

○自分が考えた解決方法を具体的に書こう。

わたしの提案は

①具体的な取り組み（いつ、だれが、どのくらいの期間、何をする）

②どうして、その取り組みをしようと考えたのか

③その取り組みをすると、どんな効《こう》果があるのか（アピールポイント）

4 第３～５時資料　ワークシート④ 02-04

よりよい学校生活のために

年　組　名前（　　　　　　　　）

○話し合いの様子をメモしよう

①（　　）さんの意見	⑤質問・意見	⑥その答え
②（　　）さんの意見	⑦質問・意見	⑧その答え
③（　　）さんの意見	⑨質問・意見	⑩その答え
④（　　）さんの意見	⑪質問・意見	⑫その答え

話し合いのよかった点・参考にしたい点・課題点などを書こう。

漢字の広場③ （1時間扱い）

〔知識及び技能〕(1)エ 〔思考力、判断力、表現力等〕B書くことオ

単元の目標

・第4学年までに配当されている漢字を書き、文や文章の中で使うとともに、よりよい文となるよう整えることができる。

評価規準

知識・技能	❶第4学年までに配当されている漢字を書き、文や文章の中で使っている。(〔知識及び技能〕(1)エ)
思考・判断・表現	❷「書くこと」において、文章全体の構成や書き表し方などに着目して、文や文章を整えている。(〔思考力、判断力、表現力等〕Bオ)
主体的に学習に取り組む態度	❸与えられた語を用いて、進んで文を書き、よりよい文となるよう整えることで、第4学年までに配当されている漢字に習熟しようとしている。

単元の流れ

時	主な学習活動	評価
1	・教科書 P.136に提示された言葉を使いながら、各教科での学習や学校生活について、学級日誌に記録するように文章を書く。 ・書いた文章を読み返し、構成などを整える。 ・書いた文章を見せ合い、交流するとともに、示された漢字に触れる。	❶❷ ❸

授業づくりのポイント

〈単元で育てたい資質・能力〉

本単元は、絵で表現された場面と言葉を結び付けることで、語彙を豊かに広げ、文や文章の中で適切に漢字を使う力を育むことをねらいとしている。

まず、それぞれの漢字の読み方を確認する。その際、提示された漢字の別の読み方や、その漢字を用いた別の言葉にも目を向けられるようにする。部首の確認や「へんとつくり」の関係などについても復習の機会とするとよい。そうすることで、漢字の意味を定着させることにつながる。

また、書字の際に間違えやすい部分というのは、どの子供にとってもおおむね共通している。そこで、それらの点については文章を書き始める前に指導することが望ましい。画数が多くて字形が複雑な漢字、字形細部を間違えやすい漢字など、誤字率の高い漢字を例示したり、子供が漢字を間違えた経験談を発表させたりしながら、意識的に押さえて定着を図る。

具体例

○「面積」の「積」と「績」、「半径」の「径」と「経」など、音が同じことによって混乱が起こりやすい漢字を取り上げ、意味を表す部分への着目を図る。

〈他教材や他教科との関連〉

本教材では、他教科で使用する言葉が多く取り上げられている。それぞれの教科の学習を振り返りながら、各教科での学習や学校生活について、学級日誌に記録するように、短文を書く。また、他教科の学習においてもこうした漢字を押さえることで、国語科に限らず様々な教科においても漢字の定着を図ることができる。

配当時間が１時間のため、授業時間内にできることは限られている。授業では、漢字の読み方、言葉の意味、押さえるべき文の構成要素を確認し、書いた文章を交流する。その後、家庭学習として、書くことを重ねることで、前学年の漢字や文の構成要素の定着を図るようにする。

具体例

○ワークシートを学級日誌形式にし、日常の学校生活を想起しながら書くことができるようにする。そのワークシートを家庭学習につなげることで、既習の漢字を使うことを意識させながら１日を振り返って記入するなど、学習後も継続的に取り組むことができる。

本時案

漢字の広場③

1/1

本時の目標

・第４学年までに配当されている漢字を書き、文や文章の中で使うとともに、よりよい文となるよう整えることができる。

本時の主な評価

❶提示されている漢字を文の中で正しく使っている。【知・技】
❷挿絵を見て想像しながら、文章を整えている。【思・判・表】
❸学級日誌に記録するように進んで文章を書き、出来事がよく伝わる文章になるよう整えようとしている。【態度】

資料等の準備

・国語辞典
・学級日誌ワークシート 03-01

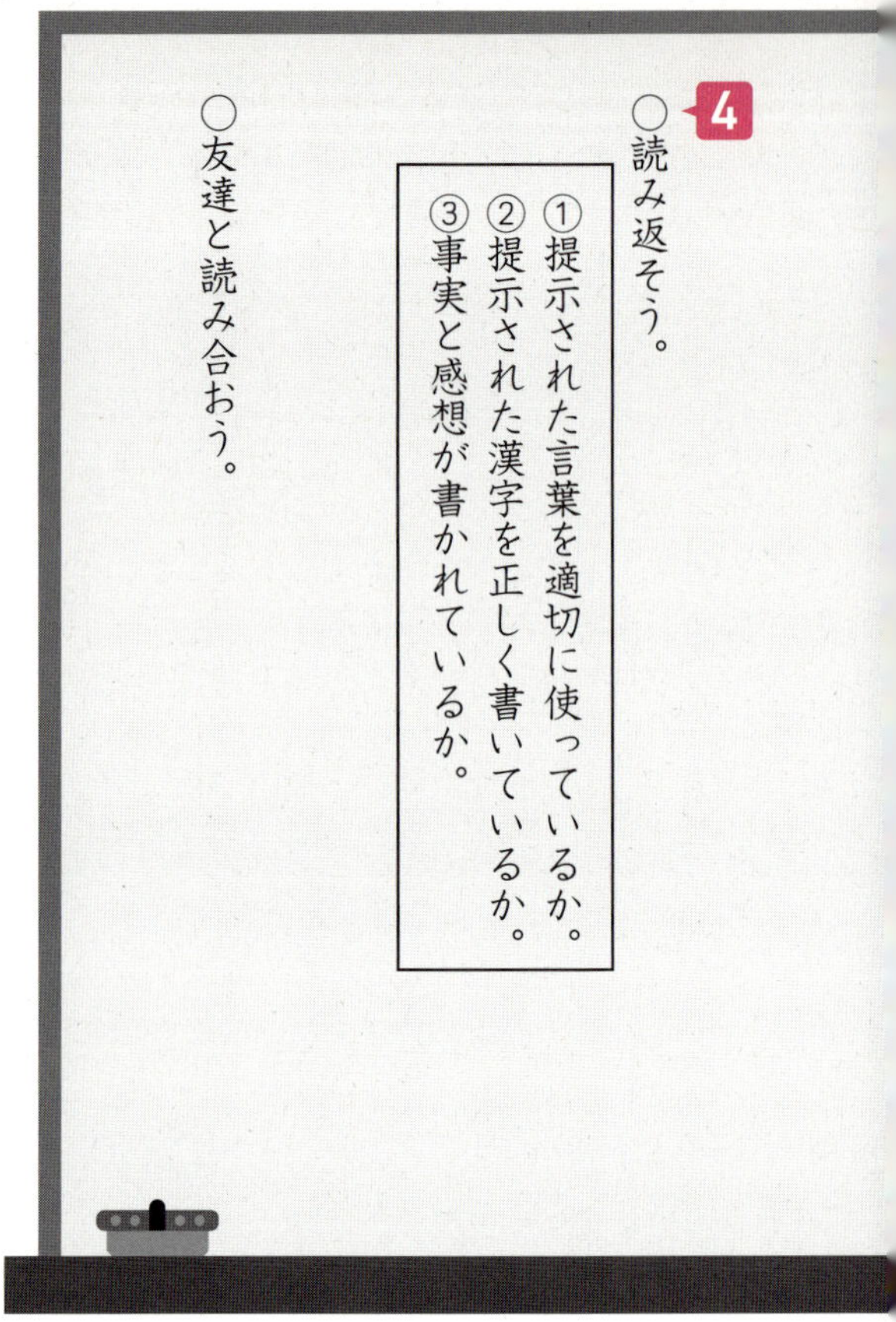

4
○読み返そう。
①提示された言葉を適切に使っているか。
②提示された漢字を正しく書いているか。
③事実と感想が書かれているか。
○友達と読み合おう。

授業の流れ ▷▷▷

1 本時の課題を確認する 〈５分〉

T 教科書 P.136のリード文を読みましょう。
　今日は、教科書の言葉を使って、学級日誌に記録するように、各教科での学習や学校生活について、文章を書きましょう。
・いろいろな教科があるね。
・学級日誌には、その日に学習したことを書くんだよね。

2 間違えやすい漢字について、正しい書き方や使い方を確認する〈５分〉

T 教科書にある言葉を、全部読んでみましょう。間違いやすい漢字はありませんか。
・「径」は、「経」と似ています。
・「積」は、「績」と間違えてしまったことがあります。
○子供に考えさせることによって、漢字を正しく捉える習慣を身に付けられるようにする。
○子供から出なかった漢字で、注意を要するものは、教師が提示する。

漢字の広場③

1 各教科での学習や学校生活について学級日誌《し》に記録するように、文章を書こう。

2 ○まちがえやすい漢字を確認《かくにん》しよう。

・「半径」←× 経

・「面積」←× 績

3 ○学習したこと（事実）と感想を書こう。

（例）一時間目　理科

試験管を使って、液体《えき》を加熱する実験をした。

予想とはちがう結果になったので、

しっかり復習したい。

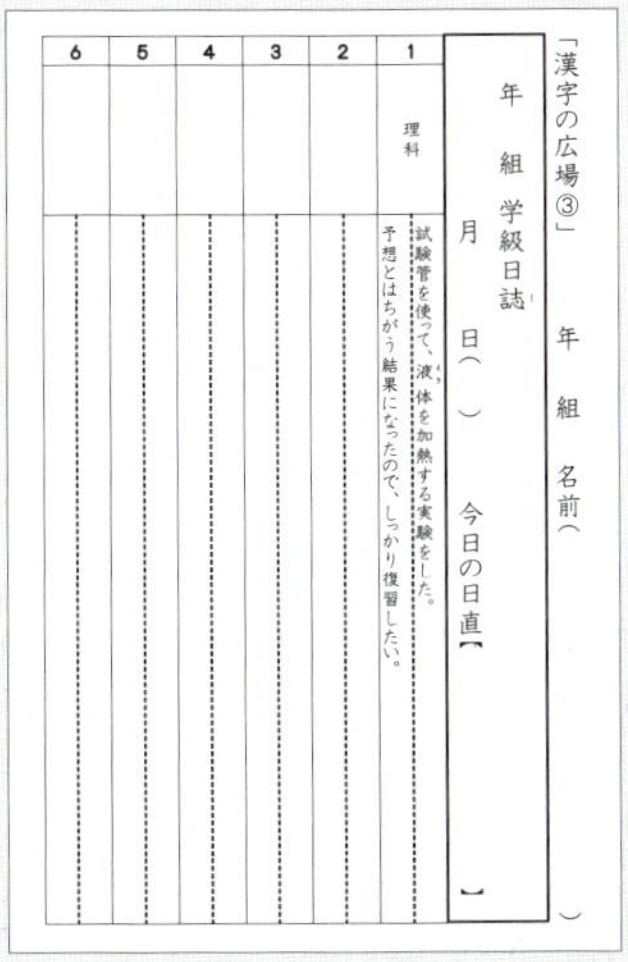

3 提示されている言葉を使って、文章を書く 〈20分〉

T 教科書の言葉を使って、文章を書きましょう。どんな学習をしたのか（事実）と、感想を書くようにしましょう。

・１時間目の算数では、円の半径の長さを測って面積を求めた。単位を間違えないように気を付けた。

・学芸会に向けて、友達と練習した。せりふを覚えられた。

○自分で書くことが難しい子供には、好きな教科や書けそうな教科を選ばせ、絵を見ながらどんな学習をしたことがあるかを問いかけながら一緒に考える。

4 推敲し、友達と交流して感想を伝え合う 〈15分〉

T 書いたら読み返して、間違いを正したり、よりよい表現にしたりしましょう。

○推敲の観点を示す。

①提示された言葉を適切に使っているか。

②提示された漢字を正しく書いているか。

③事実と感想が書かれているか。

T 友達と交換して読み合い、感想を伝え合いましょう。

・最近、実際に学習した内容で書かれていておもしろいね。

・私が使わなかった言葉を使っているね。

T ４年生で習った漢字を正しく使って、文章を書くことができましたね。これからも、習った漢字を正しく使うようにしましょう。

4 **資料を用いた文章の効果を考え、それをいかして書こう**

固有種が教えてくれること／グラフや表を用いて書こう　など

〔知識及び技能〕(2)イ　〔思考力、判断力、表現力等〕B書くことエ、C読むことウ
関連する言語活動例B(2)ア、C(2)ウ

11時間扱い

単元の目標

・文章を読んで、筆者の説明の仕方とその効果を読み取ることができる。
・筆者の説明の工夫を生かして、図表などの資料を用いて自分の考えを文章に書くことができる。

知識・技能	❶情報と情報との関係付けの仕方、図などによる語句と語句との関係の表し方を理解し使っている。（〔知識及び技能〕(2)イ）
思考・判断・表現	❷「書くこと」において、引用したり、図表などを用いたりして、自分の考えが伝わるように書き表し方を工夫している。（〔思考力、判断力、表現力等〕Bエ） ❸「読むこと」において、目的に応じて、文章と図表などを結び付けるなどして必要な情報を見付けたり、論の進め方について考えたりしている。（〔思考力、判断力、表現力等〕Cウ）
主体的に学習に取り組む態度	❹粘り強く文章と図表などを結び付けて読み、学習の見通しをもって、読み取った筆者の工夫を生かして、統計資料を用いた意見文を書こうとしている。

単元の流れ

次	時	主な学習活動	評価
一	1	学習の見通しをもつ ・教師の範読を聞いて初発の感想をもち、学習の見通しを立てる。 ・学習のめあてを確認し、学習計画を立てる。	
二	2	・「初め」「中」「終わり」のまとまりを確かめ、筆者の考えを捉える。	❶❸
	3	・資料を用いた筆者の意図と、資料を用いる効果について考える。	❸
	4	・資料が用いられている文章を読み、その効果についてまとめる。	
	5	・第５時でまとめたことをグループで出し合う。	
三	6	・「今、生きている社会が、くらしやすい方向に向かっているか」について自分の考えをもち、自分の考えに合う資料を集める。	❹
	7	・読んだことを生かして資料を用いて書くときの方法について考える。	❷❹
	8	・文章の構成を考える。構成メモを作成する。	
	9	・構成メモとリライトした資料を基に、文章を書く。	
	10	・文章を推敲する。	
	11	・書いた文章を友達と読み合い、意見や感想を交流し、学習を振り返る。 学習を振り返る	

授業づくりのポイント

〈単元で育てたい資質・能力〉

本単元では、連続型テキストである文章と非連続型テキストである図表などの資料を組み合わせたテキストを読み、その効果を生かして意見文を書く。資料を用いた意見文にまとめる言語活動を通して、多様な表現方法による情報と情報の関連付けの仕方を理解し、資料と対応させながら内容を正しく読み取る力を育む。また、資料を組み合わせた文章を読むことを通して、資料を用いることのよさに気付き、図表などの資料を用いた論の進め方を生かして、効果的に自分の考えをまとめる力を育む。

具体例

○例えば、初読の際には資料を省いた連続型テキストだけの状態の文章を提示し、その後連続型テキストと非連続型テキストが組み合わさった教科書の文章を示して、2つの文章を比べ読みするなど、資料があることの効果を理解できるような言語活動を工夫する。

○図表の読み取りについては、単位の大きさや目盛りの打ち方の違いによって数字などの見え方に違いが生じてくるため、同じデータについて異なる方法で示した資料を比べ読みしたときの印象の違いなどについて考える言語活動を通し、正しく資料を読み取る力を育む。

○資料のよさや資料を正しく用いることの重要性など、学んだことを生かして自分の考えを文章にまとめる「読み書き関連指導」を行うことによって、資料を用いた論の進め方を知り、効果的に自分の考えを文章に表す力を高めることができる。

〈他教科との関連〉

資質・能力を育成するためには、他教科と積極的に関連性をもたせて指導することが重要である。他教科との関連性を意識した指導を行うことにより、各教科で学んだことが他の学習や日常生活に生きることを子供に自覚させ、学びには汎用性があることに気付かせたい。

具体例

○図表の表し方や読み取り方については、算数科の学習との関連性が非常に強い。データをどのような図表で表すのがよいか、単位の付け方や目盛りの打ち方などの違いが読み手にどのような印象を与えるかなど、算数の時間に学んだことを国語の学習に活用するようにする。

○図表や絵を読み解く力は、社会科の学習でも求められる。本単元の学びと算数科や社会科の学習を関係付けるなど、他教科と関連させた指導を行う。

本時案

固有種が教えてくれること　1/11

本時の目標

・初読の感想をもち、学習の見通しを立てることができる。

本時の主な評価

・初読の感想をもち、学習の見通しを立てている。

資料等の準備

・リライト教材（教材文からグラフや表、絵や写真と、それらを参照するような指示を省いたもの）

3

○グラフや表のない文章と、ある文章を比べてみよう。
・グラフや表、絵や写真などがあると分かりやすい。
・「資料○を見てください」など、指示があって分かりやすい。
・絵と表や、絵とグラフを組み合わせることでさらに分かりやすくしている。

4

○学習計画
①学習の見通しをもつ。（本時）
②筆者の説明のしかたとその効果を考える。（四時）
③学んだことをいかして、自分の考えを文章に書く。（七時）

授業の流れ ▷▷▷

1 リライト教材を読みながら範読を聞き、初読の感想をもつ〈10分〉

T　今日から『固有種が教えてくれること』という文章を読みます。みなさんは、固有種がどのようなものか分かりますか。

・分かりません。

・その土地にしかいない、特別な種類の生き物のことかな。

T　それでは、まず図や絵を除いた本文のみの文章を読んでみますので、読みながら「固有種」がどのようなものか、その「固有種」が私たちに何を教えてくれるのか、考えながら聞いてください。

2 初読の感想を発表する〈10分〉

T　固有種とはどのようなもので、何を教えてくれますか。ノートに書いて、発表しましょう。

・固有種は、特定の国や地域にしかいない動植物のことと書いてありました。

・アマミノクロウサギやニホンザルが例として挙げられていました。

・固有種と他の種を比べることが、生物の進化の研究に役立ちます。

・日本列島の成り立ちが分かります。

・日本列島は豊かで、多様な自然環境が守られています。

固有種が教えてくれること

感想をもって、学習計画を立てよう。

1

○「固有種」とはどういうもの？

・特定の国やちいきにしかいない動植物
・アマミノクロウサギ
・ニホンザル
・ヒグマ
・ニホンオオカミ
・ニホンカワウソ
・ニホンリス
・ニホンカモシカ
・他のちいきと分断されることによって生まれる。

2

○「固有種」は何を教えてくれる？

・固有種と他の種を比べることが、生物の進化の研究に役立つ。
・日本列島の成り立ちが分かる。
・日本列島のゆたかで多様な自然環《かん》境が守られている。

3 筆者の説明の仕方とその効果についての考えを発表する〈15分〉

T　それでは、教科書の文章を読んでみましょう。先ほど読んだ文章とどんなところが違いますか？

・グラフや表、あと絵が入っています。

T　この文章には資料がたくさん用いられています。もう一度読みますので、先ほど読んだ文章とどんなところが違うか、比べてみてどんなことを感じるか、考えてみましょう。

・グラフや表、絵や写真などがあって、教科書の文章の方がとても分かりやすいです。

4 単元の学習の見通しをもつ〈10分〉

T　今日は学習の最初の時間ですので、これからどのように学ぶか確認しましょう。

・まず、文章をよく読んで理解したいです。

T　そうですね。特にこの文章は資料がたくさん使われていますから、内容も理解しながら、資料をどのように読んだらよいか、資料があるとどんないいことがあるか考えてみたいですね。

・学んだことを生かして、自分たちでも文章を書いてみたらどうかな。

T　そうですね。それでは、次の時間、まずは文章を詳しく読んでみましょう。

本時案

固有種が教えてくれること 2/11

本時の目標

・文章の構成とその内容を捉える。
・「初め」「中」「終わり」のまとまりを確かめ、筆者の考えを捉える。

本時の主な評価

❶情報と情報との関係付けの仕方、グラフや表などによる語句と語句との関係の表し方を理解している。【知・技】
❸本教材を読み、目的に合わせて文章とグラフや表などを結び付けるなどして必要な情報を見つけたり、論の進め方について考えたりしている。【思・判・表】

資料等の準備

・なし

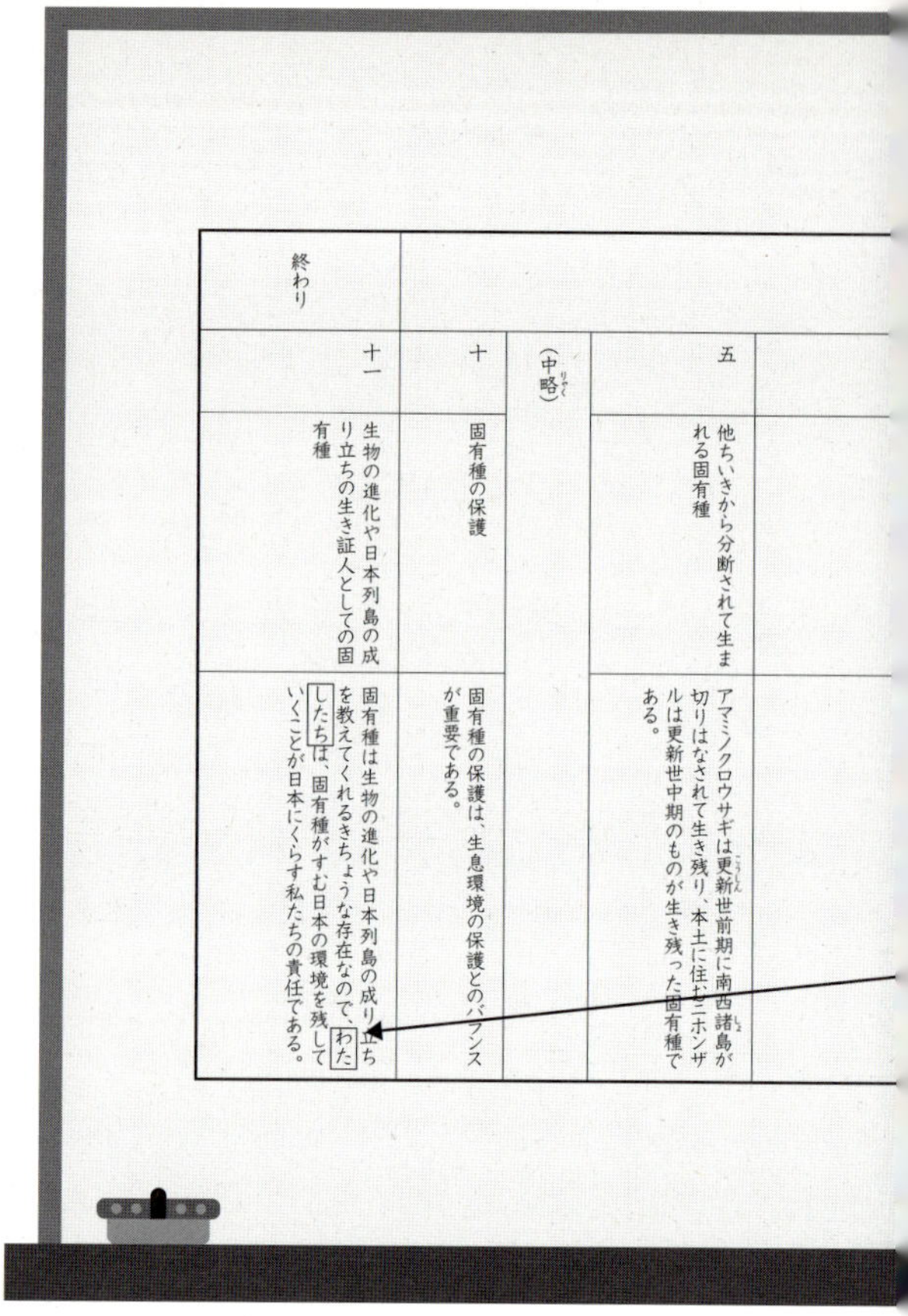
五
他ちいきから分断されて生まれる固有種
アマミノクロウサギは更新《こうしん》世前期に南西諸《しょ》島が切りはなされて生き残り、本土に住むニホンザルは更新世中期のものが生き残った固有種である。
（中略《りゃく》）
十
固有種の保護
固有種の保護は、生息環境の保護とのバランスが重要である。
終わり
十一
生物の進化や日本列島の成り立ちの生き証人としての固有種
固有種は生物の進化や日本列島の成り立ちを教えてくれるきちょうな存在なので、わたしたちは、固有種がすむ日本の環境を残していくことが日本にくらす私たちの責任である。

授業の流れ ▷▷▷

1 文章の構成と内容を考える 〈10分〉

T　『固有種が教えてくれること』には、何が書かれているでしょうか。「初め」「中」「終わり」がどの段落で分かれるか考えながら読んでみましょう。

○形式段落を確認しながら音読する。

T　全部で何段落でしたか。

・11段落です。

T　では、「初め」「中」「終わり」のまとまりはどこで分けられるでしょうか。

・「初め」は第１、２段落です。
・「中」は第３～第10段落です。
・「終わり」は第11段落です。

2 段落ごとに何が書いてあるか確認し、見出しを付ける 〈20分〉

T　それでは、段落ごとに、どのようなことが書いてあったか、短くまとめてみましょう。

○すべての段落を一人一人がまとめると時間が足りず、また１人で読むことに苦手意識のある子供には難しいため、２～３人で１つの段落を担当させるのもよい。

T　みなさんがまとめてくれたものを、全員で確認していきましょう。

○ノートに板書と同じ表を書き、段落番号、書かれていること、それに合った見出しを書く。

固有種が教えてくれること

文章の構成から筆者の考えをとらえよう。

1

○文章を「初め」「中」「終わり」で分けてみよう。

・初め―第一・二段《だん》落（固有種とは何か）
・中―第三段落〜十段落（日本の固有種と現状）
・終わり―第十一段落

2

○また、それぞれどんな事がらが書いてあるか、見出しをつけて整理しよう。

	段落	見出し	書かれていること
始め	一	固有種とは	固有種とは、特定の国やちいきにしかいない動植物のことである。
	二	固有種が教えてくれること	固有種と他の種を比べることは、生物の進化の研究にとても役立つ。わたしは、固有種がたくさん生息するゆたかな日本の環《かん》境をできるだけ残したい。
中	三	固有種がたくさん生息する日本	日本とイギリスを比べると、日本にはたくさんの固有種がすんでいることが分かる。
	四	日本に固有種が多いわけ	日本に固有種が多いわけは、日本列島が長い年月をかけて大陸から切りはなされ、その時期により、野生生物の分布がことなる。

3 「初め」と「終わり」に書かれている筆者の考えの中心を考える〈10分〉

T　今、段落ごとにまとめているときにも意見が出ていましたが、「初め」の第２段落と「終わり」の第11段落には、私はこう考えるとか、私たちはこうしなければならないなど、筆者の考えが書いてありましたね。筆者はどのような考えをもっていたでしょうか。

・固有種は日本でしか生きていくことができないから、豊かで多様な日本の自然環境を残さなければならない。

・その意見に付け足して、それは私たちの責任だと言っています。

4 次の学習の見通しをもつ〈５分〉

T　今日は、文章の構成と内容について考えましたね。次の時間は、前回みなさんが気付いた、この文章の特徴でもあるグラフや表などについて、文章とどのように対応しているのか、資料を用いることにはどんな効果があるのかを考えていきましょう。

○前時に子供たちと考えた学習計画を振り返る。

本時案

固有種が教えてくれること　3/11

本時の目標

・資料と文章との対応を読み、資料を用いる効果について考えることができる。

本時の主な評価

❸文章とグラフや表、絵や写真などを結び付けるなどして読み、詳細な情報に気付いたり、資料を用いる効果について考えたりしたことを発表している。【思・判・表】

資料等の準備

・教科書 P.145資料６と資料７の A.3 版拡大コピー（資料７は OHP シートに印刷）
・学校図書館や公共図書館から借りた、図表や年表等の資料が使われている本

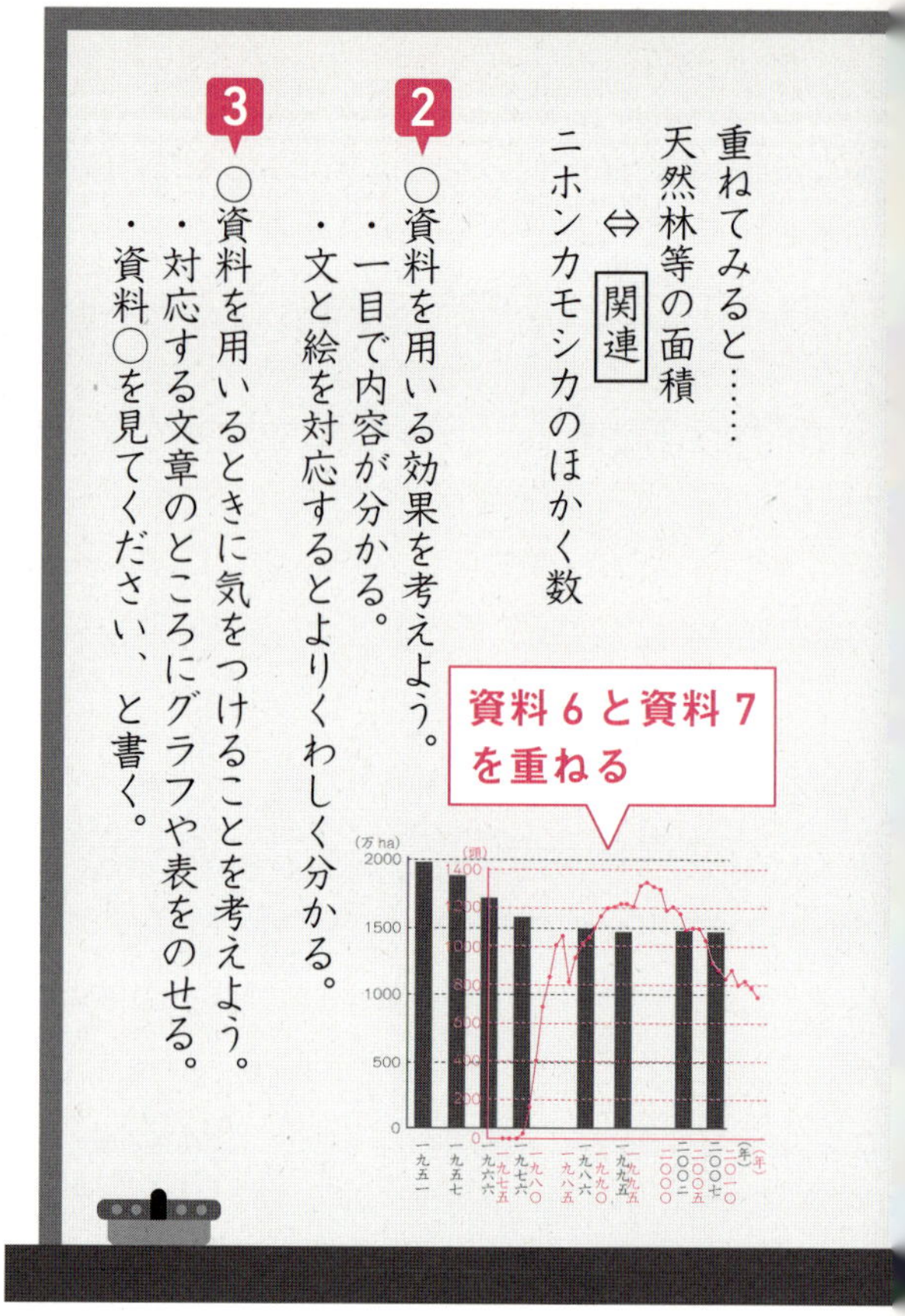

重ねてみると……
天然林等の面積
⇔ 関連
ニホンカモシカのほかく数
2
○資料を用いる効果を考えよう。
・一目で内容が分かる。
・文と絵を対応するとよりくわしく分かる。
3
○資料を用いるときに気をつけることを考えよう。
・対応する文章のところにグラフや表をのせる。
・資料○を見てください、と書く。
資料６と資料７を重ねる

授業の流れ ▷▷▷

1 資料が文章のどの部分と対応し、何が読み取れるか考える〈25分〉

T　各資料は文章のどの部分と対応していますか。教科書 P.139の資料１から教科書 P.145の資料７まで、どの段落に対応しているか考えてみましょう。また、どんなことが読み取れるかも考えてみましょう。

T　それでは、発表しましょう。

・資料１と第３段落が対応しています。地図は日本とイギリスが島国で、どこにあるのかが分かります。表は、国の面積の大きさが数字で表され、一目で分かります。固有種の数など、日本とイギリスの違いが整理されています。

2 資料を用いる効果について考える〈10分〉

T　文章の中に資料があると、どのような効果がありますか。

・文章を読まなくても、グラフや表は一目で内容が分かる。
・文章が説明になっていて、両方を対応させるとより詳しく分かる。
・資料６と資料７みたいに、資料を組み合わせると「なるほど！」と分かることもある。

固有種が教えてくれること

資料と文章の対応を読み、資料を用いる効果を考えよう。

1 ○それぞれの資料（グラフ、表、絵、写真）は、文章のどの部分と対応し、何が読み取れるか考えよう。

資料1　三段《だん》落に対応。
地図―日本とイギリスの地理
表―国の面積の大きさや種の数など、日本とイギリスのちがい

資料2　第五段落と第六段落に対応。
年表―時代の流れ
絵―時代に対応した日本列島の絵
→年表と絵がセット

資料3・4　第七段落に対応。
地図―一年間の平均《きん》気温と標高。南北の気温のちがい。標高は列島の中心部が高く、海の近くは低い。

資料5　第八段落に対応。
写真―絶滅《めつ》した動物が分かる

資料6・7　第九段落と第十段落に対応。
グラフ―天然林などの面積とニホンカモシカのほかく数の推《すい》移

3 資料を用いるときに気を付けるとよいことを考える　〈10分〉

T　この学習の最後には、みなさんは資料を用いて自分で文章を書いてみますが、資料を用いる時に気を付けるとよいこととしてどんなことがありますか。

- 対応する文章のところにグラフや表を載せるようにする。ずれると分かりにくい。
- 資料２のように、どの資料を見てください、と書くと分かりやすい。
- でも、毎回入れると、しつこくならないかな。
- １つの資料だけじゃなく、複数の資料を組み合わせてみてもいい。

よりよい授業へのステップアップ

他教科とのつながり

本単元で学んだ文章と資料を対応させて読む力は，社会科や理科の学習で教科書や資料集を読み取る際にも役に立つ。また、理科の実験結果などを文章と図表を使って分かりやすく説明する際にも活用できる。

国語で身に付けた資質・能力を他教科で生かしたり、他教科で学んだことを国語の学習とつなげたりしながら学べるような教師の横断的な指導を大切にしたい。

本時案

固有種が教えてくれること 4/11

本時の目標

・資料を用いた文章から読み取れることと、その効果について自分の考えをまとめることができる。

本時の主な評価

❸文章とグラフや表、絵や写真などを結び付けるなどして読み、詳細な情報に気付いたり、資料を用いる効果について考えたりしたことをノートにまとめている。【思・判・表】

資料等の準備

・学校図書館や公共図書館から借りた、グラフや表、年表等の資料が使われている本
・グラフや表等が使われている新聞の切り抜きなど
・省庁から出版されている白書

授業の流れ ▷▷▷

1 各自持ち寄った資料を読み、どのような内容か考える 〈20分〉

T　みなさんの持ち寄ってきた資料に用いられている文章はどんな内容が書いてあるか、まず、読み取ってみましょう。『固有種が教えてくれること』で学んだように表にまとめるのもよいですね。また、その後、資料にどんな効果があるのか、資料を使う際に気を付けたいことはどんなことか考えていきましょう。

○適宜、机間指導をしながら、資料の読み取りが難しい子供に平易な資料を提案したり、早く終わった子供に次の課題に取り組むように声をかけたりする。

2 グラフや表等を用いることでどんな効果があるか考える〈15分〉

T　文章の中に資料があるとどのような効果があるでしょうか。

○適宜、机間指導をする。

○グラフの読み方が分からない子供がいたら、一緒に読み取るようにする。

・効果がよく分かりません。

T　前回の授業で、みんなで見つけた効果に当てはまるかどうか考えてごらん。

固有種が教えてくれること

> 図表などの資料が用いられている文章を読み、その効果を考えよう。

○資料を読んで気づいたこと、考えたことをノートにまとめよう。

①文章全体からどんなことが読み取れるか

②グラフや表などを用いることでどんな効果があるか

③グラフや表などを用いるときに気をつけたいこと

3 グラフや表等を用いるときに気を付けたいことを考える〈10分〉

T　様々なグラフや表等の載っている興味深い資料ばかりでしたね。グラフや表等を読みながら、こんなことに気を付けないといけないな、自分が書くときにはこんなことに気を付けたいなと思ったことをまとめましょう。

○適宜、机間指導をする。

T　次回は、今日頑張って一人一人が読み取ったことを、グループの友達に紹介しましょう。

よりよい授業へのステップアップ

実生活とのつながり

本単元で学んだ、資料を用いる効果は、実社会でも様々な場面で用いられている。特に、多くの企業は、自社の製品やサービスがいかに優れているかをアピールするために、効果的に資料を用いており、時には目盛りを細かく設定することで効果を大きく見せることもある。そうした実社会の中にある様々な資料を用いることで、資料を批判的に読む力も身に付けたい。

本時案

統計資料の読み方

5/11

本時の目標

・資料を用いた文章から読み取れることと、その効果についてグループで伝え合い、資料を用いることの効果について理解を深め、書くときに生かしたいことについて見通しをもつ。

本時の主な評価

❸文章とグラフや表、絵や写真などを結び付けるなどして読み、詳細な情報に気付いたり、資料を用いる効果について考えたりしている。【思・判・表】

資料等の準備

・学校図書館、公共図書館から借りた、グラフや表、年表等の資料が使われている本
・グラフや表等が使われている新聞の切り抜きなど
・省庁から出版されている白書

〈注意点〉
・グラフや表を正しく読み取る。
・調べた時期や対象を確認する。
・最新データを示す。

授業の流れ ▷▷▷

1 各自の資料について、その内容や効果を伝え合う 〈20分〉

T　みなさんの持ち寄ってきた文章にはどんな内容が書いてあるか、資料にはどんな効果があるか、資料を用いるときに気を付けたいことについて紹介し合いましょう。

・この資料は、内閣府から出ている2018年度に行われた「我が国と諸外国の若者の意識に関する調査」です。この資料は「人生観関係、国家・社会関係、地域社会・ボランティア関係、職業関係、学校関係、家庭関係」について、諸外国の若者の意識と比較して、日本の若者の意識の特徴について紹介しています。

2 グラフや表等を用いる効果について発表する 〈10分〉

T　文章の中に資料があるとどのような効果があることを見つけましたか。

・『固有種が教えてくれること』でも分かったことですが、グラフがあると一目で増えているとか減っているとかが分かりました。あとグラフがどういうことを意味しているか分からないときに、文章を読むと分かることもあったので、両方あることで深く内容が理解できるなと思いました。
・私はダイエット効果についてのインターネットの記事を持ってきましたが、目盛りの打ち方が細かくて、実際よりも効果を大きく見せているように感じました。

統計資料の読み方

図表などの資料が用いられている文章を読んで、考えたことをしょうかいし合おう。

○グループでしょうかいし合おう。

①文章全体からどんなことが読み取れるか

②グラフや表などを用いることでどんな効果があるか

③グラフや表などを用いるときに気をつけたいこと

効果

・グラフと文章の対応

3 グラフや表等を用いるときに気を付けたいことについて考える〈10分〉

T　今、グラフや表等を読みながら、こんなことに気を付けないといけないな、ということも出てきましたね。教科書の P.148を見てください。資料を読むときには気を付けないといけないことがいくつか挙げられています。

・さっき○○さんが言っていましたが、単位や目盛りで印象が変わることに注意しないといけないと思います。

・調べた時期や対象を確かめないといけません。

・同じようなことを調べていても、2016年と2018年とか時期が違うと数字が変わるので、最新のデータを調べる必要があると思った。

4 次の学習の見通しをもつ〈5分〉

T　次回は、今の社会が暮らしやすい方向に向かっているかを考えて、自分の考えを述べるのに適した資料を用いて意見文を書きます。まずは自分の考えをもつところから始めたいと思いますので、次の時間まで、「今の社会は暮らしやすいかな、暮らしにくいのかな」と意識しながら生活してみましょう。

本時案

グラフや表を用いて書こう 6/11

本時の目標

・「今、生きている社会が、くらしやすい方向に向かっているか」について自分の考えをもち、裏付ける資料を探すことができる。

本時の主な評価

❹今の社会が暮らしやすい方向に向かっているかどうか自分の考えをもち、資料を用いて文章を書くという学習の見通しをもって、自分の考えを裏付ける資料を探そうとしている。【態度】

資料等の準備

・学校図書館や公共図書館から借りた、グラフや表、年表等の資料が使われている本
・グラフや表等が使われている新聞の切り抜き
・省庁から出版されている白書
・タブレット型端末等（情報を検索できるインターネット環境）

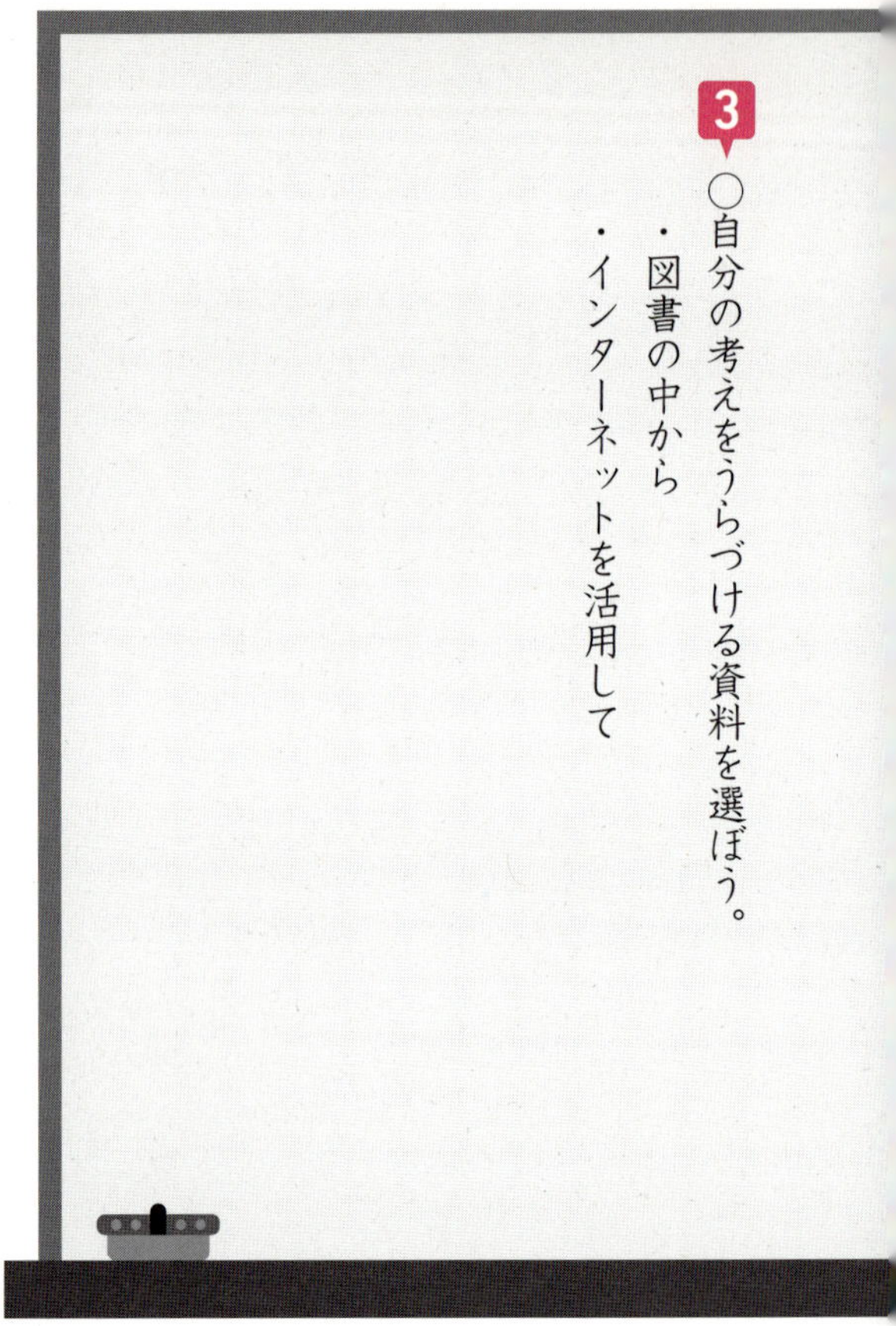
3
○自分の考えをうらづける資料を選ぼう。
・図書の中から
・インターネットを活用して

授業の流れ ▷▷▷

1 今の社会が暮らしやすい方向に向かっているか考える 〈10分〉

T　みなさんは、今の社会は暮らしやすい方向に向かっていると思いますか。
・どんどん技術が進んで、便利になっているから暮らしやすい方向に向かっていると思います。
・例えばAIとか。
・でも、そのせいで人がいらなくなって仕事がなくなっていくっていう話も聞いたことがあるよ。
T　なるほど。同じ意見でも人によって暮らしやすい方向と考える人もいれば、そうではない人もいるのですね。

2 自分の考えに合ったグラフや表の選び方を確認する 〈10分〉

T　それでは、まず自分の考えをはっきりさせることから始めましょう。教科書 P.150、P.151を見てみましょう。先ほど、環境がよくなっていると言ってくれた人がいましたね。例えば、同じ環境のことでも、森林破壊のことを言っていた人もいるし、ごみの排出量のことを言っていた人もいました。それぞれ自分の考えをより具体的にして、それに合った資料を見つけましょう。

グラフや表を用いて書こう

1 ○今の社会は、くらしやすい方向に向かっているだろうか。

向かっている

・どんどん技術が進んで、便利になっているから
→AI、スマホ、コンビニの自動決済《さい》
・環境に配慮《りょ》するようになっているから
→ごみの排《はい》出量が減っている

向かっていない

・環《かん》境破壊《かい》が進んでいるから
→森林破壊が進んでいる
→二酸化炭素の排出量が減らない
・少子高れい化が進んでいるから
→年金が減っている
・働く人の環境がよくない
→ブラック企《き》業の問題

3 自分の考えに合ったグラフや表を選ぶ〈20分〉

T　それでは、ノートに自分の考えを書けた人は、教室にある本やパソコンで検索して、資料を探してみましょう。
・先生、１つだけですか。
T　もし複数関連する資料があったら、『固有種が教えてくれたこと』のようにいくつか使ってみてもよいですね。

4 次の学習の見通しをもつ〈５分〉

T　次回から、今の社会が暮らしやすい方向に向かっているか資料を使って文章を書いていきます。どんなふうに書こうか、構成も考えましょう。
・よい資料を２つ見つけたから、２つとも使いたいな。
・まだ資料が見つかっていないから、休み時間も探していいですか。

本時案

グラフや表を用いて書こう

7/11

本時の目標

・「今、生きている社会が、くらしやすい方向に向かっているか」について、自分の考えを資料を生かして書く方法について考えることができる。

本時の主な評価

❹今の社会が暮らしやすい方向に向かっているかどうか自分の考えをもち、資料を用いて文章を書こうとしている。【態度】

・学習の見通しをもって、統計資料を用いた意見文を書こうとしている。

資料等の準備

・なし

「終わり」

・このように、などのつなぎ言葉

・資料からどんなことが分かったか

・結論《ろん》

・最後に出典↑必ず！

授業の流れ ▷▷▷

1 資料を用いてどのように文章を構成するか考える 〈15分〉

T 今日は、それぞれの考えと資料に合わせて、どのように文章を構成するか考えましょう。『固有種が教えてくれること』で学んだ、資料を用いた書き方を復習してみましょう。

・「初め」「中」「終わり」と三段落構成でした。

・「初め」と「終わり」に自分の考えを書いて、「中」は資料を使って具体的に書くとよいです。

・資料を示すときは、「表○を見てください」と文章と資料が対応するのが分かるように書きます。

2 教科書の例を読み、文章の構成や表現の工夫を確認する〈５分〉

T 『固有種が教えてくれること』から学んだことがたくさんありますね。では、それを基に資料を用いて書かれた例が教科書 P.152、P.153にあるので、読んでみましょう。さらに資料を用いて文章を書くときにどんなことを意識したらよいか考えながら聞いてください。

○教師の範読を聞きながら、書き方の工夫を見つけるように子供に促す。

グラフや表を用いて書こう

文章の構成を考えて、文章を書こう。

☆『固有種が教えてくれること』から
・「初め」「中」「終わり」と三段《だん》落構成
・「初め」と「終わり」に自分の考え
「中」は資料を使って具体的に
・資料と文章の対応
例：資料○を見てください。

☆『社会は、くらしやすい方向に向かっている』から
「初め」
・自分の考えと理由
「中」
・資料と文章の対応
例：上のグラフは……
・資料の説明は数字を挙げる
・注目する言葉を示す
・資料から考えられることを述べる
・資料名と出典↑必ず！

3 教科書の例から、書き方の工夫をまとめる〈20分〉

T　では、どんなことに気を付けたらよいでしょうか。まとめておきましょう。

・「初め」には自分の考えと理由を書く。
・「中」には資料と文章の対応が分かるように、「上のグラフは……」などを示すようにする。
・具体的に数字を挙げたり、大事な言葉を示したりしながら説明する。
・ただ資料を説明するだけじゃなくて、そこから考えたことを入れる。
・資料のタイトルと出典は書かないといけない。

4 次の学習の見通しをもつ〈5分〉

T　それでは、次回は、今日確認したことを生かして、自分の考えを文章にまとめていきます。

・もう一度資料を読み直しておきます。
・出典を忘れてしまったので、調べ直しておきます。

本時案

グラフや表を用いて書こう　8/11

本時の目標

・「今、生きている社会が、くらしやすい方向に向かっているか」についての自分の考えをまとめた文章の構成を工夫できる。

本時の主な評価

❹今の社会が暮らしやすい方向に向かっているかどうか自分の考えをもち、資料を用いて文章構成を工夫して書こうとしている。【態度】

・学習の見通しをもって、統計資料を用いた意見文を書こうとしている。

資料等の準備

・第７時にまとめた書き方の工夫の掲示物

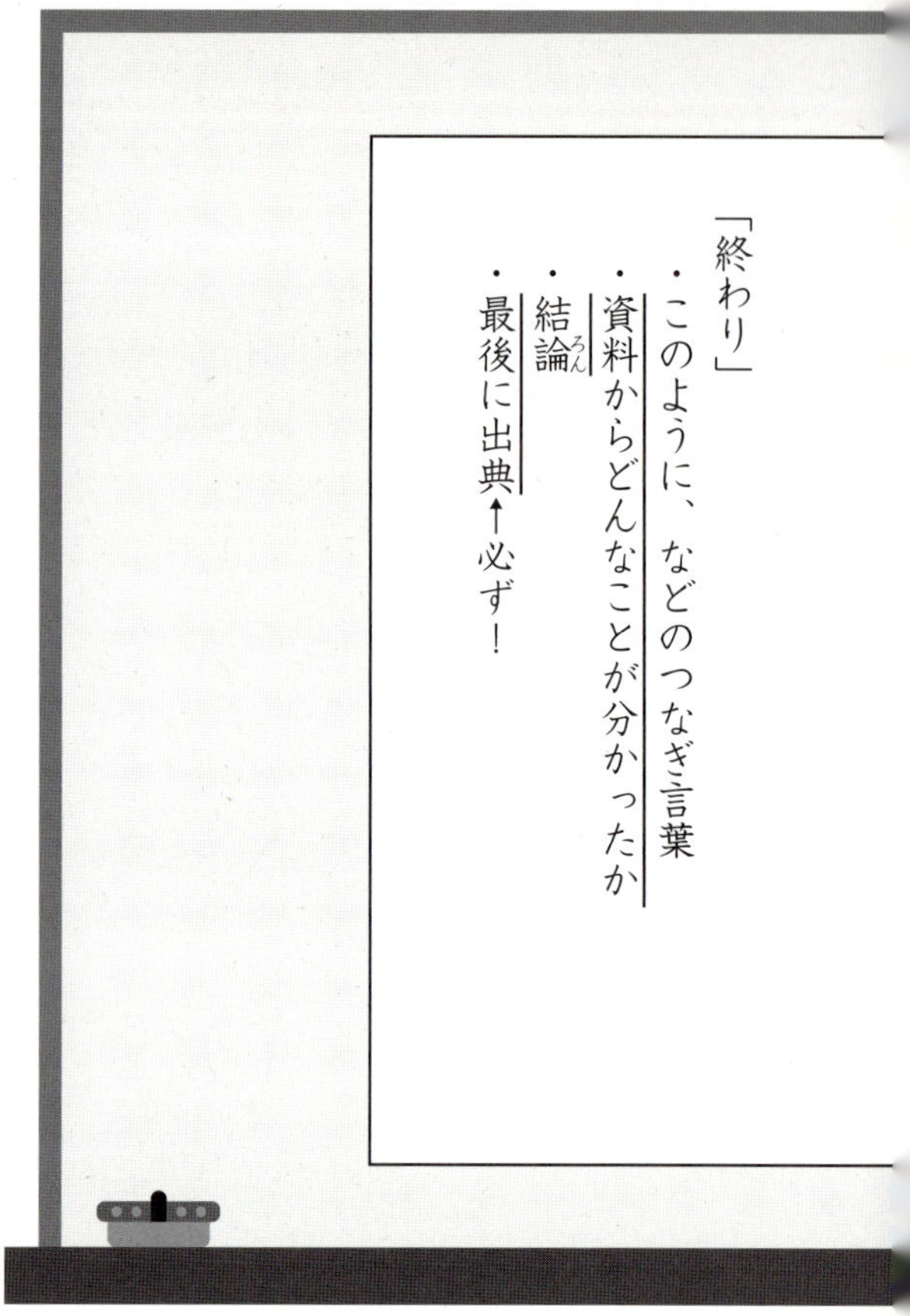

「終わり」
・このように、などのつなぎ言葉
・資料からどんなことが分かったか
・結論《ろん》
・最後に出典↑必ず！

授業の流れ ▷▷▷

1　前時に学んだ文章の構成を確認する　〈５分〉

T　前時に学んだ、資料を用いた文章の書き方の工夫を復習しましょう。

・「初め」と「終わり」に自分の考えを書いて、「中」は資料を使って具体的に書くとよいです。

・資料を示すときは、「資料○を見てください」というように、文章の中に資料と文章が対応するのが分かるように書きます。

2　「初め」「中」「終わり」に書くことを短冊にまとめる〈15分〉

T　自分の意見文で書きたいことを、短冊に短く書き留めておきましょう。

○自分の考えだけを書き留めていないか、資料から読み取ったことだけになっていないか、机間指導しながら確認し、適宜指導する。

グラフや表を用いて書こう

文章の内容と構成を考えよう。

☆『固有種が教えてくれること』から

・「初め」「中」「終わり」と三段《だん》落構成

・「初め」と「終わり」に自分の考え

「中」は資料を使って具体的に

・資料と文章の対応

例：資料○を見てください。

☆『社会は、くらしやすい方向に向かっている』から

「初め」

・自分の考えと理由

「中」

・資料と文章の対応

例：上のグラフは……

・資料の説明は数字を挙げる

・注目する言葉を示す

・資料から考えられることを述べる

・資料名と出典↑必ず！

3 短冊を並べ替えながら、文章構成を考える 〈15分〉

T では、短冊を並べ替えて、どのような構成で書くか考えてみましょう。

T 短冊を並べ替えてみて、どこにどんなことを書いたらよいのかを確認してみましょう。

・並べてみたら、結論が抜けていました。

・２つ資料があるけれど、どちらを先にするか悩んでいます。

4 次の学習の見通しをもつ 〈10分〉

T 足りないことをさらに付け足したり、どの資料を先に示すのが効果的なのかをもう一度考え直したりしましょう。

T それでは、次回は、今日確認したことを生かして文章を書きます。

本時案

グラフや表を用いて書こう 9・10/11

本時の目標

・「今、生きている社会が、くらしやすい方向に向かっているか」についての自分の考えをまとめた文章の構成や資料の表し方を工夫して書くことができる。

本時の主な評価

❹今の社会が暮らしやすい方向に向かっているかどうか自分の考えをもち、文章構成を工夫したり、資料の表し方を工夫したりして書こうとしている。【態度】

・学習の見通しをもって、統計資料を用いた意見文を書いている。

資料等の準備

・第7時にまとめた書き方の工夫の掲示物
・方眼紙（児童数分）
・意見文用ワークシート 04-01
・文章チェックリスト 04-02

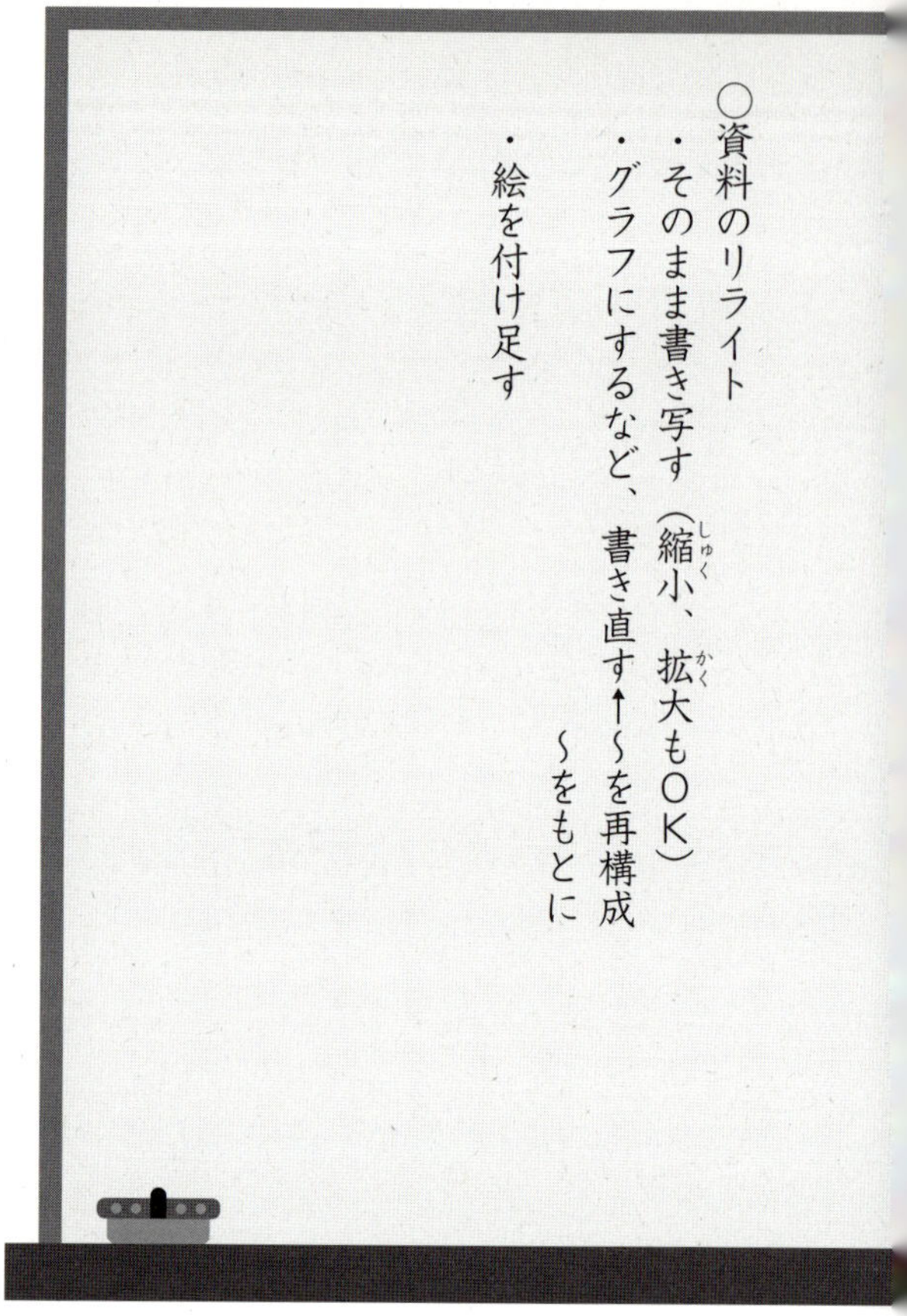

○資料のリライト
・そのまま書き写す（縮《しゅく》小、拡《かく》大もOK）
・グラフにするなど、書き直す↑～を再構成
～をもとに
・絵を付け足す

授業の流れ ▷▷▷

1 文章構成を確認し、資料の示し方を考える 〈15分〉

T 前時に考えた文章構成を確認しましょう。

T 資料は、そのまま用意した方眼紙に書き写して文章の中の分かりやすいところに貼り込んでください。

・私の資料は、たくさんの数字が並んでいるデータなのですが、どうしたらよいですか。

・絵を付け足した方が分かりやすいと思うのですが、付け足してもよいですか。

T それぞれ工夫してみてください。資料を修正する場合は、『固有種が教えてくれること』の教科書P.145の資料6や7のように「～を再構成」「～をもとに作成」と必ず書くようにしましょう。

2 資料をリライトし、文章を書く 〈30分〉

T では、資料をリライトして、できた人から文章を書き始めましょう。

○適宜、机間指導をする。

○書き方が分からない子供に対しては、「初め」「中」「終わり」用の色別の短冊を用意して、伝えたいことをそれぞれ短く書かせてもよい。

・中をどの順番にしたらいいですか。

T 伝えたい順にしたり、最後にインパクトのある例を出したり、工夫してみましょう。

グラフや表を用いて書こう

資料を用いて文章にまとめ、推敲《すいこう》しよう。

☆『固有種が教えてくれること』から
・「初め」「中」「終わり」と三段《だん》落構成
・「初め」と「終わり」に自分の考え
「中」は資料を使って具体的に
・資料と文章の対応
例：資料○を見てください。

☆『社会は、くらしやすい方向に向かっている』から
「初め」
・自分の考えと理由
「中」
・資料と文章の対応
例：上のグラフは……
・資料の説明は数字を挙げる
・注目する言葉を示す
・資料から考えられることを述べる
・資料名と出典↑必ず！
「終わり」
・このように、などのつなぎ言葉
・資料からどんなことが分かったか
・結論《ろん》
・最後に出典↑必ず！

3 リライトした資料を基に文章を書き上げる 〈20分〉

T 資料をリライトし終わったら文章を書きましょう。また、書き終わった人から「推敲スペース」に集まって、お互いに文章を読み合って、アドバイスしましょう。

○適宜、机間指導しながら、資料のリライトと記述について、助言や援助を行う。

・グラフが分かりやすいね。
・つなぎ言葉が入っていて分かりやすいね。

4 文章を読み合い、文章チェックリストを用いて推敲する 〈25分〉

T 文章チェックリストにチェックをしながら、お互いにアドバイスを書きましょう。

T 今日はまだ途中の人も多いかと思います。

・短冊を基にしたら、半分くらいすぐ書けました。

T 次の授業では、書き終わった人からペアでどんどん読み合い、推敲をしましょう。

本時案

固有種が教えてくれること 11/11

本時の目標

・「今、生きている社会が、くらしやすい方向に向かっているか」について自分の考えをまとめた文章が工夫して書けているかどうか互いに評価することができる。

本時の主な評価

❷図表を用いて、自分の考えが伝わるように、文章構成を工夫して書いている。【思・判・表】

❹学習の見通しをもって、統計資料を用いた意見文を書こうとしている。【態度】

資料等の準備

・文章チェックリストの掲示物

・文章チェックリスト 04-02

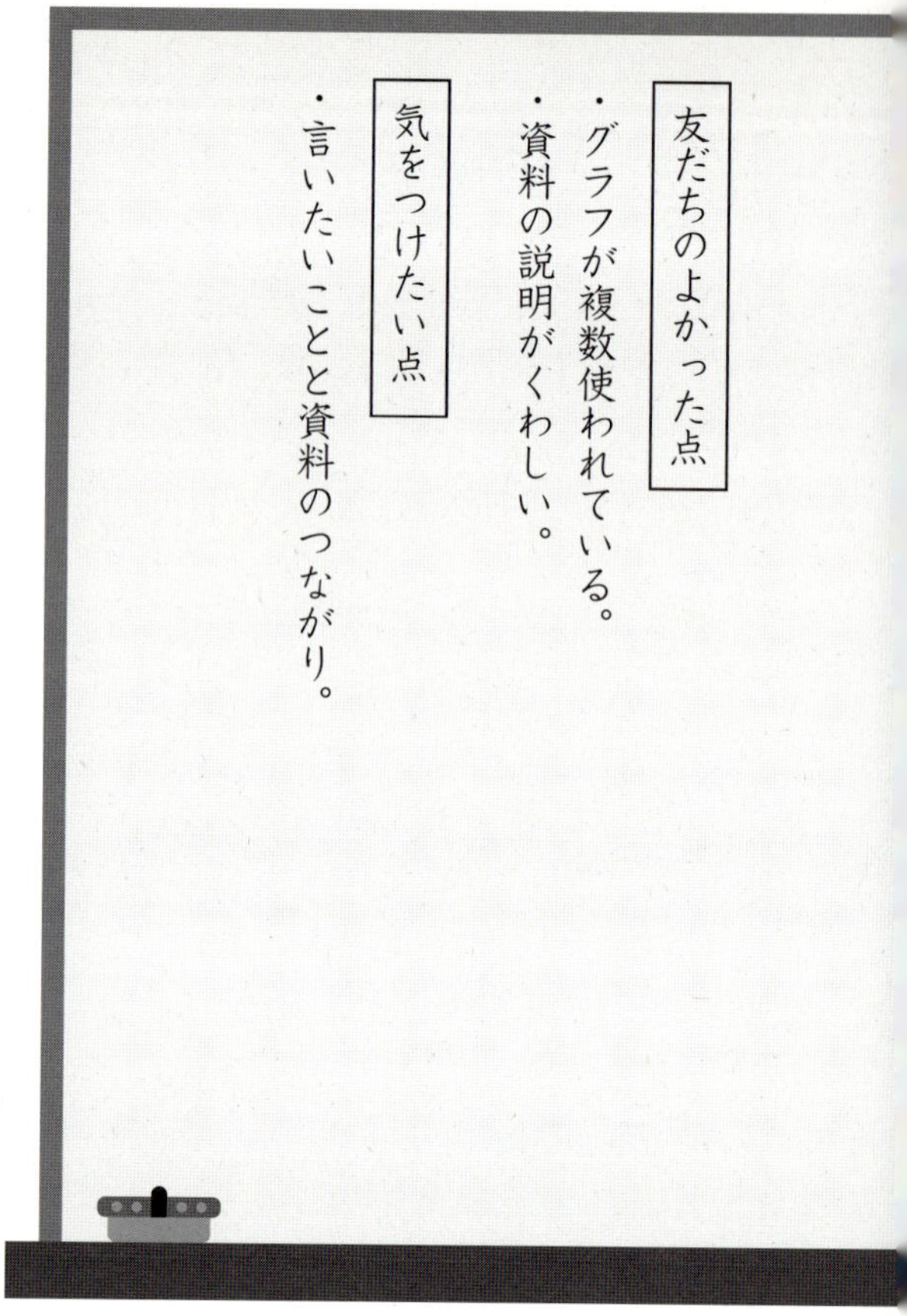

友だちのよかった点
・グラフが複数使われている。
・資料の説明がくわしい。
気をつけたい点
・言いたいことと資料のつながり。

授業の流れ ▷▷▷

1 学習の見通しをもつ 〈5分〉

T それでは、書き終わった文章を友達と読み合いましょう。ペアになって読み、文章チェックリストを使いながら、大事なことが書けているか、説得力があると思ったことやここはもう少しこうしたらよいなと思ったところも評価します。

・早く終わったらどうしますか。

T まずは、班の中でペアをつくって読みます。１つ目のペアが終わったら、次のペアをつくって読み合いましょう。

2 文章チェックリストを用いて、文章を評価し合う 〈25分〉

○適宜、机間指導しながら、ペアでの読み合いが円滑に進んでいるか、助言や援助を行う。

○友達の文章を読み、チェックリストを用いて文章を評価し合う。

・資料が分かりやすくリライトされていてよかったよ。

・この資料だけでは分からないことがあると思ったので、もう少し資料を追加したほうがいいんじゃないかな。

固有種が教えてくれること

友達と文章を読み合って、評価しよう。

☆文章チェックリスト

・「初め」「中」「終わり」と三段《だん》落構成になっているか。
・「初め」に自分の考えと理由が入っているか。
・「中」で、資料と文章の対応が分かりやすいか。
・「中」で、資料について数字を挙げたり、注目する言葉を示したりして説明しているか。
・「中」に資料から考えたことが書かれているか。
・資料のタイトルと出典が示されているか。
・「終わり」に、資料からどんなことが分かったかが書いてあるか。
・「終わり」に結論《ろん》が示されているか。
・最後に出典が書いてあるか。

3 友達のよかった点や、今後書くときに気を付けたいことを発表する〈10分〉

T　友達の文章を読んで、よいと思ったことや、次に資料を用いて書くときに気を付けたいことはどんなことですか。

・○○さんの文章は、グラフが２つ使われていて、しかもグラフの説明が詳しくて説得力がありました。
・友達から、資料の説明はよく分かったけれど、資料から言えることと結論がつながっていないとアドバイスをもらったので、次からは、自分の言いたいことを裏付ける資料をよく考えて選びたいです。

4 学習のまとめをする〈５分〉

T　これまでの学習で、資料を用いた文章を読んだり書いたりしてきました。資料が適切かどうかよく考えて分かりやすく書いたり、資料から分かったことを書いたりすることがとても重要ですね。国語だけでなく、今回学んだことを算数や理科の学習にも生かしていきましょう。

・算数の時間にグラフや表の書き方を学習してきたことが国語にも役立つことが分かりました。
・これから、理科のレポートをまとめるときにも役立てたいです。

資料

1 第9・10時資料　意見文用ワークシート 04-01

グラフや表を用いて書こう

年　組　名前（　　　　　　　　　　　　）

◎社会は、くらしやすい方向に向かっているか（意見文用ワークシート）

2 第9～11時資料　文章チェックリスト 04-02

文章チェックリストシート　　　　　年　　組　名前(　　　　　　　　　　　　)

	名前
書いた人	
読んだ人	

評価	(あと一歩) 1	2	3	4	5(よい)
三段《だん》落構成になっている。					
自分の考えと理由が入っている。					
資料と文章が対応している。					
数字や注目する言葉が示されている。					
資料から考えたことが示されている。					
資料のタイトルと出典が示されている。					
資料から分かったことが書かれている。					
結論《ろん》が示されている。					
出典が示されている。					

コメント

〔直したほうがよい点〕
〔よかった点〕

伝えられてきた文化

古典芸能の世界―語りで伝える

（1時間扱い）

〔知識及び技能〕(3)イ

単元の目標

・落語を聞き、人を楽しませるためのしぐさや人を演じ分ける表現方法などから、昔の人のものの見方や感じ方を知り、自分の考えをもつことができる。

評価規準

知識・技能	❶古典について解説した文章を読んだり作品の内容の大体を知ったりすることを通して、昔の人のものの見方や感じ方に気付いている。(〔知識及び技能〕(3)イ)
主体的に学習に取り組む態度	❷積極的に語感や言葉の使い方に対する感覚を意識し、学習課題に沿って話し合おうとしている。

単元の流れ

時	主な学習活動	評価
1	・落語について知る。 ・『初天神』の落語の映像資料を視聴する。 ・話の内容や、落語家のしぐさ、表現方法などについて、気付いたことを発表する。 ・なぜ、そのようなしぐさや表現方法を使うのかについて話し合う。 ・落語で使われる他のしぐさについても知る。 ・さらに知りたいことを話し合い、自分が興味をもったことを調べたり、落語の本を読んだりする。	❶❷

授業づくりのポイント

〈単元で育てたい資質・能力〉

落語を通して、言葉やしぐさだけで豊かに伝える方法があると知ることは、プレゼンテーション技能の習得にも役立つ。自分も表情豊かに話してみたい、思いが伝わるようにしぐさを活用したいという思いをもたせつつ、昔の人がどのように落語を楽しんでいたのかを考えさせたい。

具体例

○『初天神』の視聴を通し、落語は昔から今に受け継がれ、多くの人が楽しんでいる芸であることに気付かせたい。そうすることで、なぜ今も昔も楽しまれるのかを考えることができる。

〈教材・題材の特徴〉

落語は、１人の演者が顔の向きや声色を変えて人物を演じ分けたり、扇子と手ぬぐいという限られた道具で様々な様子を演じたりする芸である。登場する人物は市井の人々が多く、「落ち」や「下げ」と呼ばれる効果的な表現を用いて、笑い話やほろりと泣かせる人情噺に仕立てられていることが魅力である。漫才がテレビでも放映され、「お笑い」として親しまれている昨今では、落語は子供も親しみやすい教材である。話のおもしろさだけでなく、語り手の語り口やしぐさの多様さに触れて表現の豊かさを実感したり、さらに調べてみたり、実際に見てみたりと子供の興味・関心によって、その後の活動が広がりやすい教材でもある。

具体例

○『初天神』の視聴後、落語家が人物を演じ分けるためにしていたことを問う。顔の向きや声の調子を変えることは容易に気付くと思われるが、しぐさが付いていたことに注目している子供もいるだろう。それらがどのような効果をもたらすかを考えることで、聞き手をより楽しませるために磨かれてきた技であることに気付き、昔の人の思いや考えに近付くことができる。

〈言語活動の工夫〉

多くの子供は、落語を見たことがないと思われる。そのため、落語を視聴することが、学習の第一歩となる。視聴後、子供が気になったことや、さらに見てみたい、調べてみたいと思ったことを丁寧に拾い上げ、興味・関心を高めることが重要である。本単元は配当時間が１時間のため、授業内で全てを収めることは不可能である。しかし、子供の興味・関心によって、家庭学習はもちろん、図書の時間での落語絵本への読み広げや、総合的な学習の時間でのプレゼンテーション技能への反映など、他教科とも関連付けて学びを継続させることができる。子供のさらなる気付きや調べたいという思いを、昔の人のものの見方や考え方への興味に広げ、つなげていきたい。

具体例

○落語に興味をもつ子供が多ければ、担任や司書教諭による落語絵本などの継続的な読み聞かせが考えられる。また、子供がグループや個人で絵本の読み聞かせを練習し、休み時間や給食中に披露することも考えられる。発表の機会を通して、言葉で伝えるよさを考えさせたい。

○しぐさに興味をもつ子供には、他にも同様のしぐさはないか調べさせる。講談では、しぐさの他に、張り扇で話の場面を区切ったり場を盛り上げたりもする。調べた後に、実際にしぐさをクイズ形式で披露したり、子供同士でペアになって落語を披露したりすることも考えられる。しぐさは、現代でも通じることが多い。現代と昔の人との共通点を考える契機にもなる。

本時案

古典芸能の世界―語りで伝える 1/1

本時の目標

・落語を聞き、落語ならではの表現方法等から、昔の人のものの見方や感じ方について知り、自分の考えをもつことができる。

本時の主な評価

❶落語の『初天神』の視聴を通して、昔の人のものの見方や感じ方に気付いている。【知・技】
❷言葉の使い方や語感、落語ならではの身ぶり等を意識し、感じたことや考えたことを進んで伝え合うことを通して、自分の思いや考えを広げようとしている。【態度】

資料等の準備

・『初天神』の VTR
・『じゅげむ』等の子供向けの落語絵本シリーズ
・参考図書リスト 05-01

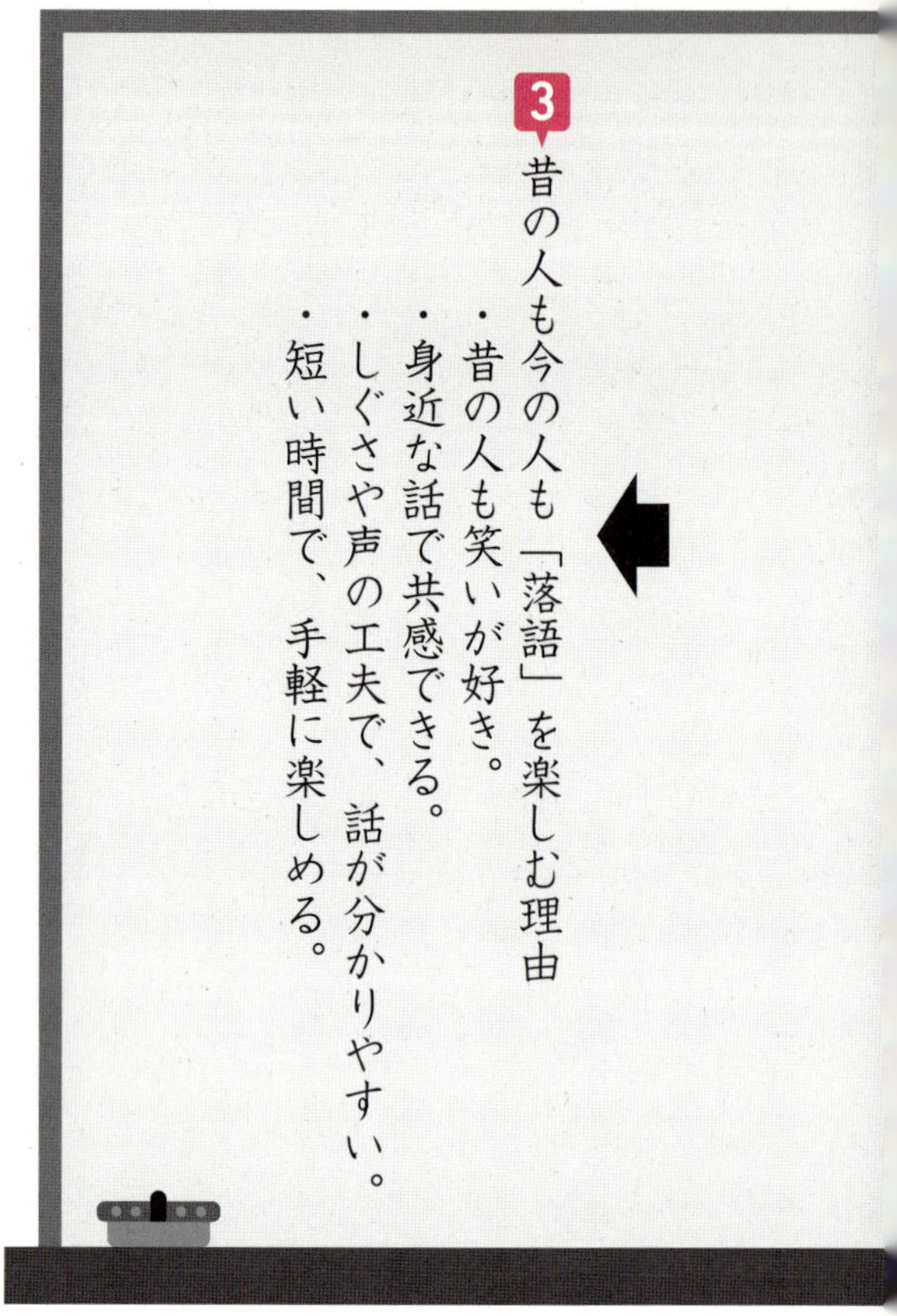
3
昔の人も今の人も「落語」を楽しむ理由
・昔の人も笑いが好き。
・身近な話で共感できる。
・しぐさや声の工夫で、話が分かりやすい。
・短い時間で、手軽に楽しめる。

授業の流れ ▷▷▷

1 『初天神』を視聴し、落語の世界に親しむ 〈25分〉

○落語について問い、子供が知っていることを自由に語らせる。
・テレビでやっているよ。
・着物を着た人が、おもしろおかしくしゃべる。
・「じゅげむ」も落語だよね。読み聞かせで聞いたことがある。
・落語は見たことがないから分からないよ。
T 今日は、落語という日本の古典芸能に触れて、落語が現在でも人気の理由を探ってみましょう。演目は『初天神』です。
○『初天神』を視聴する。
○実際に映像を視聴したときの子供の気付きを大切にするため、指導者があまり多くを語りすぎず視聴に入るようにする。

2 『初天神』の視聴を通して、気付きを共有する 〈10分〉

T この落語は『初天神』というお話です。どんなお話でしたか。
・お父さんが、子供の団子のおいしいところを食べちゃった話。すごくおもしろかった。
T VTR を見ていて、おもしろいと思ったことや気付いたことはありますか。
・団子の蜜をなめているしぐさがすごく上手。
・ちょっとオーバーにやっている気がする。
・子供は子供らしく話して、お父さんはお父さんらしく話していたのが分かりやすかった。
・言葉遣いが時代劇みたいだった。
・漫才みたいに笑って終わっていた。
○落語ならではの特徴に気付いている発言を、ジャンルごとに板書にまとめる。

古典芸能の世界―語りで伝える

「落語」が、今も昔も人気の理由をさぐろう。

落語…身ぶりを交えて一人ではなしを語る芸。
　五百年ほど前から親しまれている。

2 ○『初天神《はつてんじん》』で気づいたこと

話

・漫《まん》才みたい。話に「オチ」がある。
・しぐさや話し方で聞き手を笑わせる。

話し方・言葉

・言葉づかいが昔の言葉。
・子どもとお父さんで話し方が違う。
　子ども　…高い声　子どもっぽい
　　あまえている感じ
　お父さん…低い声　ぶっきらぼう
　　めんどうくさそう

しぐさ

・しぐさ、身ぶりがたくさんある。
　せんす・手ぬぐい
・手に持っているものだけでいろいろなもの
を表現。
←
実際にはなくても、あるように感じる

3 落語の人気の理由を考え、昔の人の見方や感じ方に迫る〈10分〉

T　落語は今も昔も人気の芸です。なぜ今も昔もずっと親しまれているのでしょう。

・笑いがあるからだと思う。昔の人も楽しいこと、笑えることが好きなんだよ。
・身近にありそうな話だからじゃないかな。昔の人も「あるある」って思ったんだ。
・笑うとストレス解消になるって、昔の人も知ってたんじゃないかな。
・偉い人に面と向かって言えないことを、茶化すのに落語が向いていた、ということかな。

○今も昔も、身近で共感できる話や笑える話は好まれることに気付かせる。その上で、落語の技を発表等に活用すると、伝えたいことが伝わりやすくなることにも気付かせたい。

よりよい授業へのステップアップ

子供の発言から学習を広げて、子供が「こんなことをしてみたい！」と思えるように展開したい。教師が無理と決めつけず、柔軟な対応をしたい。

①家庭学習：自宅で調べてきたことを、休み時間や給食中などに紹介できるようにする。
②落語係の発足：子供が落語絵本の読み聞かせや落語を練習して、披露する活動を行う。
③しぐさクイズ：落語のしぐさなどを、毎日１人ずつクイズで演じる。

資料

1 第1時資料　参考図書リスト　05-01

古典芸能の世界　参考図書リスト

一．落語絵本

「川端誠《かわばたまこと》　落語絵本シリーズ（全十五巻《かん》）　クレヨンハウス」

一．ばけものつかい

二．まんじゅうこわい

三．はつてんじん

四．じゅげむ

五．おにのめん

六．めぐろのさんま

七．たのきゅう

八．いちがんこく

九．そばせい

十．たがや

十一．おおおかさばき

十二．ときそば

十三．ひとめあがり

十四．かえんだいこ

十五．みょうがやど

「ＮＨＫエデュケーショナル　えほん寄席《よせ》シリーズ（全七巻）ＣＤつき　小学館」

一．えほん寄席　愉快《ゆかい》痛快の巻《まき》

二．えほん寄席　満員御《おん》礼の巻

三．えほん寄席　抱腹絶倒《ほうふくぜっとう》の巻

四．えほん寄席　奇《き》想天外の巻

五．えほん寄席　滋《じ》養強壮《きょうそう》の巻

六．えほん寄席　鮮《せん》度抜《ばつ》群の巻

七．えほん寄席　馬力全開の巻

ＤＶＤ付きでは左記のものも出ている

てれび絵本　えほん寄席　ポニーキャニオン

一〜七は上記と同じ題名

八．えほん寄席　伸縮《しんしゅく》自在の巻

九．えほん寄席　東奔《ぽん》西走の巻

十．えほん寄席　臨《りん》機応変の巻

「決定版《ばん》　心をそだてる　はじめての落語１０１（決定版１０１シリーズ）　講《こう》談社」

「三遊亭遊馬《さんゆうていゆうば》のこども落語１〜３　ＣＤ付き　ポプラ社」

「体験！子ども寄席１〜３（落語でわかる江戸文化）　偕《かい》成社」

「十分で読めるはじめての落語　土門《どもん》トキオ　橘家仲蔵《たちばなやなかぞう》　学研」

「十分で読める大わらい落語　土門トキオ　橘家仲蔵　学研」

「十分で読めるこわ〜い落語　土門トキオ　橘家仲蔵　学研」

「ＣＤつき　おもしろ落語絵本　ごくらくらくご１．２　桂文我《かつらぶんが》　」

「楽しく演じる落語　教室でちょいと一席　桂文我　いかだ社」

「子ども版　声に出して読みたい日本語シリーズ　齋藤孝《さいとうたかし》　草思社」

「ゆかいな10分落語　お江戸がわかる豆知識付き　山口理《さとし》　」

「【図説】はじめての古典落語　永井義男《ながいよしお》　学研」

「読み聞かせ　子どもにウケる『落語小ばなし』　小佐田定雄《おさださだお》　ＰＨＰ」

「５分で落語のよみきかせシリーズ　小佐田定雄　ＰＨＰ研究所」

「親子できこう子ども落語集　ＣＤ付き　８巻既刊《きかん》」

二．落語

・書割盗人《かきわりぬすと》（だくだく）…ある男が、引越《こ》しの際に家財道具を全て売ってしまう。かわりに一面に白紙をはって、画家に、ごうかな家具や一本のやりをかいてもらう。ある晩《ばん》、どろぼうがやってくる。男もい合わせるが、ぬすめないのを知っているため、おもしろがって様子を見続ける。事情が分かったどろぼうは、ぬすんだ「つもり」として、パントマイムを始める。そのどろぼうのしぐさがおもしろくてがまんできなくなった男は、どろぼうをこらしめる「つもり」を始め・・・。

・平林《ひらばやし》……………番頭さんから、平林さんに手紙を持って行くようにお使いをたのまれた定吉。字の読めない定吉は、「平林、平林」と唱えながら行くように言われたものの、あちこちに気を取られてわすれてしまう。行きかう人に手紙を見せて聞くが、みんな適当《てきとう》なことを答えるので、教えられた言葉を全部つなげて、「たいらばやしか、ひらりんか、いちはちじゅうのもーくもく、ひとつとやっつでとっきっきー！」と大声で唱えながら歩いていく。ようやく平林さんのところにたどり着いた定吉が答えたのは・・・。

三．講談

・講談とは…釈《しゃく》台と呼ばれる小さなつくえの前にすわり、その台をたたいて調子を取りつつ、主に歴史にちなんだ読み物を、リズムよく聞き手に語って聞かせるもの。張扇《はりおうぎ》と扇子《せんす》を用い、張扇で調子を取る。上方では、拍子木《ひょうしぎ》も用いる。

カンジー博士の暗号解読　（2時間扱い）

〔知識及び技能〕(1)エ

単元の目標

・第5学年までに配当されている漢字を読むとともに、漸次書き、文や文章の中で使うことができる。
・設問に積極的に取り組み、試行錯誤しながら解くことで、同じ音の漢字を適切に使おうとすることができる。

評価規準

知識・技能	❶第5学年までに配当されている漢字を読むとともに、漸次書き、文や文章の中で使っている。(〔知識及び技能〕(1)エ)
主体的に学習に取り組む態度	❷設問に積極的に取り組み、試行錯誤しながら解くことで、同じ音の漢字を適切に使おうとしている。

単元の流れ

時	主な学習活動	評価
1	**学習の見通しをもつ** ・教科書 P.156を読み、カンジー博士や子供の4つの会話文を基に暗号の解読の仕方を理解する。 ・教科書 P.157の 1 ～ 3 の設問を、漢字辞典や国語辞典を活用しながら、グループで解読する。	❶
2	・漢字辞典の「音訓さくいん」を使って、同じ読み方をする漢字を集める。 ・小グループで協力して、画用紙に漢字暗号文を作る。 ・作った漢字暗号文を解き合う。 **学習を振り返る** ・学習の振り返りを書く。	❷

授業づくりのポイント

〈単元で育てたい資質・能力〉

本単元のねらいは、同じ読み方の漢字の中から正しい漢字を選んで書く活動を通して、文の中で同じ読み方の漢字を使い分ける力を育てることである。そのためには、漢字辞典の「音訓さくいん」を効果的に活用していきたい。小学生に向けて編集された漢字辞典の多くは、「学年別漢字さくいん」が掲載されている。そこで、4年生で学習した漢字と同じ読み方の漢字を探し、文の中で使ったり、文を互いに読み合ったりすることで、対話的な学びにつなげることができる。

具体例

○これまでに学習した漢字を、同じ読み方という視点で捉え直す機会にするために、漢字辞典を活用したい。漢字辞典で調べた言葉をノートなどに記録し集める。言葉の使い方に関する感覚を養って、集めた言葉を文や文章の中で適切に生かしていけるようにするために、国語辞典で集めた言葉を調べる。漢字辞典と国語辞典を一緒に使用することで、目的に合わせ、言葉と出会う機会につなげることができる。

〈教材・題材の特徴〉

本教材は、同じ読み方を3つの記号（○△□）を使って設定し、漢字暗号文を解読する活動から始まる。同じ読み方でも異なる漢字を書き分けることで、文の意味が成立することを実感させる。

漢字暗号文の規則は、カンジー博士や子供の4つの会話文を示しながら、教科書に書かれた言葉を手掛かりに理解するよう働きかけることができる。なお、漢字辞典や国語辞典を使用し、同じ読み方の異なる漢字を用いて、漢字暗号文を作成することで、言葉の使い方に対する感覚、語彙を豊かにすることができる。

具体例

○「暗号解読の方法」①〜③の説明を基に、アンゴー教授からの漢字暗号文がどのようなルールで解読できるのかを考える活動を取り入れたい。イラストとともに示されている会話文を学習モデルとする。このモデルを基に、子供が自分自身の思考過程と重ね合わせることで、教師の説明がなくとも暗号解読の方法を理解することができる。

〈言語活動の工夫〉

まず、教科書の漢字暗号文を解読する活動を通して、文の中の同音異義語に注意し、漢字のもつ意味を考えて使う習慣が身に付くようにする。次に、漢字辞典の「音訓さくいん」を使って、同じ読み方をする漢字を集めることで、自分の語彙を量と質の両面から充実させる。最後に、集めた漢字を基に文を作る活動を通して、同じ読み方をする漢字を使い分け、自分の表現に生かして、語感や言葉の使い方に関する感覚を養うことが重要である。

具体例

○はがきと同じ大きさの画用紙の表に、3つの記号（○△□）を使って漢字暗号文を作る。裏には答えを書く（教科書 P.156のアンゴー教授のように作る）。

○3人以上のグループで3つの記号（○△□）を分担し、同じ読み方の漢字を使った言葉を集め、組み合わせた文を作る。

本時案

カンジー博士の暗号解読 1/2

本時の目標

・カンジー博士や子供の４つの会話文を基に暗号の解読の仕方を理解することができる。

本時の主な評価

❶第５学年までに配当されている漢字を読むとともに、漸次書き、文や文章の中で使っている。【知・技】

資料等の準備

・教科書 P.156の⑴～⑶の掲示物（アンゴー教授からの暗号文）
・教科書 P.157の 1 ～ 3 の答え（答えを出したグループへの提示用）
・漢字辞典と国語辞典（児童人数分）

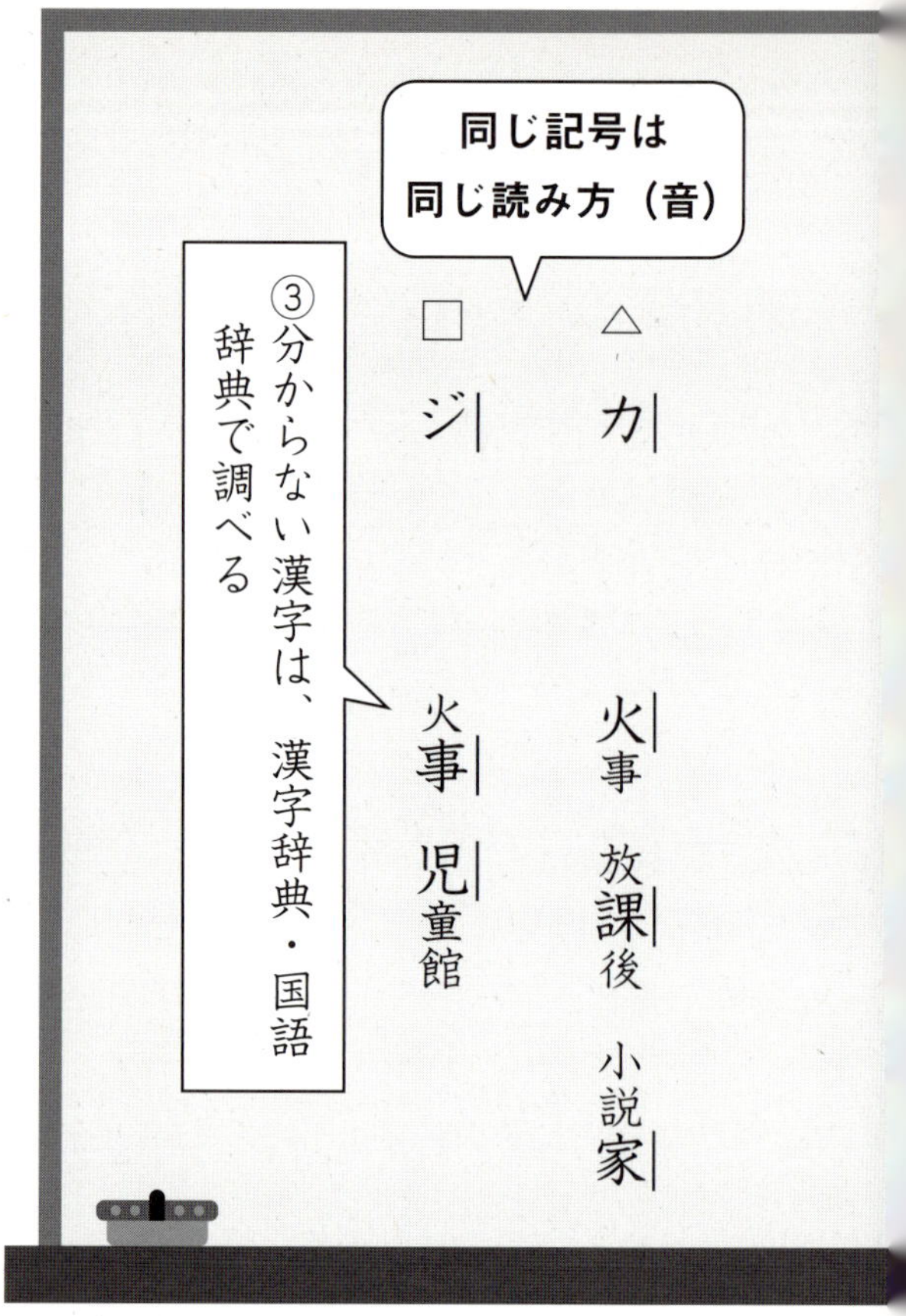

授業の流れ ▷▷▷

1 漢字暗号文を解読する 〈10分〉

○アンゴー教授からの暗号文【教科書 P.156の⑴～⑶】を提示し、暗号がどのようにできているのか考えさせる。
○暗号文の記号の横に読み方を書き込む。

T　これは、「アンゴー教授からの暗号文」です。どうやって解読したらいいですか。
・○△□に何か言葉が入るんじゃないかな。
・２つの○は同じ読み方が入るのかもしれないな。
・△□と○△の２か所は、どんな言葉が入るんだろう。
・○△□が１つずつのところに読み方を書いてみたら、分かるかもしれないよ。

2 解読の方法を見つけよう 〈10分〉

○「○△□」のそれぞれの記号の読み方（音）を書く。漢字を当てはめて、同じ読み方でも違う漢字が使われていることを確認する。○△□を解読する手順を、「解読の方法①～③」としてまとめる。

T　アンゴー教授からの暗号を解くことができました。では、どうやって解いたのかまとめましょう。
・まず、△など１つの記号で分かるところから読み方を書きました。
・同じ記号には、同じ読み方だけど違う漢字が入るので書き分けました。
・分からない漢字は、漢字辞典と国語辞典を使って調べて書きました。

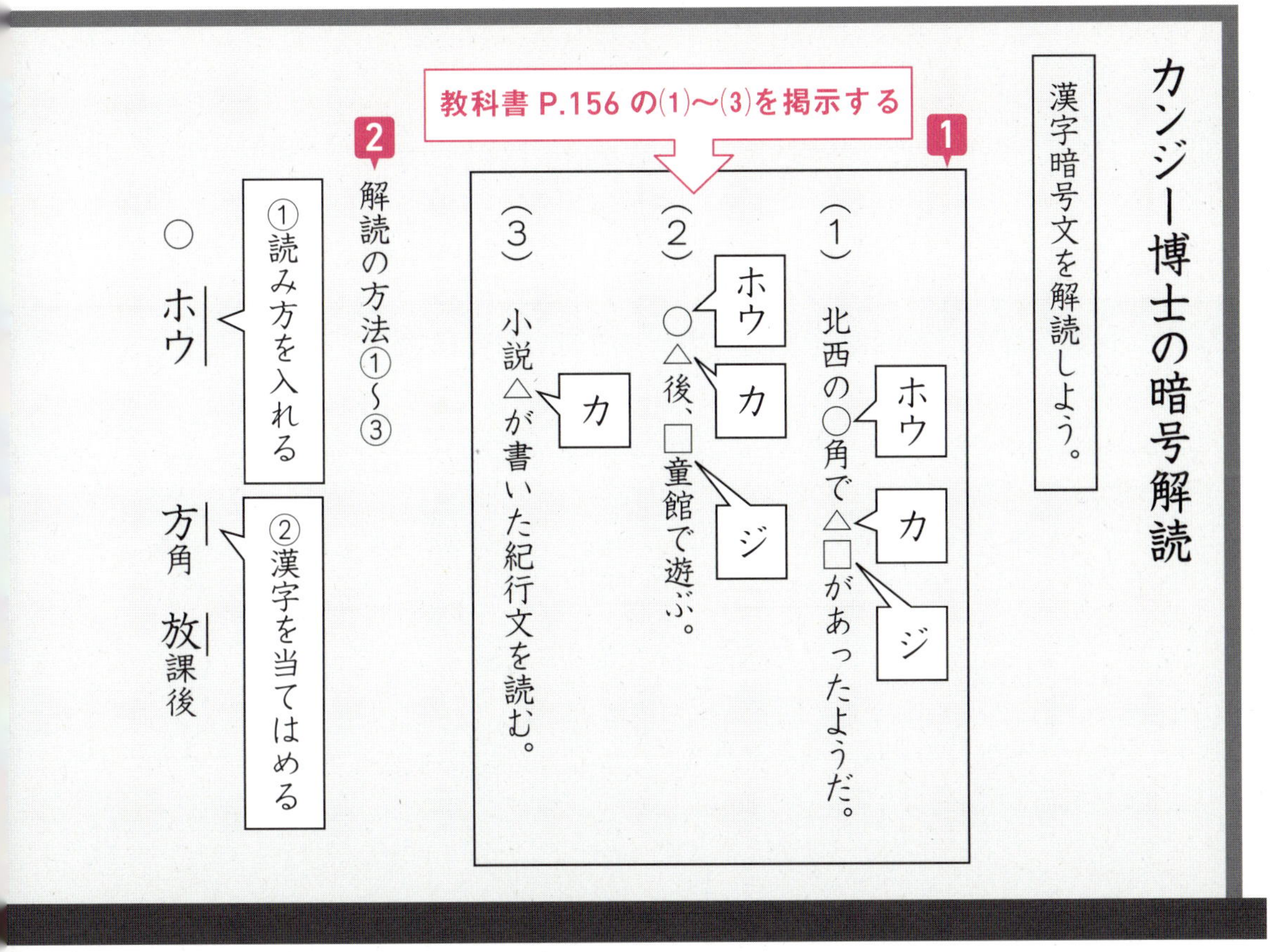
カンジー博士の暗号解読
漢字暗号文を解読しよう。
1
教科書 P.156 の(1)〜(3)を掲示する
（1） 北西の○角で△□があったようだ。
ホウ
カ
ジ
（2） ○△後、□童館で遊ぶ。
ホウ
カ
ジ
（3） 小説△が書いた紀行文を読む。
カ
2
解読の方法①〜③
①読み方を入れる
②漢字を当てはめる
○ ホウ
方角
放課後

3 教科書の問題をグループで解きましょう 〈25分〉

○教科書の漢字暗号文を「解読の方法①〜③」を使って、解くことができる。

T グループで協力して、教科書の漢字暗号文を解きましょう。

・まず、読み方だけ入れてみると、分かりやすいね。
・読み方が分かれば、国語辞典で調べることができるね。
・同じ読み方でも、意味の違いで漢字を使い分けられることが確認できるよ。

○教科書の問題の答えは、あらかじめ各グループの生徒に提示できるよう用意しておくとよい。

よりよい授業へのステップアップ

グループで協力し、漢字暗号文を解く活動に夢中になることが期待される。暗号の解き方を理解できると、暗号を解くスピードが早くなる。そのため、教師があらかじめ、さらに解き進められる漢字暗号文を用意するとよい。「アンゴー博士から預かった続きの暗号をお渡しする」などの言葉を添えて知的好奇心を喚起したい。

グループによっては、解読に時間がかかる場合もある。そのため、早く解けたグループからヒントを伝える活動によって、互いに教え合う展開が考えられる。

本時案

カンジー博士の暗号解読 2/2

本時の目標

・設問に積極的に取り組み、試行錯誤しながら解くことで、同じ音の漢字を適切に使おうとすることができる。

本時の主な評価

❷設問に積極的に取り組み、試行錯誤しながら解くことで、同じ音の漢字を適切に使おうとしている。【態度】

資料等の準備

・漢字辞典と国語辞典（児童人数分）
・漢字暗号文を作る画用紙（はがきの大きさに切って用意する）

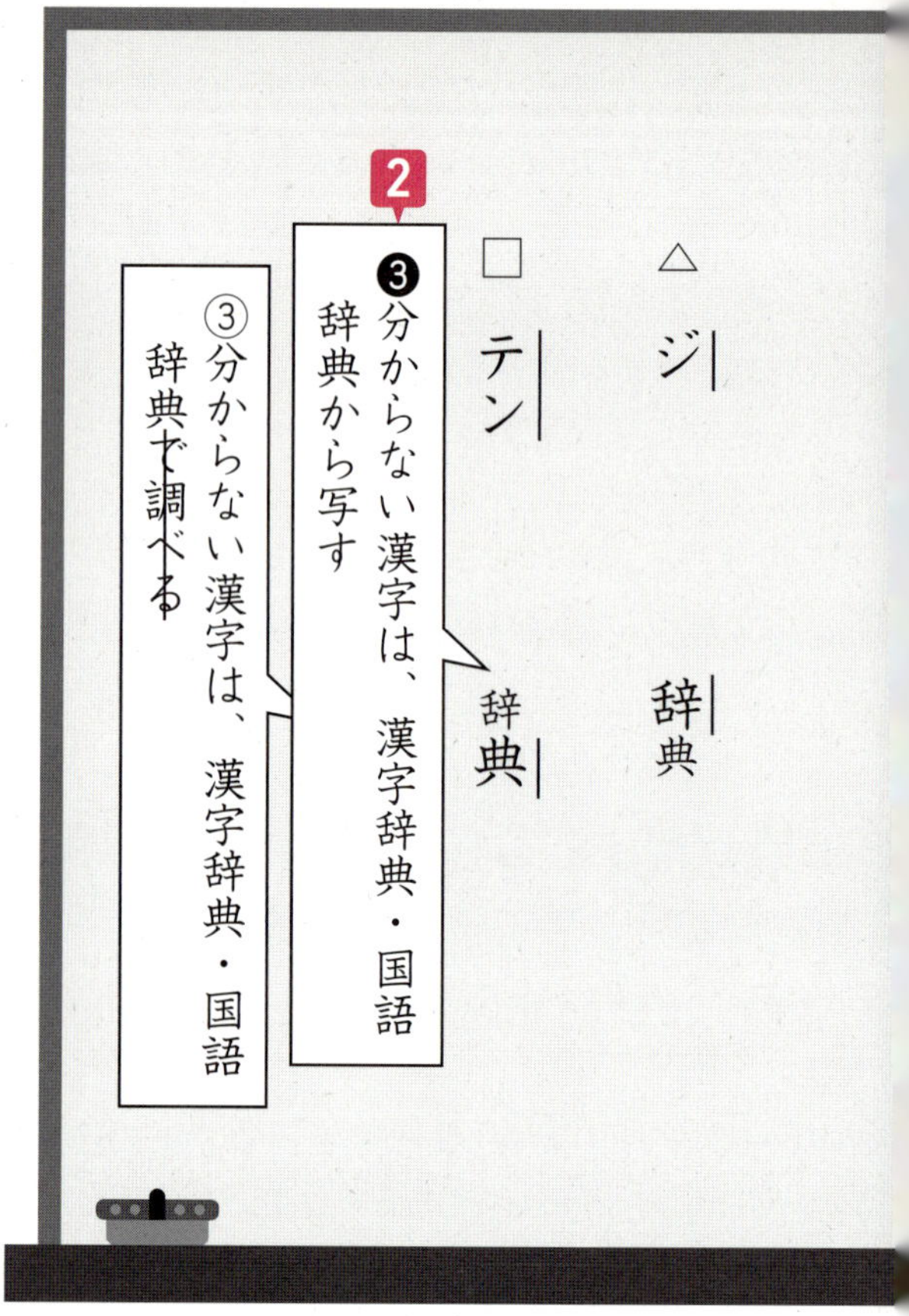

△
ジ
辞典
□
テン
辞典
2
❸分からない漢字は、漢字辞典・国語辞典から写す
③分からない漢字は、漢字辞典・国語辞典で調べる

授業の流れ ▷▷▷

1 漢字暗号文を例示し、解読の方法①～③を確認する 〈5分〉

○前時で解答した問題のうち、最後の2つを例題として提示して、暗号の解き方①～③を確認する。
○解読の方法①～③をカードで提示する。暗号の作り方❶～❸は、解読の方法の表現を変えたものであることを確認する。

・暗号の解読の方法は、言い換えると、暗号の作り方にも役立つんだ。
・暗号を解くのは簡単だったけれど、作るのは大変そうだ。

2 漢字辞典で、同じ読み方をする漢字を集める 〈10分〉

○漢字辞典の「音訓さくいん」を使って、同じ読み方をする漢字を集める。

T　これから、漢字暗号文を作ってみましょう。漢字辞典を使うといいね。
・同じ読み方で、たくさんの漢字があるんだ。
・読み方を集めて、暗号文が作れそうだ。

○漢字辞典を使って、同じ読み方でもたくさんの漢字があることが実感できるよう十分な時間を確保する。

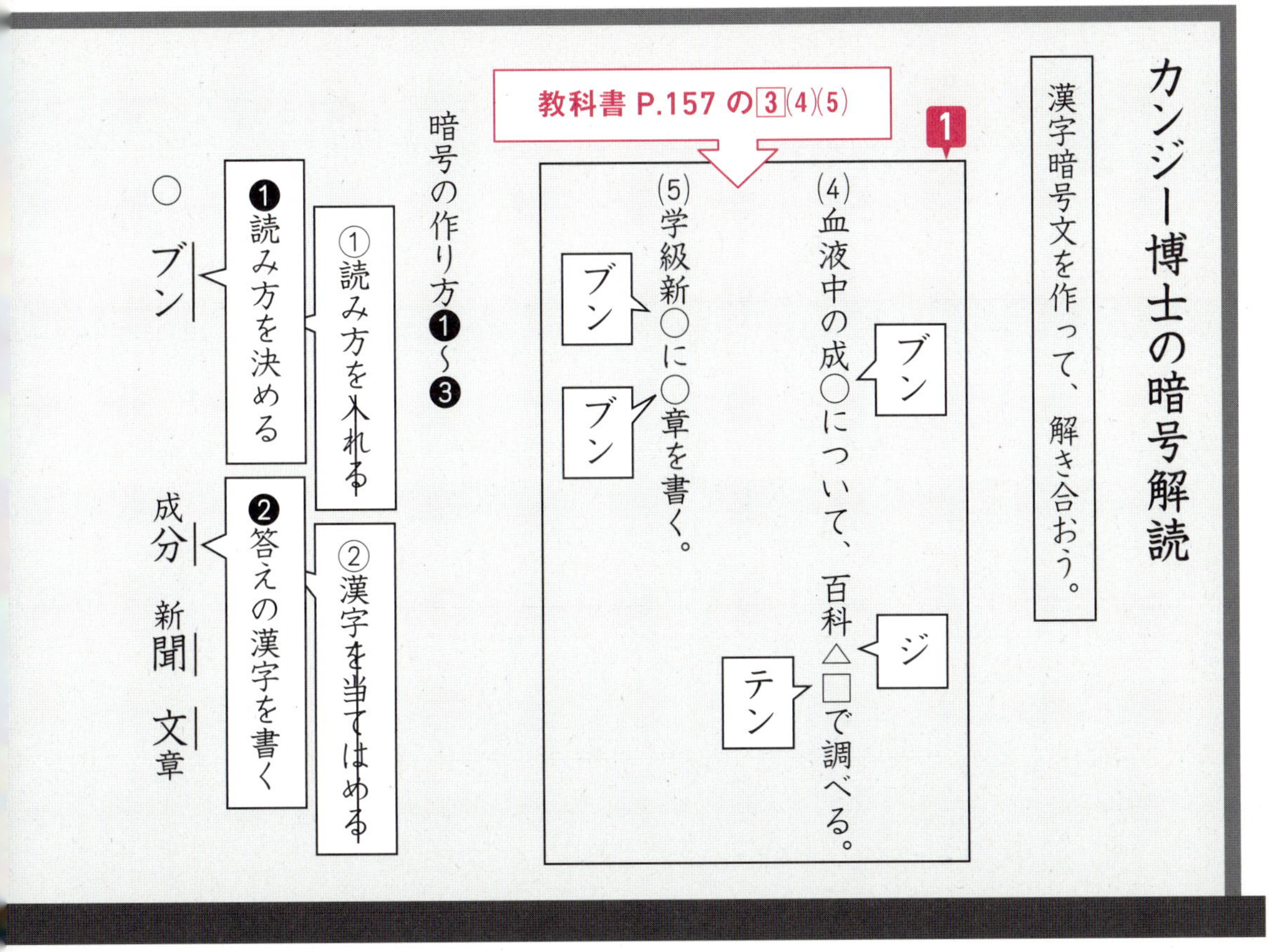
カンジー博士の暗号解読
漢字暗号文を作って、解き合おう。
教科書 P.157 の3(4)(5)
1
(4)血液中の成○について、百科△□で調べる。
ブン
ジ
テン
(5)学級新○に○章を書く。
ブン
ブン
暗号の作り方❶～❸
①読み方を入れる
②漢字を当てはめる
❶読み方を決める
❷答えの漢字を書く
○
ブン
成分
新聞
文章

3 グループで協力して、画用紙に漢字暗号文を作る 〈15分〉

○はがきの大きさに切った画用紙の表に問題、裏に答えを書いて、漢字暗号文を作る。

T これから、前回教科書でアンゴー教授から届いた漢字暗号文を、グループで協力して作ってみましょう。

・まず、黒板で確認した❶～❸のように、読み方に合わせた漢字を、漢字辞典からノートに写すと、暗号が作りやすそうだね。

・漢字辞典で意味が分からない言葉は、国語辞典を使って意味を調べると、知らない漢字でも暗号に使えそうだ。

○漢字辞典と国語辞典を一緒に使い慣れる活動を促したい。

4 作った漢字暗号文を解き合い、学習を振り返る 〈15分〉

○漢字暗号文を解き、多くの言葉に触れる機会を確保する。

T 各グループで作った漢字暗号文を解きに行きましょう。暗号文を解くときは、自分のノートを持って行きます。解けたら、問題を作った人に答え合わせをしてもらおう。

・いくつのグループの問題が解けるかな。たくさん挑戦するぞ。

○各グループに1人、正解かどうかを判定する子供をおく。あるいは、画用紙の裏の解答を見て、回答者が自分で答え合わせする活動でもよい。

声に出して楽しもう

古典の世界（二）

1時間扱い

〔知識及び技能〕⑶ア

単元の目標

・古典の文章を音読し、言葉の響きやリズムを味わうとともに、大体の内容を捉えることができる。

評価規準

知識・技能	❶親しみやすい古文や漢文、近代以降の文語調の文章を音読するなどして、言葉の響きやリズムに親しんでいる。（〔知識及び技能〕⑶ア）
主体的に学習に取り組む態度	❷古文や漢文、近代以降の文語調の文章を工夫して何度も音読するなどして、言葉の響きやリズムに親しむとともに、進んで自分の思いや考えを広げようとしている。

単元の流れ

時	主な学習活動	評価
1	・『論語』を音読し、言葉の響きやリズムに親しむ。 ・孔子や『論語』について知る。 ・『春暁』を音読し、言葉の響きやリズムに親しむ。 ・『春暁』の背景や日本での親しまれ方を知る。 ・感じたことや、考えたことについて、話し合う。 ・『論語』と『春暁』のうち気に入った古典を選んで再読し、繰り返し音読したり暗唱したりして、言葉の響きやリズムを味わう。 ・選んだ作品について、感じたことや考えたことをノートに書く。	❶❷

授業づくりのポイント

〈単元で育てたい資質・能力〉

本単元のねらいは、漢文を音読したり暗唱したりする中で、文語調の言葉の響きに親しむとともに、大体の内容をつかむことである。そのために、繰り返し音読をして言葉の響きやリズムに慣れ親しむことが大切である。また、『論語』や『春暁』での生き方や考え方には現代にも通じるものがあると知り、昔の人々も、自分たち同様、様々な思いをもって生きていたことに気付けるようにする。

具体例

○『論語』を音読し、共通している部分を考える。「子曰はく」という形で始まり、「〜と。」という形で終わることで、孔子が教えを説く形になっていることに気付くことができる。また、繰り返し音読、暗唱することで、リズムよく読める形になっていることにも気付くことができる。

○『春暁』を音読した後、『春暁』を吟じているものを提示する。昔の人々も春の眠りは心地よかったこと、花を愛でていたことを知ることができる。また、詩を味わい、楽しんでいた人々がどの時代にも数多くいたことを想像できるようにもなる。

〈教材・題材の特徴〉

本教材は、中国からの文語調の文章に触れる第一歩となる。古代の日本は、中国からたくさんの教えを学んでいたと知ることができる教材である。特に『論語』には、現代社会でも十分通用する内容が盛り込まれている。現代でも通用する教えが2000年以上も前に書かれたものであると知ることで、人々の行いや考えることは時代を超えて普遍的なものがあると気付くことができる。また、150年前までの日本で、『論語』が武士の基礎教養だった理由を考えることができる教材でもある。

具体例

○『論語』を音読した後、江戸時代には、『論語』の知識が武士の子供たちの必須教養であり、意味も分からない幼少期から本文と意味を丸ごと暗唱するものだったことを伝える。なぜ武士の子供たちの必須教養とされたのかを考えることで、現代の私たちと同様に人としてのあるべき姿を考えていたこと、政治を担う武士がお手本となる行動をするように求められていたことなどについても気付かせることができる。

〈言語活動の工夫〉

子供が主体的かつ対話的に学習に取り組めるよう、子供向けの『論語』の本などを準備し、『論語』の他の教えと解説も提示する。自分が興味をもったり納得したりした教えやその理由について伝え合う活動を取り入れることで、同じ教えに興味をもっていても理由が違ったり、違う教えを選んでいても理由が同じだったりと、自分の感じ方と友達の感じ方との共通点や相違点に気付くことができる。また、自分がなぜその教えを選んだのかを見つめさせることで、道徳との関連も図ることができる。

具体例

○教師作成の資料や子供用に書かれた『論語』の本なども複数提示し、好きな教えを見つけられるようにする。子供が気に入った『論語』の教えについて、教えとその意味、選んだ理由や自分の考えなどを用紙に書き、子供全員分をまとめて「５年○組論語集」とする。１日に１人ずつ、自分が選んだ教えとその意味、選んだ理由を朝の会や帰りの会等で発表することで、５年生としての自分の姿や、６年生になるための心構えをもたせることもできる。

本時案

古典の世界（二） 1/1

本時の目標

・古典の文章を音読し、言葉の響きやリズムを意識して読み、大体の内容を捉えて作品を味わうことができる。

本時の主な評価

❶文語調の文章である『論語』や『春暁』の音読等を通して、言葉の響きやリズムに親しんでいる。【知・技】

❷『論語』や『春暁』を工夫して何度も音読するなどして、感じたことや考えたことなどの自分の思いを広げようとしている。【態度】

資料等の準備

・孔子の画像 07-01
・『論語』の拡大コピー
・『春暁』の拡大コピー
・『論語』の子供向けの本や資料等 07-02〜03

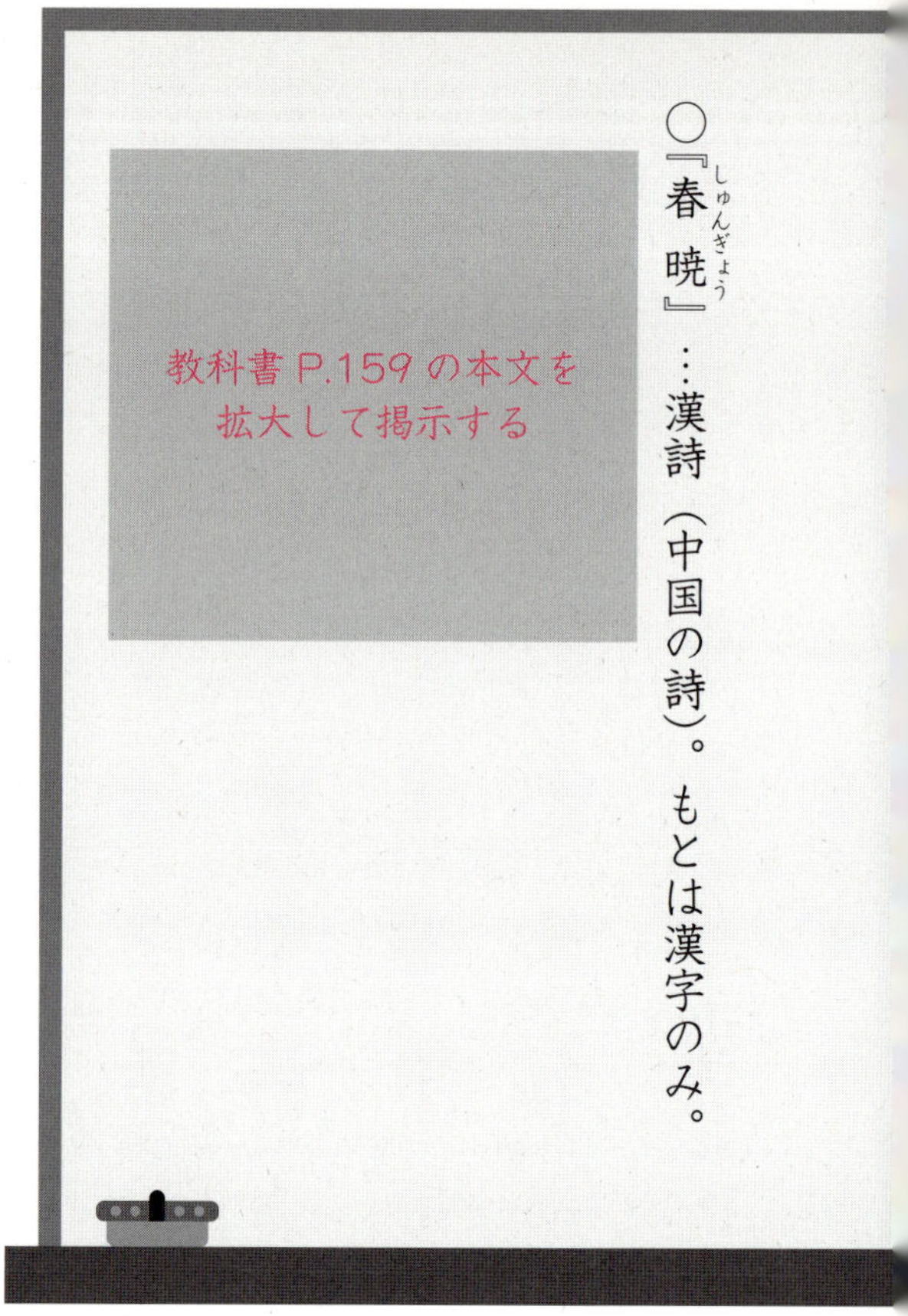

○『春暁《しゅんぎょう》』…漢詩（中国の詩）。もとは漢字のみ。
教科書P.159の本文を拡大して掲示する

授業の流れ ▷▷▷

1 『論語』の歴史背景を知り、リズムや内容を楽しむ 〈15分〉

○『論語』の本文を提示し、気付いたことや感じたことを自由に語らせる。歴史も問う。

・昔の文章みたいだ。
・「子曰はく」で始まって、「〜と。」で終わるんだね。
・何だかいつも言われていることみたいだ。

T これは『論語』という本の一部分です。2500年前に中国で書かれました。

・2500年前なのに今と同じことを言っている。
・「子」って誰かな。

T 今日は、中国から伝わってきた「古典」に触れてみましょう。「古典」は長い年月を語り継がれてきた作品のことだから、この『論語』も語り継がれてきた秘密があるはずです。その秘密を探ってみましょう。

2 『春暁』の歴史背景を知り、リズムや言葉を楽しむ 〈15分〉

T もう１つの作品は、『春暁』という中国の詩「漢詩」です。もとの形は漢字だけです。

・これ、日本語だよね。中国語じゃないよ。
・漢字だけじゃ読めないから日本語にしたんだ。誰が日本語にしたのかな。

○『春暁』の本文を提示し、『春暁』の範読音声を聞かせ、現代語訳にも触れる。

T 『春暁』は1300年ほど前に書かれ、古くから日本でも親しまれてきました。

・「春は眠い」って昔の人も思ったんだね。
・雨が降っても花が散ったかどうか、気にしたことがないよ。この人、暇なのかな。

○言葉やリズム、昔と現代との共通点や相違点に着目している発言から、子供の興味を高める。

古典の世界（二）

言葉のひびきやリズムを味わいながら読み、内容の大体をとらえよう。

○『論語《ろんご》』…孔子《こうし》と弟子《でし》たちとの問答を記録した書物。

二五〇〇年前の中国《ちゅうごく》の思想家。
「子《し》」は先生の意味。

教科書 P.158 の本文を
拡大して掲示する

3 『論語』で自分のお気に入りを見つけ、音読する 〈10分〉

T 『論語』は他にもたくさんの教えがあります。子供向けの本や資料から自分の好きな教えを探してみましょう。見つけた人は、繰り返し音読をしてみましょう。気に入った理由が書ける人は書きましょう。

・「何度も学べば自分のものになる」がいいな。頑張ればいいことがある感じがする。
・「知者は惑わず、仁者は憂えず、勇者は懼れず」って、そうなれたらかっこいいよね。

○見つけた子供には、好きな理由を問う。何となく好き、という理由も認めつつ、自分にとってどんな教えなのか、言葉のリズムと内容のいずれを気に入ったのかを問うことで、理由を明確化できるようにする。

4 2つの作品を音読して、感じたことや考えたことを書く 〈5分〉

T 教科書の『論語』や『春暁』、自分の見つけた『論語』などで、どれが気に入りましたか。自分が気に入った作品を、リズムを意識して音読してみましょう。

・『春暁』ののんびりした感じが好き。
・自分で見つけた『論語』がいいよ。今の自分にぴったりくる。
・昔も今も、人間の考えることってあんまり変わらない気がする。だから残ったのかな。

○繰り返し音読をすることで、リズムや文語調の言葉に慣れるようにする。終末に、1000年以上前の人が書いた文章を読んで感じたことや考えたことをノートに書き、自分の思いや考えを広げられるようにする。

資料

1 第1時資料　『論語』資料　07-02

古典の世界(二)
『論語《ろんご》』資料

年　組　名前(　　　　　　)

	書き下し文	解説
1	子《し》曰《いは》く、「学びて時に之(これ)を習ふ。亦(また)説(よろこ)ばしからずや。朋(とも)有り、遠方より来たる。亦楽しからずや。人知らずして慍(うら)みず、亦君子ならずや。」と。	孔《こう》子は言った。「物事を学んで、後で復習する。なんてよろこばしいことだろう。遠くから友達が自分に会いに訪《たず》ねてくる。なんてうれしいことだろう。他人が自分を分かってくれないからってうらみに思うことなんて全くない。それでこそ君子というものだ。」と。
2	子曰く、「巧言令色《こうげんれいしょく》、鮮(すく)なし仁《じん》。」と。	孔子は言った。「口先が上手で顔つきをころころ変える人間が、仁者であることはめったにない。」と。 仁者…思いやりのある人のこと
3	子曰く、「人の己《おのれ》を知らざるを患(うれ)えず、人を知らざるを患うるなり。」と。	孔子は言った。「他人が自分を分かってくれないことよりも、自分が他者の価値《ち》を認《みと》めようとしないことの方を心配しなさい。」と。
4	子曰く、「君子は周《しゅう》して比せず。小人は比して周せず。」と。	孔子は言った。「君子はだれとでも分けへだてなく付き合うが、つまらない人物は限られたせまい関わりしかもつことができないものだ。」と。
5	子曰く、人の過(あやま)ちや、各々(おのおの)其(そ)の党《とう》に於(お)いてす。過ちを観(み)て斯(ここ)に仁を知る。」と。	孔子は言った。「人の過ちにはそれぞれくせがある。過ちを見れば、その人がどういうタイプの人かが分かる。」と。
6	子曰く、「異端《いたん》を攻(おさ)むるは斯(こ)れ害あるのみ。」と。	孔子は言った。「自分と異なる考えをもつ人を攻撃《こうげき》しても、害があるばかりだ。」と。
7	子曰く、「君子は義《ぎ》に喩(さと)り、小人は利に喩る。」と。	孔子は言った。「よくできた人物は何をなすべきかを考え、つまらない人物は何をすれば得かを考える。」と。

	書き下し文	解説
8	子《し》曰《いは》く、「これを知る者はこれを好む者に如(し)かず。これを好む者はこれを楽しむ者に如かず。」と。	孔子は言った。「あることに知識のある人であっても、そのことを好む人にはおよばない。また、そのことを好む人であってもそのことを楽しむ人にはおよばない。」と。
9	子曰く、「歳(とし)寒くして、然(しか)る後に松柏(しょうはく)の彫(しぼ)むに後るるを知るなり。」と。	孔子は言った。「寒い季節になって初めて松や柏《かしわ》が散らずに残ることが分かる。同じように、危機《きき》になって初めてだれが本当に力を持っているのかが分かる。」と。
10	子曰く、「三軍も帥(すい)を奪(うば)う可(べ)きなり。匹夫(ひっぷ)も志を奪う可からざるなり。」と。	孔子は言った。「軍三つほどの大軍であっても、その大将《しょう》をうばうことはできる。だが、たった一人の人間であってもその志をうばうことはできない。」と。
11	子曰く、「君子は和して同せず、小人は同して和せず。」と。	孔子は言った。「君子は他者と調和しうまくやっていくが、決して他者に引きずられたり流されたりしない。つまらない人は、他者にふり回されたりこびへつらったりするが、決して他者と調和しようとはしない。」と。
12	子曰く、命(めい)を知らざれば、以(もっ)て君子と為(な)す無きなり。礼を知らざれば、以て立つ無きなり。言(げん)を知らざれば、以て人を知る無きなり。」と。	孔子は言った。「なすべき事を知らなければ君子たる資格がない。礼を知らなければ、世に立つことすら出来ない。言葉を知らなければ、人間を知ることもできない。」と。
13	子曰く、「君子は人の美を成し、人の悪を成さず、小人は是(これ)に反す。」と。	孔子は言った。「君子は他人のよいところを見つけて導《みちび》いて達成させて、欠点や失敗についてはそれをいましめることでおさえようとするが、つまらない人間はその逆をする。」と。

2 第１時資料　我流古典辞典　07-03

古典の世界（二）

我《が》流古語辞典　　　　年　組　名前（　　　　　　　　　　）

自分が気になった言葉や表現を集めよう。

言葉・表現	意味	出典	気になった理由

漢字の広場④　1時間扱い

〔知識及び技能〕(1)エ　〔思考力、判断力、表現力等〕B書くことオ

単元の目標

・都道府県すごろく作りを通して、第４学年に配当されている漢字を使い、都道府県に関する文章を書くことができる。

評価規準

知識・技能	❶第４学年までに配当されている漢字を書き、文や文章の中で使っている。(〔知識及び技能〕(1)エ)
思考・判断・表現	❷「書くこと」において、文章全体の構成や書き表し方などに着目して、文や文章を整えている。(〔思考力、判断力、表現力〕Bオ)
主体的に学習に取り組む態度	❸都道府県に合った文章を作る活動に関心をもち、４年生で習った漢字を使って作ろうとしている。

単元の流れ

次	時	主な学習活動	評価
一	1	・都道府県すごろくを完成させるために、都道府県に関する文を書くことを知る。 ・例示された漢字を使って文を書く。 ・グループで文章を読み合う。 ・ペアになって、都道府県すごろくをする。	❶❷ ❸

授業づくりのポイント

〈単元で育てたい資質・能力〉

漢字学習では、反復して書くだけでなく、日常的に書いたり、文章の中で使ったりすることが重要である。本単元では、第４学年で学習した都道府県の漢字の習熟をねらっている。社会科の学習を生かしながら、すごろくという遊びを目的にすることで、漢字への興味・関心が高まり、意欲的に使うことができる。

具体例

○「１ます進む、もどる」「１回休み」「○○をする（命令系）」「～ができたら（条件系）」「スタートとゴールが変わる」など、すごろく特有の表現と都道府県に関する事柄の整合性を考えて文章を書くよう指導していく。

△「栃木県でぎょうざを食べる。１ます進む。」（なぜ進むのか分からない）

◎「栃木県でぎょうざを食べて、元気が出る。１ます進む。」（進む理由が分かる）

〈教材・題材の特徴〉

子供たちは、第４学年までに都道府県の漢字を学習している。また、社会科でも都道府県の学習をしている。しかし、日常生活の中で都道府県の字を頻繁に書くことはないだろう。また、多くの子供は、読むことはできるが、いざ書くとなると難しさを感じやすい。本題材では、都道府県に関係のある物の絵を参考にしながら文章を作ることで、漢字と都道府県のイメージをつなぎながら、都道府県の漢字の習熟を図ることができる。

具体例

○間違えやすい都道府県名

×「宮木」◎「宮城」　×「茨木」◎「茨城」　×「郡馬」◎「群馬」　×「大坂」◎「大阪」

×「副島」◎「福島」　×「取鳥」◎「鳥取」　×「大板」◎「大分」　×「愛姫」◎「愛媛」

×「技府」◎「岐阜」

※書き始める前に、誤字を提示して間違い探しをすると、意識して書くことができる。

○書き順の難しい「新潟県」では、振り返る時間を設定する。

〈言語活動の工夫〉

都道府県の漢字を習熟するために「都道府県すごろく作り」という言語活動を設定した。すごろくは、子供にとって馴染み深い遊びの１つであろう。すごろくで遊ぶことを通して、子供はマスに書いてある文章を何度も声に出して読むことになる。文を書くだけでなく、読むことを通じて、都道府県の漢字を意識することができる。「都道府県すごろく」を作るだけでなく、課外や休み時間などでも遊べるようにしていくことによって、漢字の定着を図りたい。

具体例

○まず、一人一人がワークシートに文を書く。その後、グループの友達とそれぞれが書いた文を読み合い、「都道府県すごろく」に記入していく。読み合い話し合うことで、様々な文の書き表し方に気付いたり、文を整える視点を意識したりすることができる。

本時案

漢字の広場④

1/1

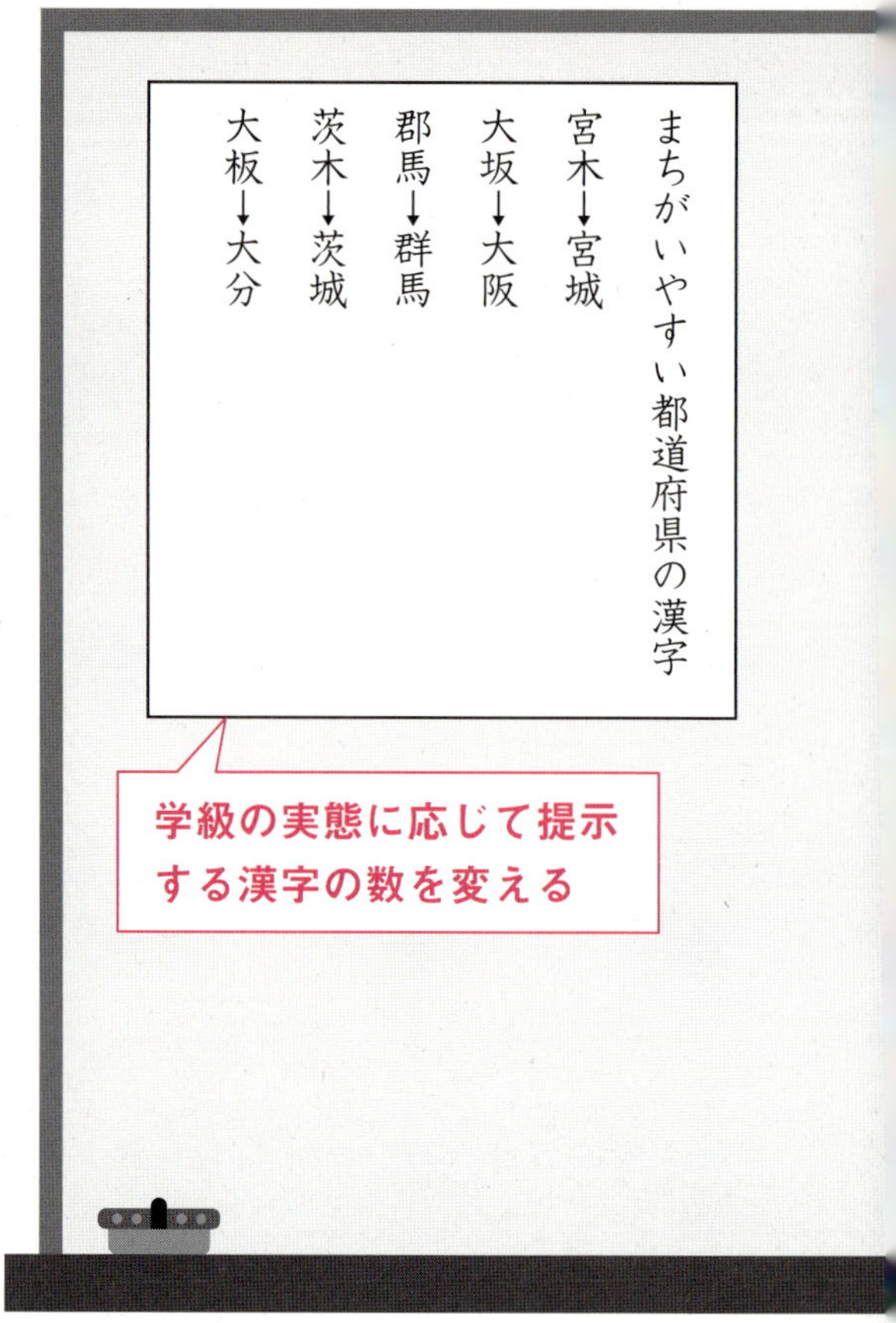

まちがいやすい都道府県の漢字
宮木→宮城
大坂→大阪
郡馬→群馬
茨木→茨城
大板→大分
学級の実態に応じて提示する漢字の数を変える

本時の目標

・都道府県すごろく作りを通して、第４学年で配当されている漢字を使い、都道府県に関する文章を書くことができる。

本時の主な評価

❶すごろく作りを通して配当された都道府県の漢字を文章の中で使っている。【知・技】
❷都道府県の特色を踏まえてすごろくの文章を考えている。【思・判・表】
❸都道府県に合った文章を作る活動に関心をもち、４年生で習った漢字を使って作ろうとしている。【態度】

資料等の準備

・すごろくワークシート　08-01
・さいころ（ペアで１つ）

授業の流れ ▷▷▷

1 学習の目標と都道府県すごろくの遊び方を知る 〈５分〉

○都道府県すごろく（拡大）を提示する。
T　都道府県すごろくを作って遊びましょう。北海道といえばどんなものが有名ですか。
・じゃがいも、時計台などが有名です。
T　それでは、マスに入る文章を考えてみましょう。
・北海道でじゃがいもを食べて元気いっぱいになる。
T　その後の文はどうしますか。
・元気になるので「１ます進む」がいい。
T　文とすごろくの指示がぴったり合っていますね。それでは、都道府県の漢字を使って文章を書き、すごろくを完成させましょう。

2 間違えやすい漢字を知り、文章を考える 〈15分〉

T　都道府県の漢字には難しい字がたくさんあります。間違えているところが分かりますか。
○間違えやすい漢字の一覧を提示する。
・大阪の「阪」と「坂」は似ているので、間違えそうになります。
T　正しい漢字を使って文章を考えましょう。

○文章を書き進めることができない子供には、都道府県とイラストの示している内容を結び付けられるよう補足して説明していく。

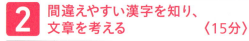

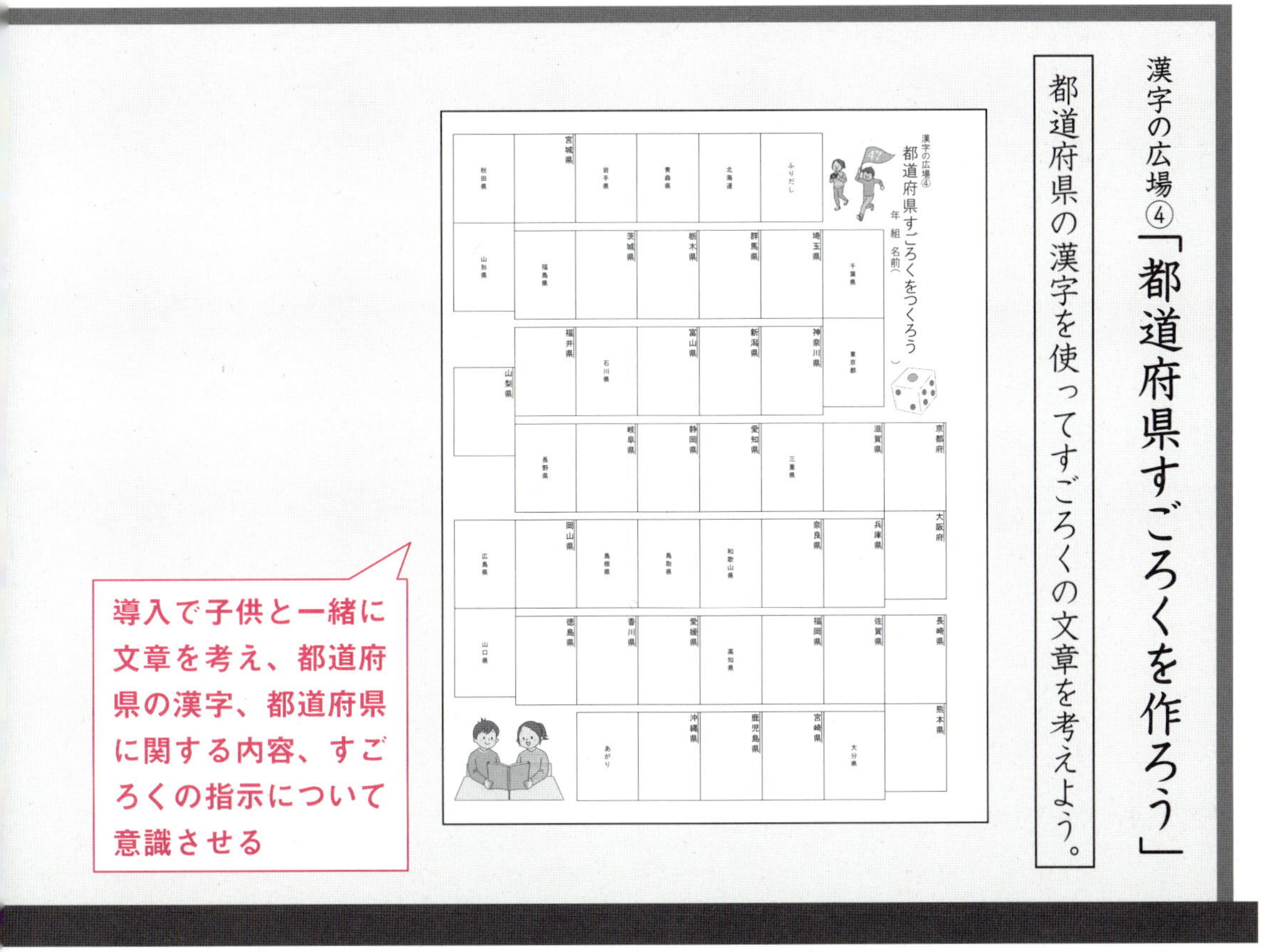
漢字の広場④「都道府県すごろくを作ろう」
都道府県の漢字を使ってすごろくの文章を考えよう。

導入で子供と一緒に文章を考え、都道府県の漢字、都道府県に関する内容、すごろくの指示について意識させる

3 グループで文章を読み合い、自分のすごろくの文章に生かす 〈10分〉

T　グループになって、文章を読み合いましょう。文章がよりよくなるようアドバイスし合ったり、友達の文章を参考にしたりして、すごろくを完成させましょう。

〇漢字の正誤、内容、すごろくの指示を意識させる。

T　読み合って気付いたことを生かして、すごろくの文章を完成させましょう。

〇都道府県の特色が分からず困っている子供には、友達の文章を参考にして書くよう支援する。

4 ペアになって都道府県すごろくをする 〈15分〉

T　それでは、ペアになってそれぞれの都道府県すごろくをやってみましょう。遊びながら、文章をよりよくしていきます。漢字の正誤、内容、すごろくの指示が合っているか確認しながら進めましょう。

・あれ、この漢字でいいのかな。

・「１回休み」のほうがいいと思うよ。

T　すごろくをしながら気付いたことを発表してください。

・間違えやすい漢字が多い。

・都道府県に合った文章を書くことが大切。

・文の内容と指示を合わせることが大切。

5 伝記を読んで、自分の生き方について考えよう

やなせたかし―アンパンマンの勇気

〔知識及び技能〕(1)オ　〔思考力、判断力、表現力等〕C 読むことイ、オ、カ
関連する言語活動例 C(2)イ

5時間扱い

単元の目標

・文章を読んで理解したことに基づいて、自分の考えをまとめるとともに、伝記を通して様々な人物の考え方や生き方を知ることで、生き方について思いや考えを広げることができる。

評価規準

知識・技能	❶語句と語句との関係、語句の構成や変化について理解し、語彙を豊かにしている。(〔知識及び技能〕(1)オ)
思考・判断・表現	❷「読むこと」において、登場人物の相互関係や心情などについて、描写を基に捉えている。(〔思考力、判断力、表現力等〕C イ) ❸「読むこと」において、文章を読んで理解したことに基づいて、自分の考えをまとめている。(〔思考力、判断力、表現力等〕C オ) ❹「読むこと」において、文章を読んでまとめた意見や感想を共有し、自分の考えを広げている。(〔思考力、判断力、表現力等〕C カ)
主体的に学習に取り組む態度	❺文章を粘り強く読み、人物の考え方や生き方を知ることで、生き方について思いや考えを広げ、伝記を読むよさについて考えようとしている。

単元の流れ

次	時	主な学習活動	評価
一	1	**学習の見通しをもつ** ・伝記を読んだ経験や感想、伝記を読んで学んだことや参考になったことを発表する。 ・題名やリード文からこれから学習する文章についてイメージをもつ。 ・範読を聞き、初発の感想を書く。 ・学習課題を設定し、学習計画を立てる。	
二	2	・伝記に取り上げられている出来事を確かめる。 ・「たかし」の考え方や、筆者が「たかし」をどんな人物だと考えているかについてまとめる。	❶❷
	3	・「たかし」の行動や考え方について自分の考えを書く。	❸
三	4	・並行読書の本から1冊選び、考えたことをポップにまとめる。	❺
	5	**学習を振り返る** ・書いた文章を読み合い、感想を伝え合う。 ・学習を振り返る。	❹

授業づくりのポイント

〈単元で育てたい資質・能力〉

本単元のねらいは、伝記を読んで理解したことに基づいて、自分の考えをまとめることである。伝記は、物語や詩のような行動や会話、心情などを基軸に物語る文学的な描写と、事実の記述や説明の表現が用いられている。そのような伝記の特色を理解した上で、人物の生き方や考え方を捉える力が必要である。

それぞれの出来事の際に、人物がしたことや考えたことを整理し、その出来事が人物の人生においてどのような意味があったかを押さえる。その上で、今の自分と関連させながら自分の考えを書いてまとめ、その交流を通して自分の生き方や考え方を広げたり深めたりすることができるようにする。

具体例

○伝記を読んだ中で、特に心に残った人物の行動や考えを取り上げ、自分だったらどうするか、人物の生き方をこれからの自分にどう生かすかを書く。

〈教材・題材の特徴〉

『やなせたかし―アンパンマンの勇気』は、子供にも馴染みのある「アンパンマン」を生み出したやなせたかしさんの一生を描いた伝記である。

冒頭には、2011年３月11日の東日本大震災のときに92歳だったやなせたかしさんの様子が描かれている。そこから過去へ遡り、誕生から亡くなるまでを時系列で描いた構成になっている。本文には、出来事とそのときのやなせさんの考えや取った行動が描かれているだけで、はっきりと筆者の考えは書かれていない。構成や題名に目を向けさせることで、筆者が何を伝えたかったのかを考えることができる。

具体例

○一般的に伝記では、描かれている人物の名前が題名になっていることが多い。本教材は副題に「アンパンマンの勇気」とあることに着目し、筆者がこの題名に込めた思いについて考える。

〈言語活動の工夫〉

描かれた人物の行動や考え方、生き方について、①自分の経験や考え方などとの接点を見いだし、②共通点や相違点を明らかにしながら、③共感するところ、取り入れたいところなどを中心に考えをまとめるようにする。本単元では、『やなせたかし―アンパンマンの勇気』の学習と並行し、各自が伝記を選んで読む。なぜ、その人物の伝記を読もうとしたのかを考えるところから始まり、第２、３時の過程を１枚のポップにまとめることで、自らの考え方などを見つめ直すとともに、完成したポップと本を展示して、友達と共有することで、その後の読書生活の広がりにつなげられるようにする。

具体例

○第２、３時で学んだことをポップに見立てたワークシートに記入する学習を積み重ねることで、ポップが完成する。イラストや文字の色など、目を引く工夫を考えさせてもよい。

本時案

やなせたかし―アンパンマンの勇気 1/5

本時の目標

・これまでの自分の生き方や考え方を振り返るとともに、学習の見通しをもつことができる。

本時の主な評価

・単元名とリード文から学習の見通しをもっている。
・興味・関心をもって文章を読もうとしている。

資料等の準備

・国語辞典
・ポップの見本 09-01

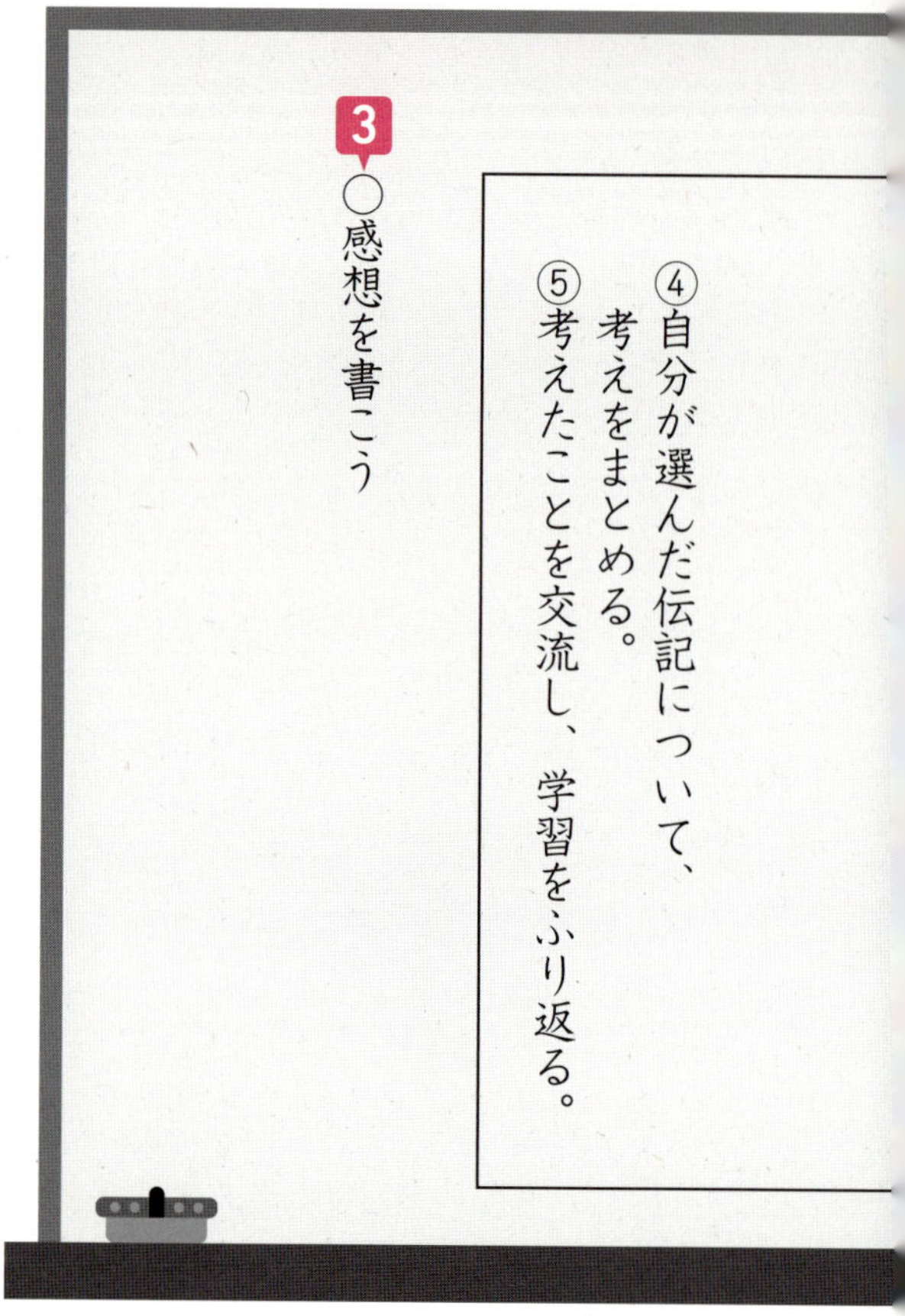

④自分が選んだ伝記について、
考えをまとめる。
⑤考えたことを交流し、学習をふり返る。
3
○感想を書こう

授業の流れ ▷▷▷

1 伝記を読んだ経験を想起する 〈10分〉

T　みなさんは「こんなふうになりたいな」と憧れたり、尊敬したりする人はいますか。
・好きなサッカー選手のようなプレーができるようになりたいです。
T　これまでに、どんな伝記を読んだことがありますか。また、伝記を読んで、感じたことや学んだことはありますか。
・「エジソン」を読んだことがあります。いろいろなものを発明したひらめきに驚きました。
○伝記を読むことの意義・価値を教科書 P.171「この本、読もう」や P.173「たいせつ」を活用して押さえる。
T　伝記を読んで、自分の生き方を考える学習をしていきましょう。

2 学習課題を設定し、学習計画を立てる 〈10分〉

T　単元名とリード文を読んで、学習課題を立てましょう。
・アンパンマンを生み出したやなせたかしさんは、どんな人なのかな。
・いろいろな伝記を読んでみたいな。
○子供の言葉を引用しながら、学習課題を設定する。単元の終末をイメージできるように、ポップの教師見本を見せるとよい。

T　どのように学習を進めていくとよいでしょうか。
○学習計画を子供とともに立てる。

やなせたかし—アンパンマンの勇気

学習課題を設定し、学習計画を立てよう。

1

○伝記とは
実在の人物の人生をえがいた読み物

○伝記を読むことで
・目標が見つかる
・見方が広がる
・自分の生き方や考え方の参考になる

2

学習課題
伝記を読んで、自分の生き方について
考えたことをポップにまとめよう。

学習計画
①『やなせたかし—アンパンマンの勇気』を
読む。　※並《へい》行読書をする
②出来事を確かめる。
③自分の考えをまとめる。

3 大まかな内容をつかみ、感想を書く 〈25分〉

T　『やなせたかし—アンパンマンの勇気』という題名から、どんなことを想像しましたか。

・「勇気」という言葉が気になります。

・やなせさんは、アンパンマンに自分の思いを込めたのではないかと思います。

T　今から、先生が読みます。この後、心に残ったことをノートにまとめましょう。

○感想を書くことを伝えておく。

T　『やなせたかし—アンパンマンの勇気』を初めて読んで、どんなことを感じましたか。心に残ったことをノートに書きましょう。

○感想を学級で共有し、これから書いていくポップに生かす。

よりよい授業へのステップアップ

並行読書の取組

教室に「伝記コーナー」を設置し、子供が興味をもてそうな伝記を用意して並行読書をする。

朝読書や授業の終わりに5分程度時間を設けるなど、並行読書ができるようにする。全員が本を手にすることができるよう、学級の人数より多めに準備できるとよい。公共図書館の団体貸し出しを利用することも考えられる。

読書記録を付けておくと、この後の学習に生かすことができる。なかなか読書が進まないことが予想される子供には、興味のもてそうな伝記を薦める。

本時案

やなせたかし―アンパンマンの勇気 2/5

本時の目標

・文章構成に気を付けながら、「たかし」がしたこととその考え方についてまとめることができる。

本時の主な評価

❶人物の行動や考え方を捉えながら、言葉の使い方を意識し、語彙を豊かにしている。【知・技】

❷伝記に描かれた出来事を確かめながら、人物の考えや心情を捉えている。【思・判・表】

資料等の準備

・ポップシート 09–02

・「したこと・考え方」などを書くワークシート 09–03

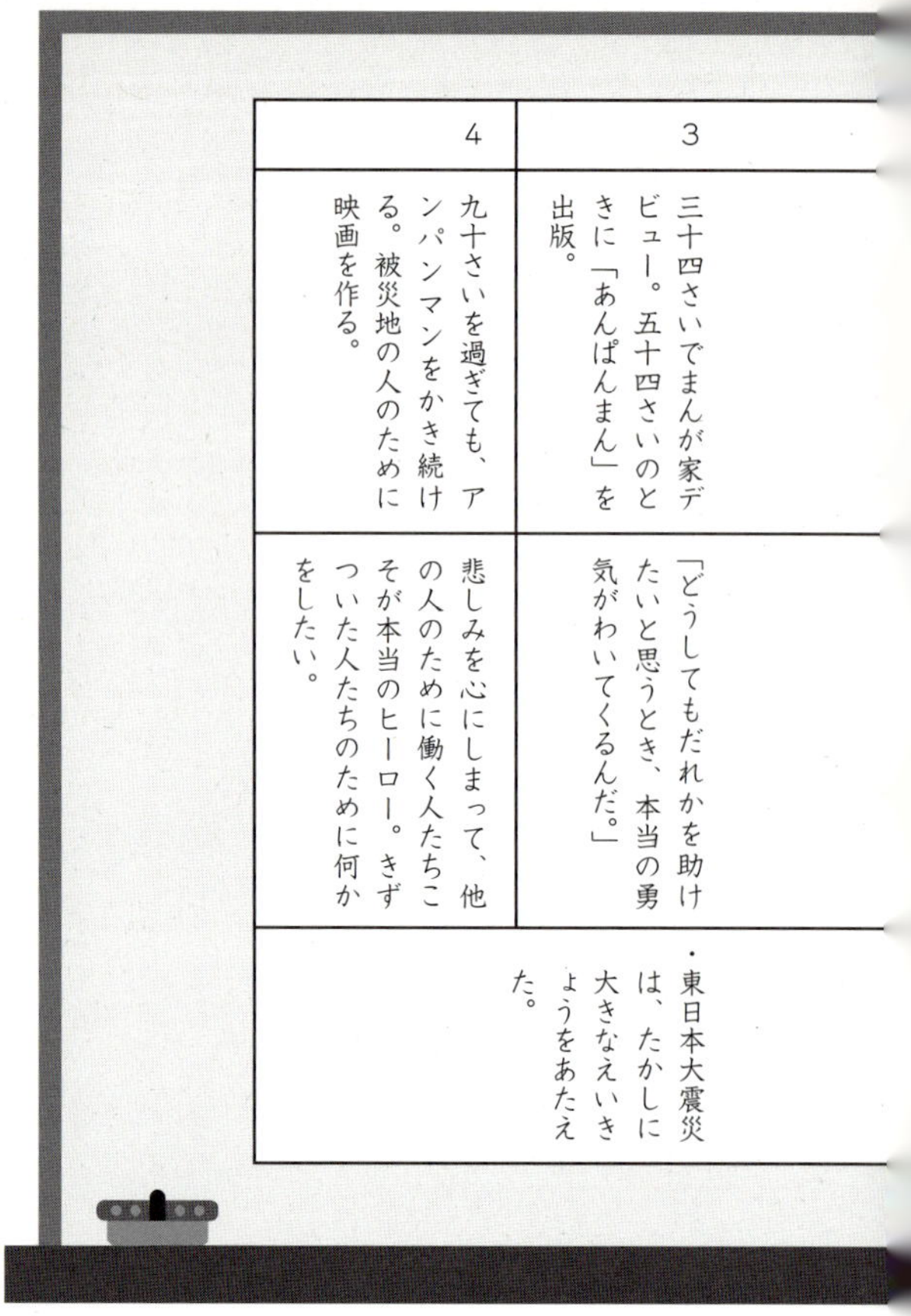
3
三十四さいでまんが家デビュー。五十四さいのときに「あんぱんまん」を出版。
「どうしてもだれかを助けたいと思うとき、本当の勇気がわいてくるんだ。」
・東日本大震災は、たかしに大きなえいきょうをあたえた。
4
九十さいを過ぎても、アンパンマンをかき続ける。被災地の人のために映画を作る。
悲しみを心にしまって、他の人のために働く人たちこそが本当のヒーロー。きずついた人たちのために何かをしたい。

授業の流れ ▷▷▷

1 本時のめあてを確かめる 〈5分〉

T 今日のめあてを確かめましょう。

○前時に立てた学習計画を教室に掲示しておくとよい。

T まず、伝記の特色を確認しましょう。

○教科書 P.172下段「伝記の表現」を活用し、伝記の特色を押さえる。

T 伝記は、「人物の行動や会話、心情が、物語のように書かれている部分」と「事実の説明や、その人物に対する筆者の考えが書かれている部分」があります。その点を意識しながら文章構成を確認していきましょう。

2 文章構成を確認する 〈15分〉

T この伝記は「1」から「4」に分けて書かれていますね。それぞれ、どんなことが書かれていますか。

・「1」…東日本大震災と「アンパンマンのマーチ」

・「2」…「たかし」の生い立ち、戦争と正義

・「3」…「アンパンマン」の誕生

・「4」…最後まで描き続けた「たかし」

やなせたかし―アンパンマンの勇気

伝記に取り上げられている出来事を確かめよう。

1 ○伝記

・人物の行動や会話、心情が、物語のように書かれている部分がある。

・事実の説明や、その人物に対する筆者の考えが書かれている部分がある。

2 ○文章構成

1東日本大震《しん》災と「アンパンマンのマーチ」

2「たかし」の生い立ち、戦争と正義

3「アンパンマン」の誕《たん》生

4最後までかき続けた「たかし」

3 ○「たかし」のしたこと、考え方

	1	2	
したこと	東日本大震災の被《ひ》災地で子どもたちが歌う「アンパンマンのマーチ」を聞いて、心を動かされる。	まんが家を目指すが、戦争で戦場へ。弟を戦争で亡《な》くし、自分は何をすればよいのかと考える。	
考え方	そろそろ仕事をやめようと思っていたが、何かできることをしなければと、力をふるい起こす。	「本当の正義とは、おなかがすいている人に、食べ物を分けてあげることだ。」	
4 筆者の考え	・戦争の経験が、アンパンマンの正義や勇気につながっている。		

3 「人物のしたこと」を読み取る 〈10分〉

T　伝記中の「やなせたかし」は、どのような人物でしょうか。「たかし」の生い立ちについてまとめます。

　前時に書いた自分の心に残ったことにつながる、「たかし」のしたことや考えたことは、何でしたか。心に響いた「たかし」のしたこと・考え方に、サイドラインを引きましょう。

○年号などの時を表す言葉や、「たかしは」という主語に着目して読み取らせるようにする。

○ワークシートの「したこと」の欄に、50字程度でまとめる。

4 「筆者の考え」を読み取り、まとめる 〈15分〉

T　筆者は、「たかし」をどのような人物だと考えているのでしょう。繰り返し出てくる言葉や、取り上げられた出来事を基に考えましょう。

・「たかし」は戦争の経験から、本当の正義について考えました。筆者は、その考えに共感したのだと思います。

・「1」と「4」で東日本大震災が取り上げられています。

○本文には、はっきりと筆者の考えが書かれていないため、構成や題名に目を向けさせる。

T　「人物のしたこと」と「筆者の考え」を合わせて100字程度にまとめて、ポップシートに書きましょう。

本時案

やなせたかし—アンパンマンの勇気 3/5

本時の目標

・「たかし」の考え方や、筆者が「たかし」をどんな人物だと考えているかについてまとめることができる。

本時の主な評価

❸読み取ったことを基に、自分の考えをまとめている。【思・判・表】

資料等の準備

・ポップシート 09-02
・ポップ下書きワークシート 09-04

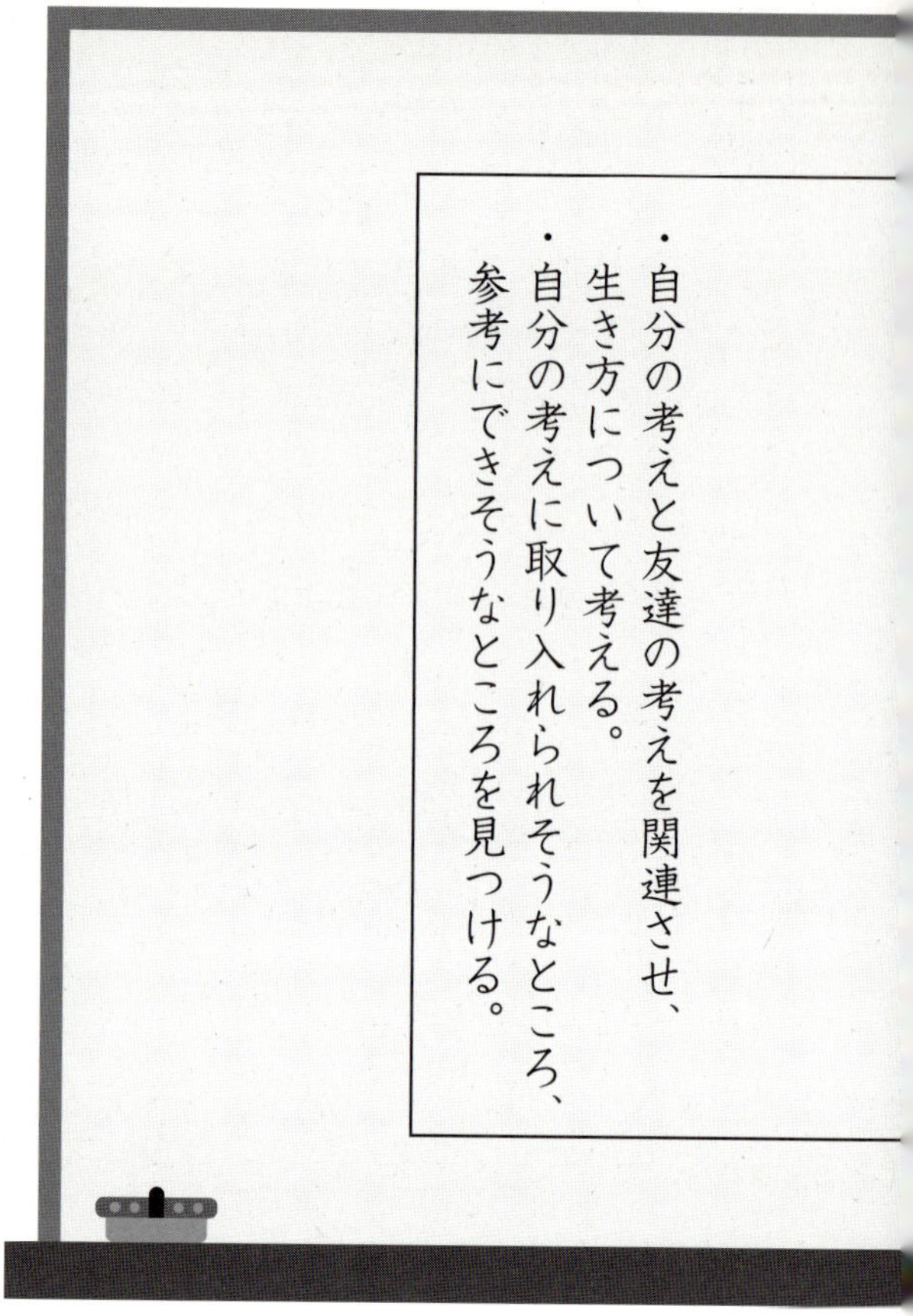

・自分の考えと友達の考えを関連させ、
生き方について考える。
・自分の考えに取り入れられそうなところ、
参考にできそうなところを見つける。

授業の流れ ▷▷▷

1 本時のめあてを確かめる 〈5分〉

T 前時は、どんな学習をしましたか。

・「たかし」の生い立ちと、筆者の考えについてまとめました。

○学習計画を見ながら、進捗状況を子供とともに確認する。

T 今日は、自分の考えをまとめます。「たかし」の行動や考え方で、自分もこうありたいと思ったところはありますか。また、筆者の考えを読み取って、なるほどと思うところはありますか。自分の考えを書きましょう。

2 自分の考えをまとめる 〈25分〉

T まとめるときの観点を確認しましょう。

○なかなか書きまとめられない子供に対しては、前時までの学習を想起させながら、個別に問いかけ、対話の中で考えを引き出していく。

T すごいなあ、偉いなあと思ったところはありますか。

○自分の考えを100字程度にまとめ、ポップを完成させる。

・私は、アンパンマンが自分の顔をちぎってあげる行動に、やなせさんの戦争経験が大きく関わっているとは思いませんでした。もし、大きな災害が起こったら、私たち一人一人が誰かのために行動するという意識をもつことが大切だと思いました。

やせたかし―アンパンマンの勇気

1

「たかし」の生き方について自分の考えを書こう。

2

○自分の考えをまとめる

〈まとめるときの観点〉
・自分もこうなりたいと思うところはあるか。
・「たかし」に学びたいと思ったところはどんなところか。
・自分のものの見方や考え方が変わったことはあったか。

3

○グループで交流する

〈話し合いの留意点〉
・自分の考えと比べて聞く。
（似ているところ、ちがうところ）

3 書きまとめたものを交流する〈15分〉

T　できあがったポップを見せながら、グループで交流しましょう。

○話合いの進め方を確認する。

一人一人が順番に自分の考えを話す。 似ている考えと違う考えに分けて整理する。 友達の考えを聞き合い、考えたことを交流する。

T　グループで話し合ったことを基に、自分の考えに付け加えたり、考えを書き直したりしましょう。

T　交流することで、自分の考えを広げたり深めたりすることができましたね。次の時間は、みなさんが選んだ伝記について、まとめていきます。

よりよい授業へのステップアップ

ペアやグループでの交流

文章の読み取りや書くことが苦手な子供も安心して学習に取り組めるように、ペアやグループでの交流を適切に取り入れるとよい。交流することで、どの子供も自分の考えを話すことができるとともに、内容を確認しながらポップ作りを進めることができる。

また、一人一人の毎時間の進捗状況を確認し、丁寧に個別指導をすることで、全員が満足できるポップの完成を目指す。

本時案

やなせたかし―アンパンマンの勇気 4/5

本時の目標

・選んだ伝記を読み、考えたことをポップにまとめることができる。

本時の主な評価

❺自分の選んだ伝記について、自分と照らし合わせながら内容を捉え、考えたことをまとめようとしている。【態度】

資料等の準備

・ポップシート 09-02
・国語辞典

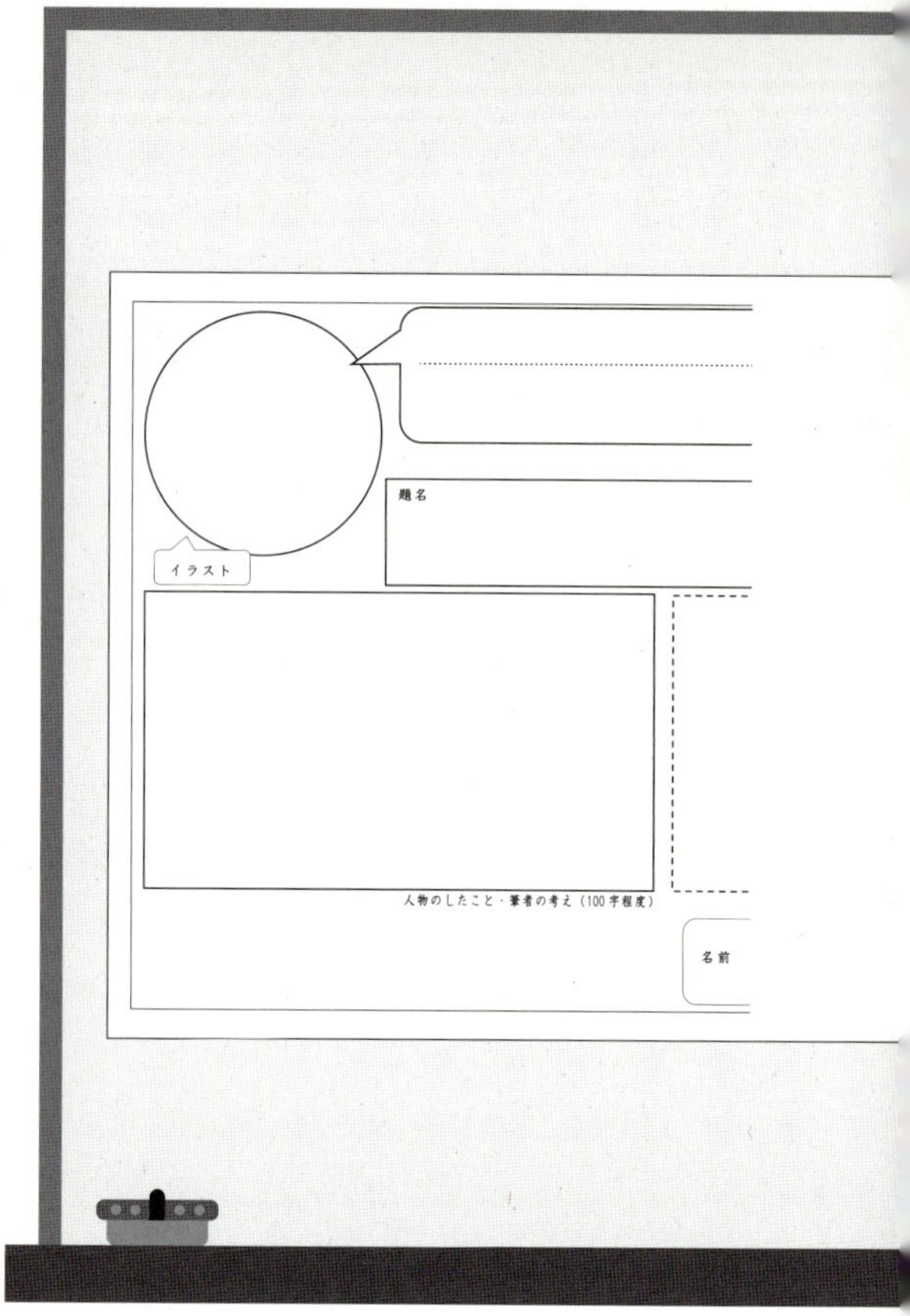

授業の流れ ▷▷▷

1 本時のめあてを確かめる 〈10分〉

T　今日は、自分の選んだ伝記を読んで、自分の生き方について考えていきます。『やなせたかし―アンパンマンの勇気』で学習した伝記を読むときの観点を確認しましょう。

○教科書 P.172、P.173を参考に、確認する。

○本時までに、自分の選んだ伝記は前もって読んでおき、本時は読み直して考えをまとめる時間とする。

・私は、「杉原千畝」の伝記を読みました。

・「マザー・テレサ」の生き方をぜひみんなに紹介したいです。

2 自分の選んだ伝記についてまとめる 〈20分〉

T　「人物がしたこと・考えたこと」「筆者の考え」について、自分が選んだ伝記を読んでまとめましょう。

○ノートに読み取ったことを記述させ、整理しながらワークシートにまとめる。

・前時で作ったポップを見ながら、同じように書いていこう。

・この人物にとって、影響の大きかった出来事は何かな。そのことをポップに書こう。

やなせたかし―アンパンマンの勇気

1 伝記を読んで、自分の生き方について考えたことをまとめよう。

2 ○「人物がしたこと・考え方」「筆者の考え」…百字程度

3 ○今の自分と照らし合わせて考えたこと …百字程度

※引用するときは、「 」を用いる。

人物像（〜な人）・その人らしい言葉や行動
自分の考え（100字程度）

3 伝記を読んで考えたことを書く〈15分〉

T 今の自分と照らし合わせながら、伝記を読んで考えたことを書きましょう。

○子供が選んだ伝記を事前に把握しておくと、個別に発問や助言がしやすくなる。個に応じた問いかけをするとよい。

T 見習いたいと思ったところはありますか。自分の生活に生かせることはありますか。

・自分にも夢があるので、この人のように努力を続けることを忘れないようにしたいと思いました。

T 次時は、今日作ったポップを友達に紹介しましょう。

よりよい授業へのステップアップ

個別の支援・指導

読みたい伝記がまだ選べていない子供には、子供の興味や能力を考慮し、教師が数冊選び、簡単に内容を紹介して、その中から選ばせる方法がある。

また、子供が選んだ伝記を事前に把握しておくことも適切な指導をするためには必要である。さらに、子供が選んだ伝記を読んだり、その伝記で取り上げている人物について簡単に調べたりしておくことも、指導に有効である。

本時案

やなせたかし―アンパンマンの勇気 5/5

本時の目標

・書いた文章を読み合い、感想を伝え合うとともに、単元のまとめをすることができる。

本時の主な評価

❹自分の考えを発表し合い、自分の生き方についての考えを広げたり深めたりするとともに、単元の学習を振り返っている。【思・判・表】

資料等の準備

・ポップシート　09–02

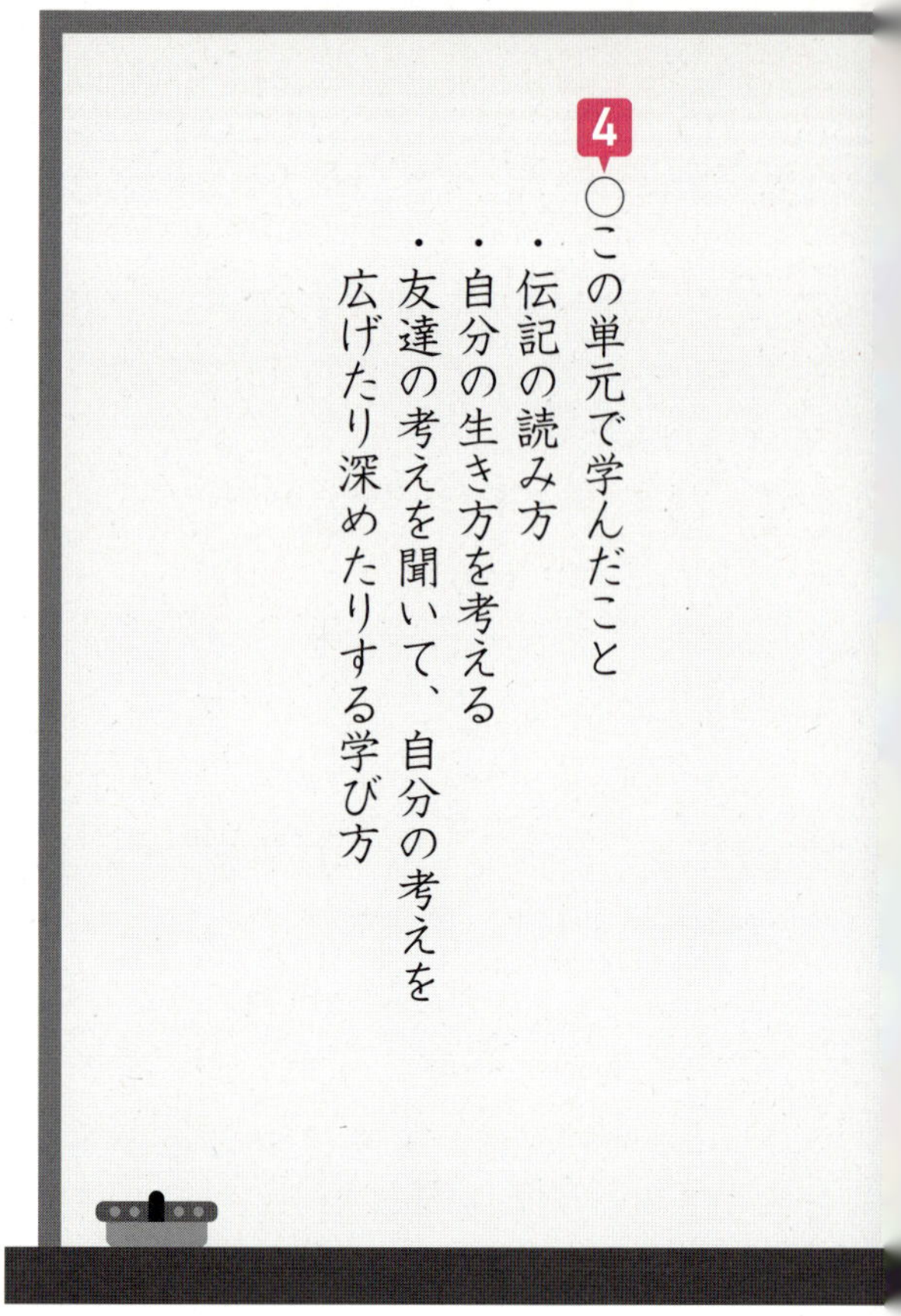
4
○この単元で学んだこと
・伝記の読み方
・自分の生き方を考える
・友達の考えを聞いて、自分の考えを
広げたり深めたりする学び方

授業の流れ ▷▷▷

1 本時のめあてを確かめる 〈5分〉

T　今日のめあてを確かめましょう。いよいよ、今日の学習が単元の最後となります。友達の考えを聞いて、さらに自分の考えを深められるようにしましょう。

・自分と同じ人物の伝記を読んだ友達は、どんなことを考えたのかな。
・みんなはどんなところに注目したのかな。

2 グループで交流する 〈20分〉

T　最初に、読んだ伝記の簡単な紹介をしてから、書いたものを発表しましょう。

○交流の観点を示す。

> ・伝記から読み取ったことと、自分の考えを区別してまとめているか。
> ・自分の考えが明確に表現されているか。
> ・自分の考えと比べてどうか。

○グループは、テーマ別や作品別など、編成を工夫することも考えられる。

・マザー・テレサは、貧しい人のための活動に一生をささげた人です。私は、正直彼女のような立派なことができる自信はありません。しかし、少しでも誰かの役に立てるように、自分にできることを見つけていきたいと思いました。

やなせたかし―アンパンマンの勇気

1

伝記を読んで考えたことを発表し合い、自分の生き方について考えを深めよう。

2

○グループで交流する

〈交流の観点〉
・伝記から読み取ったことと、自分の考えを区別してまとめているか。
・自分の考えが明確に表現されているか。
・自分の考えと比べてどうか。

3

○新たに気づいたこと
・人生は人それぞれ
・困難《こんなん》にぶつかったときにどうするか

子供の意見を板書する

3 新たに気付いたことを書く〈5分〉

T 交流を通して、自分の考えが広がったり深まったりしたことはありますか。新たに気付いたことをノートに書きましょう。

・全く同じ人生を送る人は世の中に1人もいないので、自分の夢を大切にしようと思いました。

・困難にぶつかったとき、そこから逃げてはいけないと思いました。

4 単元の学習を振り返る〈15分〉

T この単元で学習してきたことを振り返りましょう。伝記には、どんな特色がありましたか。

・伝記には、出来事を物語的に書いている部分と、筆者が人物について解説している部分がありました。

T 伝記を数冊読んでみて、どんなことを考えましたか。

・取り上げられている出来事に、筆者の伝えたい思いや願いが込められていると思いました。

・様々な人生に触れて、自分の生き方について考えるきっかけになりました。

T これからも、伝記を読んで自分の生き方を考える参考にしていきましょう。

資料

1 第1時資料　ポップの見本　09-01

イラスト

アンパンマンと共に人々をはげまし続けた人

「どうしてもだれかを助けたいと思うとき、
本当の勇気がわいてくるんだ。」

人物像（〜な人）・その人らしい言葉や行動

題名
やなせたかし—アンパンマンの勇気
梯　久美子　著

戦争のつらい経験をもとに、正義や命について考えた末に、アンパンマンを生み出した。94さいでなくなる直前まで、絵や物語をかき続けた。
人気が出なくてもアンパンマンをかき続けたことで、たかしの考える「本当の勇気」が子どもたちに伝わった。

人物のしたこと・筆者の考え（100字程度）

たかしのすばらしさは、きずついた人たちのために何かをしたいと思い、それを行動に移すところだ。私は、自分が大変なときに、もっと苦しんでいる人のことを思うよゆうがあるだろうか。たかしの生き方から、だれかの心に寄りそうことの大切さを学んだ。

自分の考え（100字程度）

名前

イラスト

文学の道を志し、ひたむきに生き抜いた人

「わたしには、書かなければならないことが、
まだまだいっぱいあるのです。」

人物像（〜な人）・その人らしい言葉や行動

題名
樋口一葉
真鍋　和子　著、火の鳥伝記文庫

わかくして一家をせおうことになるが、文学の道に進みたいといちずな思いをむねにひめて毎日をつき進み、日本で最初の女性職業作家となった。
どんなにつらく、苦しい生活だとしても、もっと書きたいと努力を続けた一葉の文学は、ほぼ百年たった今も多くの人々の心をとらえ、読みつがれている。

人物のしたこと・筆者の考え（100字程度）

自分の小説をほめられても満足することなく、目標を高くもち続けた一葉。自分だったら、みとめられたところで満足してしまうと思う。自分の限界を決めずに、努力を続けることの大切さに気づくことができた。

自分の考え（100字程度）

名前

2 第 2 ～ 5 時資料　ポップシート 09-02

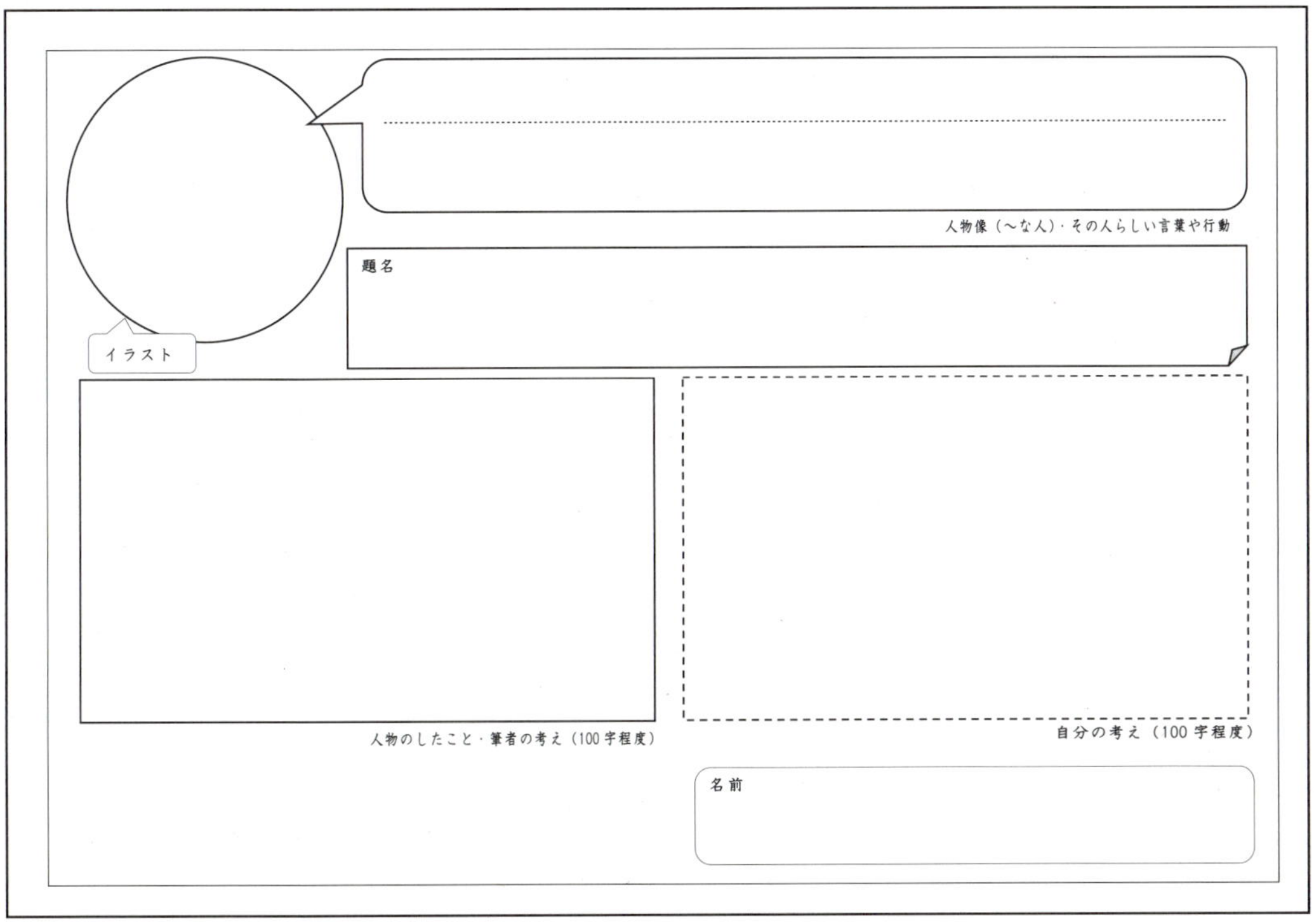

3 第 3 時資料　ポップ下書きワークシート 09-04

ポップ下書きワークシート(120 字)

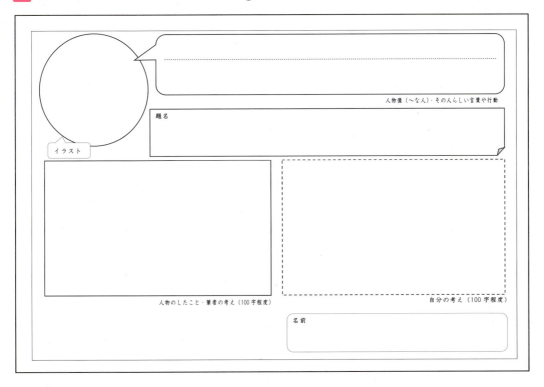

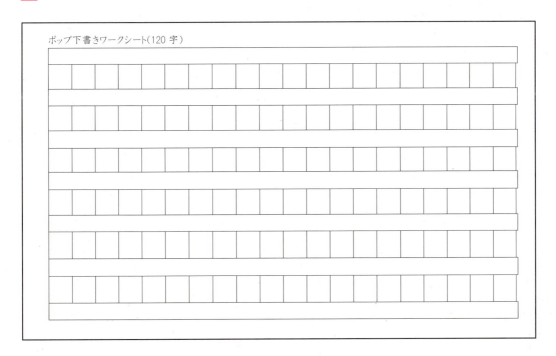

読み手が納得する意見文を書こう

あなたは、どう考える

6時間扱い

〔知識及び技能〕(1)カ　〔思考力、判断力、表現力等〕B書くことア、ウ、カ　関連する言語活動例B(2)ア

単元の目標

・自分の関心のある事柄から題材を決め、読み手が納得する意見文を書くことを通して、自分の考えが伝わるように書き表し方を工夫することができる。
・意見文を読み合うことを通して、お互いの文章に対する感想や意見を伝え合い、自分の文章のよいところを見つけることができる。

評価規準

知識・技能	❶文の中での語句の係り方や語順、文と文との接続の関係、話や文章の構成や展開、話や文章の種類とその特徴について理解している。(〔知識及び技能〕(1)カ)
思考・判断・表現	❷「書くこと」において、目的や意図に応じて、感じたことや考えたことなどから書くことを選び、集めた材料を分類したり関係付けたりして、伝えたいことを明確にしている。(〔思考力、判断力、表現力等〕Bア) ❸「書くこと」において、目的や意図に応じて簡単に書いたり詳しく書いたりするとともに、事実と感想、意見とを区別して書いたりするなど、自分の考えが伝わるように書き表し方を工夫している。(〔思考力、判断力、表現力等〕Bウ) ❹「書くこと」において、文章全体の構成や展開が明確になっているかなど、文章に対する感想や意見を伝え合い、自分の文章のよいところを見付けている。(〔思考力、判断力、表現力等〕Bカ)
主体的に学習に取り組む態度	❺新聞の投書を読んだり普段の生活を振り返ったりすることによって、見通しをもちながら読み手が納得する意見文を書こうとしている。

単元の流れ

次	時	主な学習活動	評価
一	1	学習の見通しをもつ ・教科書の教材文や新聞の投書を読み、意見文を書くための見通しをもつ。	
二	2	・題材を決め、自分の主張をはっきりさせる。 ・自分の主張を支える根拠を集める。	❷❺
	3	・文章の構成を決める。	❶
	4	・考えた構成を基に、意見文を書く。	❸
	5	・書いた文章を読み返し、より説得力のある意見文になるよう推敲する。	❸
三	6	学習を振り返る ・意見文を読み合い、感想を伝え合う。	❹❺

授業づくりのポイント

〈単元で育てたい資質・能力〉

本単元のねらいは、説得力のある意見文を書くために、自分の考えが伝わるように書き表し方を工夫する力を育むことである。

そのためには、ある題材に関する自分なりの主張をもち、その主張に関する理由を明確にしたり、主張や理由を支える根拠を集めたり、読み手が納得するような文章の構成を考えて書いたりすることなどが求められる。

具体例

○説得力のある意見文を書くためには、説得力のある意見文とはどういうものかを理解する必要がある。そこで、単元の導入では新聞の投書を読む時間を設定する。投書には、様々な主張や説得力のある書き方が示されている。それらの投書を読むことで、自分らしい主張を考えるとともに、説得力のある意見文の書き方のこつを学ぶことができる。

〈教材・題材の特徴〉

本教材の特徴は３つある。第１は、投書を基に自分の考えをもつ「題材設定」の活動である。この活動を通して、自分の考えをもつとともに、説得力のある意見文の書き方も学んでいくことができる。第２は、自分の考えを支える理由や根拠を集める「情報の収集」の活動である。この段階では、これまで学んだ取材の学習経験を活用しながら、自分の考えを支える理由や根拠を集める中で、自分の主張を明確にしていくことが重要となる。第３は、自分の主張を他の立場から見直す「内容の検討」の活動である。他の立場から自分の主張を見直すことによって、さらに情報を集める必要があることに気付いたり、自分の考えを深めたりすることにつながる。

具体例

○本教材では、「電車やバスの優先席は必要か」「スーパーマーケットは24時間営業がよいか」などの題材が例示されている。それ以外にも、教師から新聞の投書をいくつか提示することで、身の回りには様々な問題や意見があることに子供は気付くだろう。まずは、子供一人一人が興味をもてる題材に出合えるように、題材設定の時間を十分に保障したい。

〈言語活動の工夫〉

自分の主張を他の立場から見直す「内容の検討」の活動では、クラスの友達を読者に見立て、その意見を大いに活用したい。そこで、自分の題材と主張に対する疑問や意見を募るアンケートを作成してクラス全体に配付し、記入してもらう時間を設ける。そうすることで、例えばクラスに30人いれば１つの題材と主張に29通りの反論や疑問が寄せられることになる。アンケートの作成者は、集めたアンケートにあった反論や疑問を基に、「予想される反対意見とそれに対する反論」の段落を記述する。こうすることで、より説得力がある意見文を書くことにつながるだろう。

具体例

○子供は、この活動においてアンケートの作成者兼回答者となる。したがって、自分のアンケートを作成した後は、クラスの友達全員のアンケートを読み、回答することになる。一つ一つの題材についてしっかり自分の意見や疑問を回答させるようにしたい。また、アンケートの書式は、１枚の用紙にクラス全員分の意見や疑問が記入できるようにすることで、最終的にアンケート作成者が自分の主張に対する様々な意見や疑問を把握しやすくなるだろう。

本時案

あなたは、どう考える

1/6

本時の目標

・読み手が納得する意見文を書く見通しをもつことができる。

本時の主な評価

・教科書の教材文や新聞の投書を読み、読み手が納得する意見文を書くためのこつを見つけている。
・読み手が納得する意見文を書くための見通しをもっている。

資料等の準備

・教師が選んだ新聞の投書

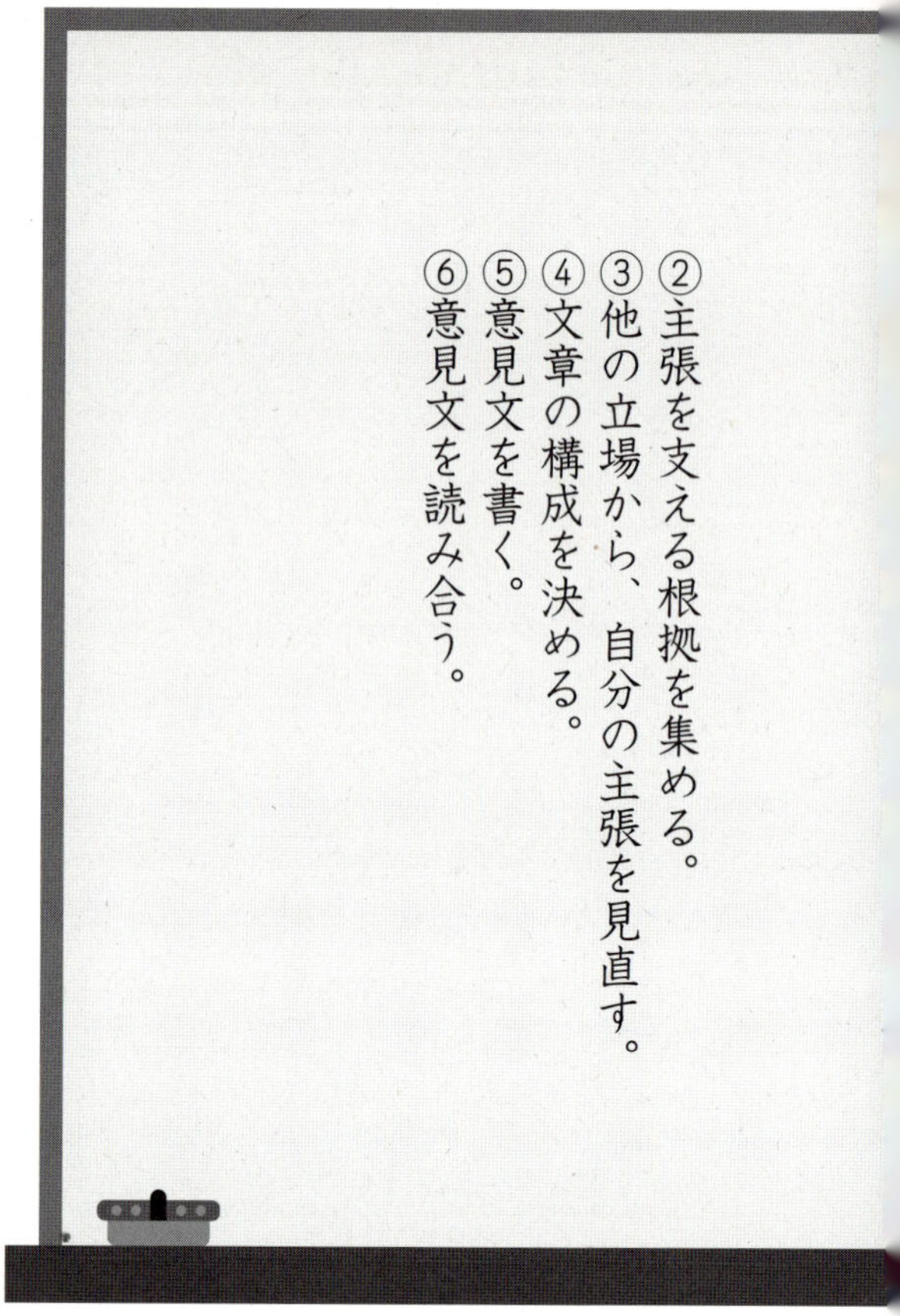
②主張を支える根拠を集める。
③他の立場から、自分の主張を見直す。
④文章の構成を決める。
⑤意見文を書く。
⑥意見文を読み合う。

授業の流れ ▷▷▷

1 新聞の投書を読んで、感想を発表する 〈10分〉

○教師が選んだ新聞の投書をいくつか提示し、これから取り組む意見文のイメージをもたせる。

T　新聞の投書を読んだことはありますか。いくつか配付するので、読んで感じたことを発表しましょう。

・色々な意見があると思いました。
・私も日頃から疑問に思っていることがあります。
・とても説得力があって、読んでいて納得しました。

2 教科書の全文を読み、学習の進め方を知る 〈25分〉

○教科書の全文を読み、学習の進め方を確認するとともに、「主張」や「根拠」などの学習用語を押さえる。

T　読み手が納得する意見文を書いて、お互いの文章を読み合いましょう。

○書く活動において、子供に相手意識や目的意識をもたせることは大変重要である。学級や子供の実態に応じて柔軟に設定したい。相手はクラスの友達だけでなく、保護者や他学年なども考えられる。また、単元末に文集にまとめたり、新聞社への投書等の活動を設定したりすれば、大きな意欲付けにつながるだろう。

あなたは、どう考える

意見文を書くための学習計画を立てよう。

1

○新聞の投書を読んだ感想

・いろいろな意見がある。

・自分がいつも疑《ぎ》問に思っていたことと重なった。

・説得力があり、納《なっ》得した。

2

○意見文で重要な言葉

・主張……読み手にうったえたい筆者の意見や思い。

・根拠《きょ》……主張を支える事実や体験などの具体例。

3

○学習計画

①題材を決め、自分の考えをもつ。

3 学習計画を立てる 〈10分〉

○学習計画を立てる中で、読み手が納得する意見文を書く見通しをもたせる。

T　教科書の学習の進め方を参考にして、読み手が納得する意見文を書いてみましょう。どのような手順で行うとよいでしょうか。

①題材を決め、自分の考えをもつ。
②主張を支える根拠を集める。
③他の立場から、自分の主張を見直す。
④文章の構成を決める。
⑤意見文を書く。
⑥意見文を読み合う。

○第1時終了後、「普段の生活での疑問を書き出す」などの活動を家庭学習で行っておくと、第2時以降がスムーズに進められるだろう。

よりよい授業へのステップアップ

教師も書く

子供にとって、書く活動は話す・聞く活動や読む活動と比べて難易度が高く、個人差も大きくなる。そこで、教師は子供に書かせる前に、まずその文章を自分で書いてみることが重要である。その理由は大きく3つある。

①教師自身が書いてみることで、その学習で子供に書かせたい文章のイメージが明確になる。
②子供がつまずく部分が分かる。
③先の2点を踏まえて、子供を支える手立てが準備できる。

本時案

あなたは、どう考える　2/6

本時の目標

・題材を決めて関係する情報を集める中で、自分の主張を明確にすることができる。

本時の主な評価

❷自分が選んだ題材に関係する情報を集める中で、主張を明確にしている。【思・判・表】
❺見通しをもちながら読み手が納得する意見文を書こうとしている。【態度】

資料等の準備

・新聞の投書
・私の主張への意見・疑問アンケート 10–01
・題材に関係する図書資料

授業の流れ ▷▷▷

1 題材を決める 〈5分〉

○普段から疑問に思っていることや、新聞の投書等を参考にして、自分の題材を決めさせる。

T　第1時で配付した投書や教科書の例文、さらに、普段みなさんが疑問に思っていることの中から、意見文の題材を決めましょう。

・ぼくは、電車やバスの優先席のことについて書きたいな。
・私は、歩きスマホについて書くことにします。

○主張は題材に関する取材をする中で明確になっていく。したがって、この段階では興味のある題材を決められればよい。

2 関係する情報を集める 〈25分〉

T　自分の題材に関する取材をする中で、主張を支える根拠を集めましょう。そして、自分の主張も明確にしていきましょう。

○教科書 P.32「図書館を使いこなそう」や P.70「目的に応じて引用するとき」などの既習の教材を適宜振り返り、取材の仕方を確認する。
○この時間内では取材が十分ではないという子供が出ることも予想される。取材の活動でもう1時間取ることや、家庭学習で取材を進める等、学級の実態に応じて柔軟に対応しながら取材時間を保障したい。

あなたは、どう考える

選んだ題材の取材をする中で、主張を明確にしよう。

1 ①題材を決める。

2 ②題材に関する情報を集める。
・図書資料……出典をメモする。
・インターネット……情報の出所を確認する。

3 ③「私の主張への意見・疑《ぎ》問アンケート」を作る。
・他の立場から自分の主張を見直す材料にする。

4 ④友達のアンケートに答える。
・よく考えて書く。

3 アンケートを作成する 〈５分〉

○題材に関する自分の主張が明確になった子供は、自分の主張に対する疑問や意見を募るアンケートを作成し、クラスの友達に順次記入してもらう。

T　読み手が納得する意見文を書くためには、他の立場から、自分の主張を見直すことが重要です。そこで、自分の題材と主張に対する意見や疑問をもらうためのアンケートを作って、クラスの友達に記入してもらいましょう。

・みんなからどんな意見がもらえるか、ドキドキするな。

○アンケートの書式はあらかじめ教師が作っておく。

4 友達のアンケートに答える 〈10分〉

○自分のアンケートを作成した後は、クラスの友達全員のアンケートを読み、回答することになる。一つ一つの題材についてしっかり自分の意見や疑問を回答させるようにしたい。

○主張のよい点は積極的に評価するよう伝える。

T　アンケートに回答するときは、その題材についてよく考えて自分の意見や疑問を書くようにしましょう。あなたの意見や疑問が、友達の意見文の説得力を高めることに役立ちます。

・みんなは、どんな題材を選んでいるのか楽しみだな。

・真剣に考えて、アンケートを書こう。

本時案

あなたは、どう考える

3/6

本時の目標

・集めた情報を整理して、自分の主張が伝わる意見文の構成を決めることができる。

本時の主な評価

❶自分の主張が伝わる意見文の構成について理解している。【知・技】
・集めた情報を整理して、自分の主張が伝わる意見文の構成を決めている。

資料等の準備

・私の主張への意見・疑問アンケート
10-01
・教科書 P.177「構成の例」の拡大コピー

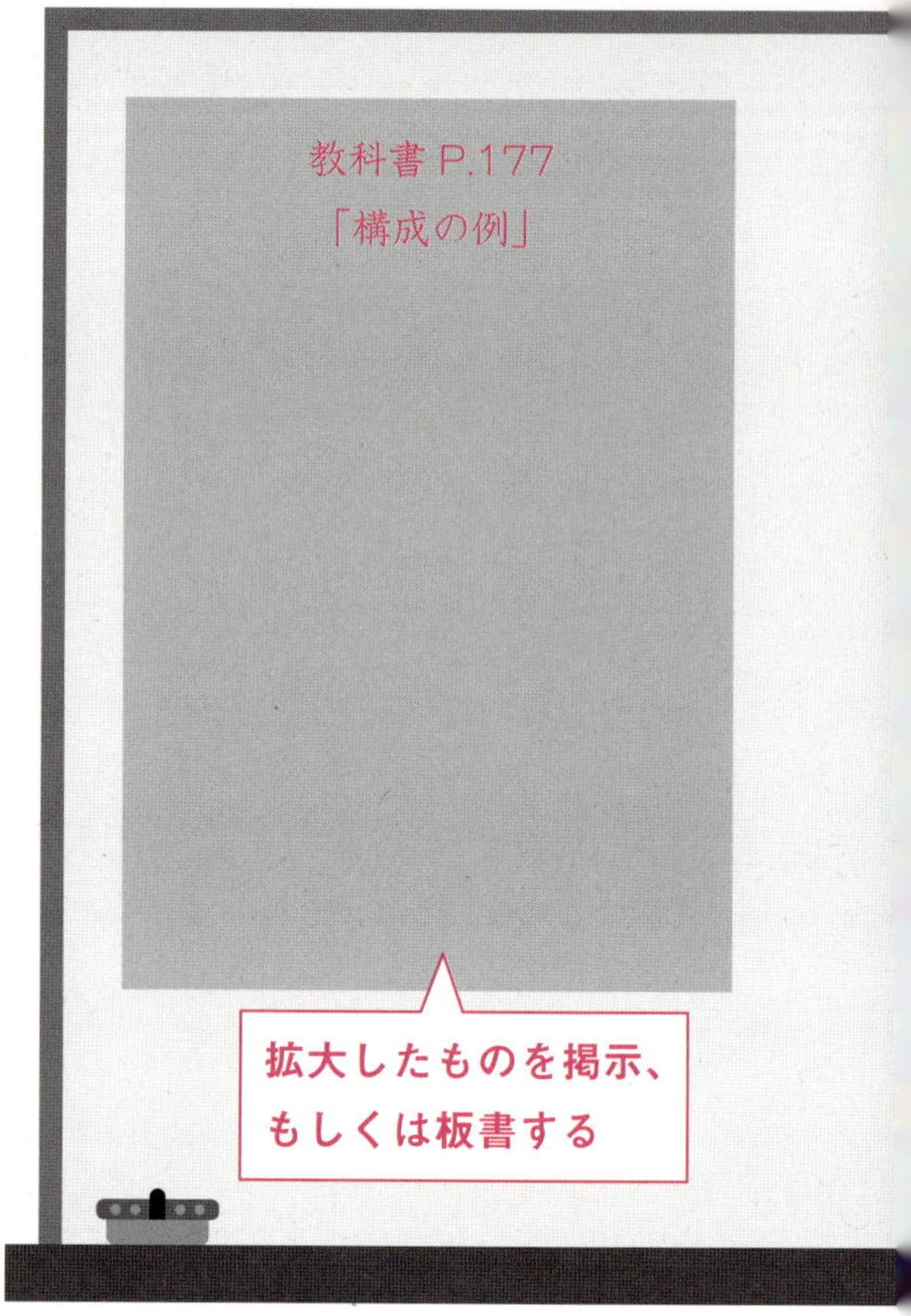

教科書 P.177
「構成の例」
拡大したものを掲示、もしくは板書する

授業の流れ ▷▷▷

1 他の立場から自分の主張を見直す 〈10分〉

○前時に作成・配付した「私の主張への意見・疑問アンケート」を読み、自分の主張について他の立場から見直すよう伝える。

T　友達が記入してくれたアンケートを読んで、他の立場から自分の主張を見直しましょう。きっと、よい点や予想される反論が見えてくるはずです。特によい指摘をしてくれた友達には、直接意見を聞いてみるのもよいでしょう。

・確かに、この意見はもっともだな。この意見に対する自分の考えも準備する必要があるな。
・この意見はよく分からないから、直接聞いてみよう。

2 情報を集め直す 〈10分〉

○アンケートの意見や疑問を受けて、補った方がよい部分は、情報を集め直すよう伝える。
○積極的に友達と意見を交流するよう伝える。

T　アンケートを読んで、自分の主張や根拠に足りない点がある場合は、必要な情報をさらに集めましょう。どんな情報を集めればよいか、意見をくれた友達と相談するとよいでしょう。

○子供によっては、情報を集め直す必要がない場合もあるだろう。それぞれの活動が複線化することが予想される。そこで、自分に合った活動を自主的に進められるように、板書で活動の流れを明示しておく。

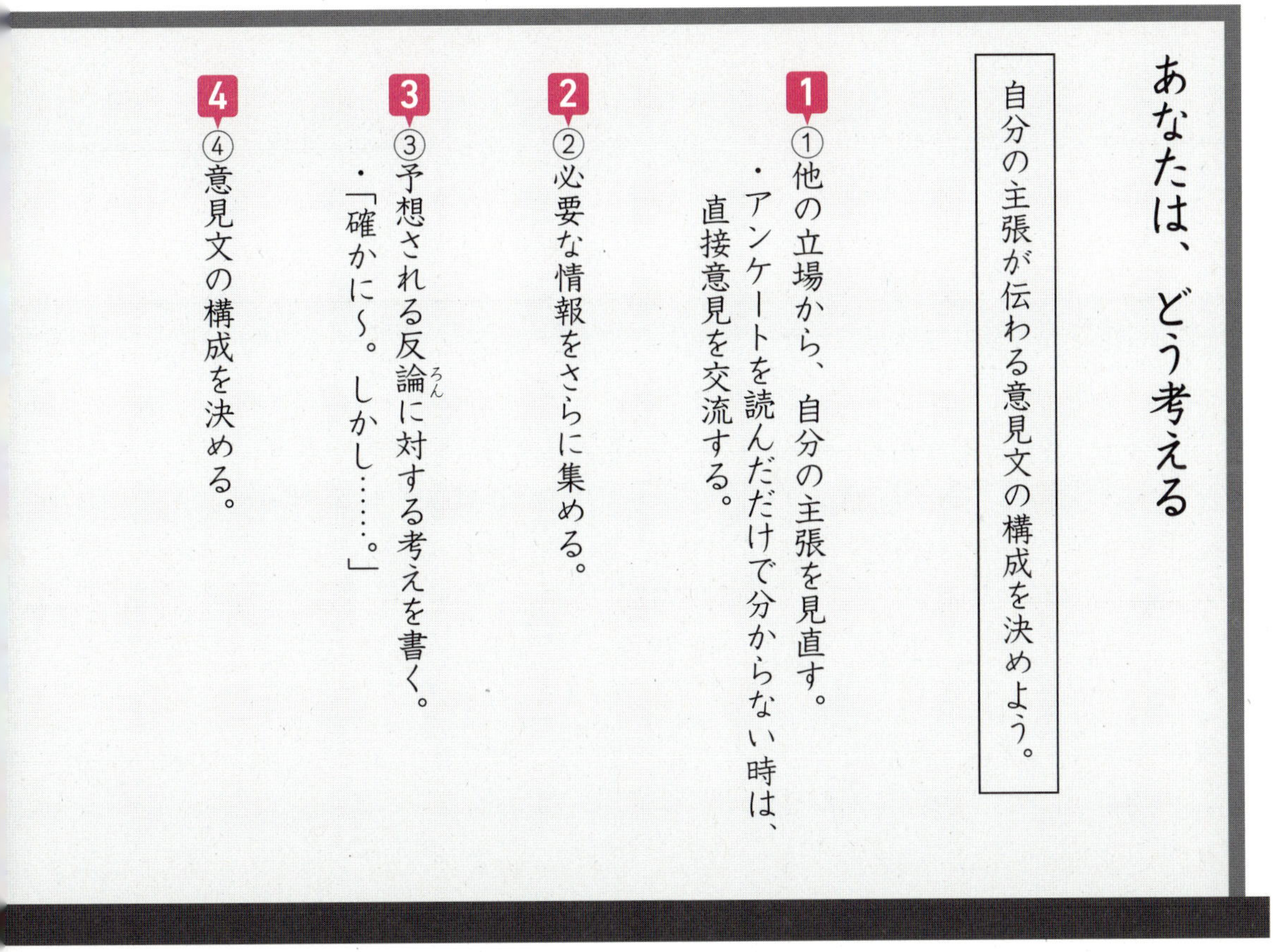
あなたは、どう考える
自分の主張が伝わる意見文の構成を決めよう。
1
①他の立場から、自分の主張を見直す。
・アンケートを読んだだけで分からない時は、
直接意見を交流する。
2
②必要な情報をさらに集める。
3
③予想される反論《ろん》に対する考えを書く。
・「確かに～。しかし……。」
4
④意見文の構成を決める。

3 予想される反論に対する考えを書く 〈10分〉

○必要な情報を集め直したら、予想される反論に対する考えを書かせる。その際は、「確かに～。しかし……」という話型を用いるとよいことを伝える。

T　必要な情報を集め直したら、予想される反論に対する考えを書きましょう。そのときは、「確かに～。しかし……」という話型を使うと、説得力のある文章になります。

・一度相手の考えを予想して受け止めた上で、自分の意見をさらに重ねると、説得力が増すんだな。やってみよう。

4 意見文の構成を決める 〈15分〉

○教科書 P.177の「構成の例」にならって、双括型の構成表を提示する。その際は、取材した情報を全て盛り込むのではなく、自分の主張に欠かせない情報を絞り込むとよいことを伝える。

T　教科書の例を参考にして、構成を決めましょう。「初め」と「終わり」で自分の主張を述べ、「中」で理由や根拠を示したり、予想される反論に対する考えを書いたりするようにしましょう。

T　注意点として、取材した情報を全て使うとかえって説得力が失われてしまいます。自分の主張に欠かせない情報だけを活用しましょう。

本時案

あなたは、どう考える

4/6

本時の目標

・自分の主張が伝わるように、事実と感想、意見とを区別して書くことができる。

本時の主な評価

❸自分の主張が伝わるように、事実と感想、意見とを区別して書いている。【思・判・表】

資料等の準備

・前時に書いた構成表
・下書き用作文用紙 10–02

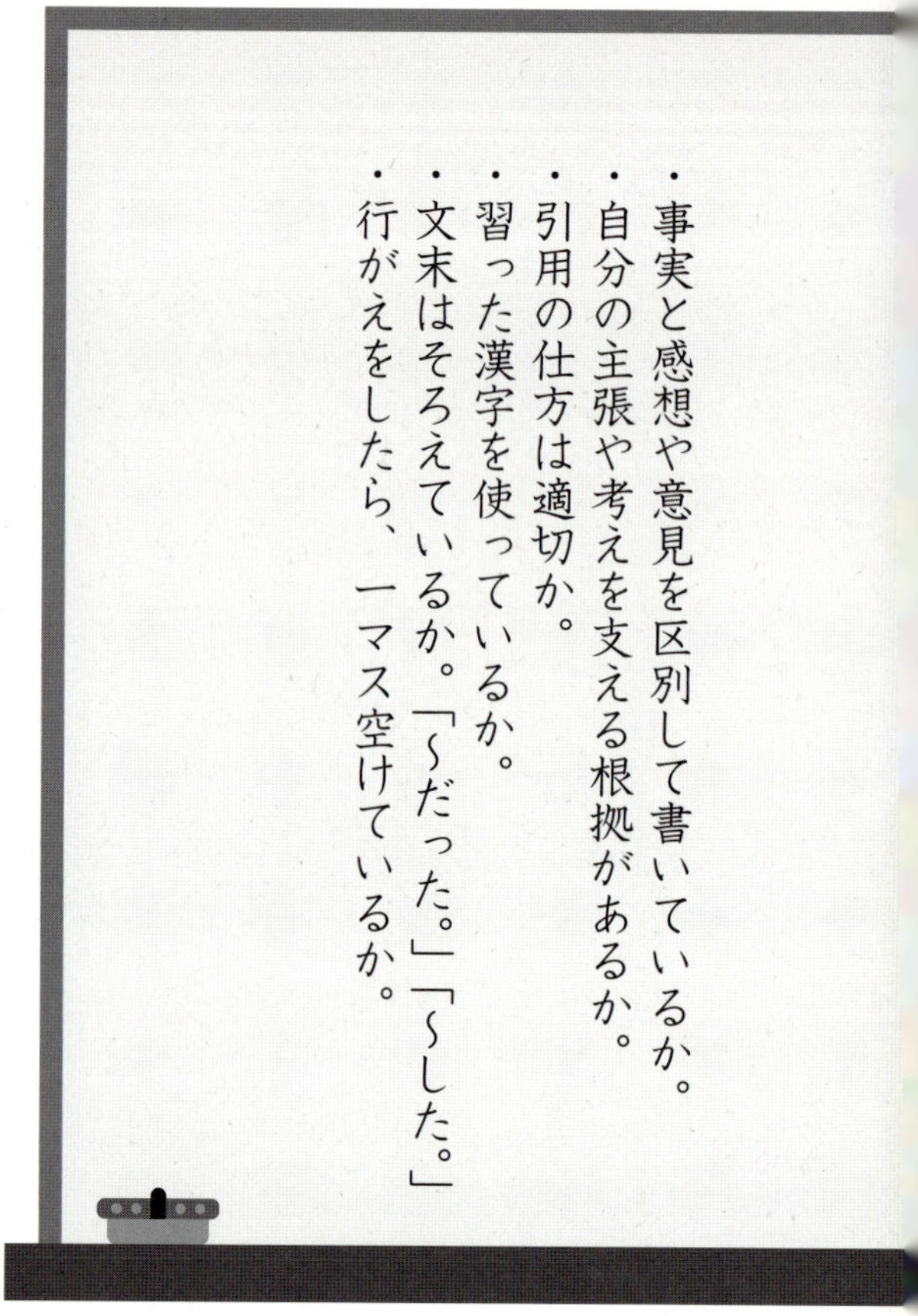

・事実と感想や意見を区別して書いているか。
・自分の主張や考えを支える根拠があるか。
・引用の仕方は適切か。
・習った漢字を使っているか。
・文末はそろえているか。「〜だった。」「〜した。」
・行がえをしたら、一マス空けているか。

授業の流れ ▷▷▷

1 下書きの進め方を確認する 〈5分〉

○書いたものをどのように活用するかで、下書きや清書の書かせ方は変わってくる。教師はその点を踏まえて下書きに取り組ませたい。今回は、1冊の文集にまとめる場合を想定した。

T　前時で書いた構成表を基に、下書き用紙に下書きを書いていきます。字数の目安は、原稿用紙1〜2枚の間とします。「初め」「中」「終わり」の段落分けに注意しましょう。習った漢字は必ず使いましょう。

○投書の場合、字数の目安は500文字程度である。

○下書きの右側に余白が入った用紙を活用させると、その後の推敲がしやすくなる。

2 構成表を基に、意見文を書く 〈35分〉

○書く活動は、集中力を要する。したがって、静かに集中できる環境を整えたい。

T　いよいよ記述の活動です。この授業の時間は全て記述の時間に使えます。構成表をよく読んで、読み手が納得する意見文を書きましょう。困ったら手を挙げてくれれば、助言をしに行きます。友達に相談したいときは、相手に相談してよいか尋ねてからにしましょう。

T　より説得力のある文章になると感じた場合は、下書きを変更しても構いません。

○子供の実態を踏まえて、個に応じた支援を行うことが重要である。

あなたは、どう考える

構成をもとに、下書きを書こう。

①下書きの進め方 1 2

・字数は、五〇〇字~八〇〇字。

・習った漢字を使う。

・段《だん》落分けを意識する。

初め……主張

中①……理由と根拠《きょ》

中②……予想される反論《ろん》とそれに対する考え

終わり……まとめ・主張

②下書きを読み返す。 3

下書きを読み返すポイント

・読み手が納《なっ》得する意見文の構成になっているか。

3 書いた文章を読み返す 〈5分〉

○下書きを書き上げる時間には、個人差がある。そこで、それぞれが自主的に活動を進められるように、書いた後の活動も板書で明示しておく必要がある。

・下書きが終わったから、黒板の「下書きを読み返すポイント」をヒントにして読み直そう。
・自分で読み返したから、終わった友達同士で意見文を交換して読み返しをしてみよう。

よりよい授業へのステップアップ

個に応じた記述の支援

記述は進度がそれぞれで、内容も含め個人差が大きい活動の1つである。子供には、記述に費やせる時間を明示し、その時間を有効に活用して取り組ませるようにしたい。

書くのが得意な子供は、比較的早く書き上げる傾向がある。そのような子供には、下書きに書き加えたい部分が出たら遠慮なく下書きを変更してよいことを伝える。

一方、書くのが苦手な子供には、本人が困ったときにすぐ助言ができるように机間指導を頻繁に行うようにしたい。

本時案

あなたは、どう考える

5/6

本時の目標

・下書きを読み返し、より説得力のある文章に整えることができる。

本時の主な評価

❸下書きを読み返し、より説得力のある文章に整えている。【思・判・表】
・字形に気を付けて清書をしている。

資料等の準備

・前時に書いた下書き
・清書用紙
・教科書 P.178の清書の拡大コピー

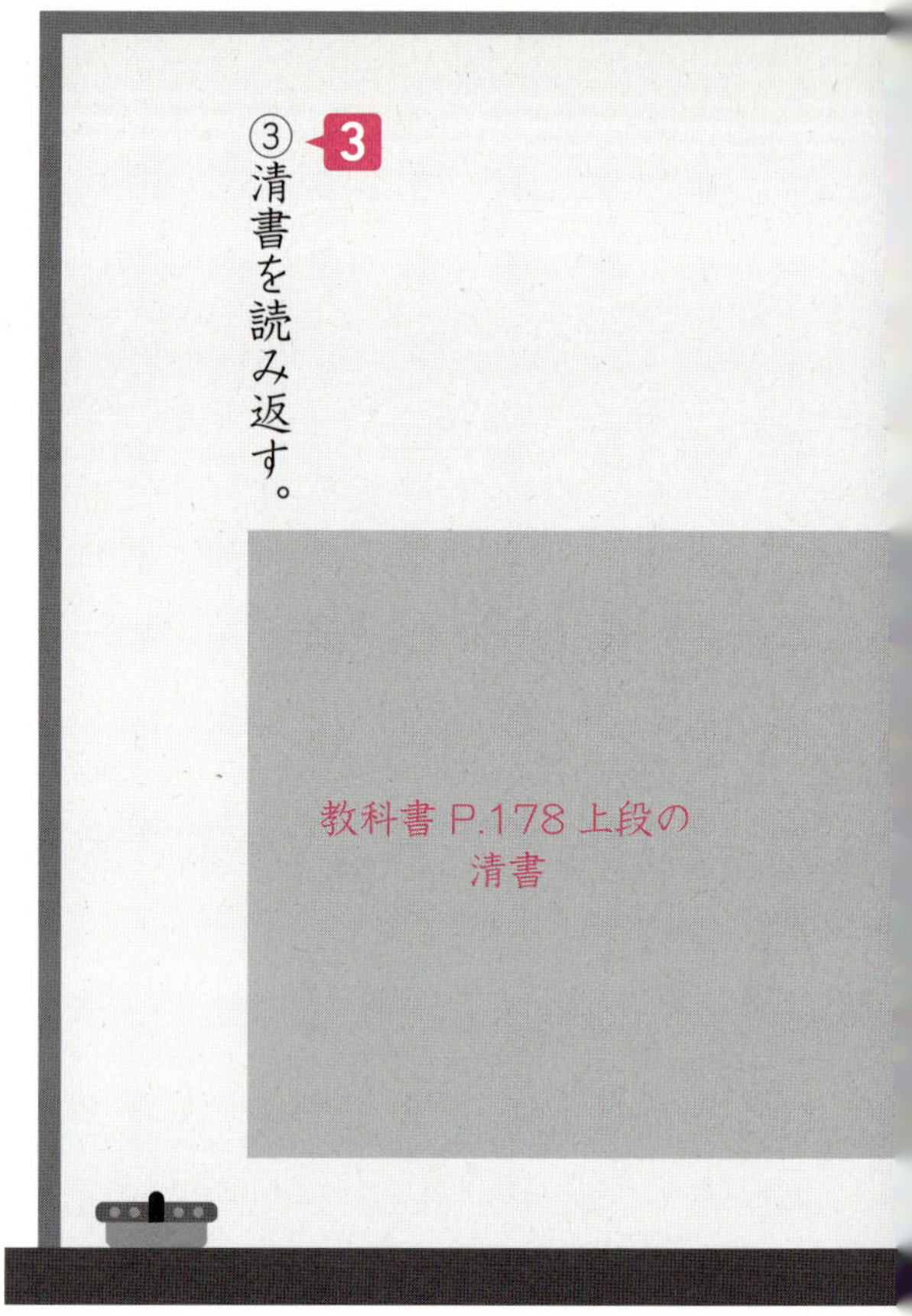

授業の流れ ▷▷▷

1 書いた文章を読み返し、必要に応じて整える 〈10分〉

○子供がそれぞれ自主的に推敲を進められるように、前時に板書した「下書きを読み返すポイント」を推敲の観点として提示する。

T 下書きが終わったら読み返して、さらに説得力のある意見文になるように文章を整えましょう。ポイントを黒板に書いておきます。
T 自分で読み返すだけでなく、友達同士でもお互いの作品を読み返しましょう。

○内容面と形式面のそれぞれで、さらによい文章になるように推敲の観点を示す。

2 下書きを清書する 〈25分〉

○原稿用紙に書かせる場合は、題名や名前の書き方、行替えの仕方等の書き方についても丁寧に指導する必要がある。

T 下書きを整えたら、清書をしましょう。その際は、原稿用紙の書き方に注意しましょう。
・ぼくは、行替えした時に 1 マス空けるのをよく忘れてしまうから、気を付けよう。
・一字一字、ゆっくり丁寧に書こう。

○文集にする場合は、印刷に耐えられるよう濃い字で書かせるようにする。

あなたは、どう考える

下書きを読み返し、より説得力のある文章にしよう。

1 ①下書きを読み返し、修正する。

※下書きを読み返すポイント

・読み手が納《なっ》得する意見文の構成になっているか。
・事実と感想や意見を区別して書いているか。
・自分の主張や考えを支える根拠《きょ》があるか。
・引用の仕方は適切か。
・習った漢字を使っているか。
・文末はそろえているか。「～だった。」「～した。」
・行がえをしたら、一マス空けているか。

2 ②清書する。一字一字ていねいに大きく書く。

3 清書を読み返す 〈10分〉

○清書が終わったら、読み返して誤字脱字をチェックさせる。友達同士でも読み合うようにさせるとよい。

・丁寧な字で書けているね。
・説得力があって、よい文章だな。

○書くのが苦手な子供ほど、読み返すことも苦手な傾向がある。そういう子には、1文書いたら読み返すことを徹底させると、書き間違いを減らせるだろう。

よりよい授業へのステップアップ

主体的に推敲に取り組むために

推敲は、子供にとって苦しく負担の大きな活動である。その推敲に子供自身が必要感をもって取り組むために、大きく2つの手立てがある。

第1は、本来の書く活動の目的を振り返らせることである。本単元であれば、「読み手が納得する意見文を書く」という目的を確認し、読み手の立場に立つことの重要性を認識させることが大切である。

第2は、日頃から書いた文章を読み直し書き直す習慣を付けさせることである。

本時案

あなたは、どう考える　6/6

本時の目標

・意見文を読み合い、文章のよさを伝え合うことができる。
・学習を振り返り、今後に生かすことを考えることができる。

本時の主な評価

❹様々な意見文を読み、自他の文章のよさを見つけている。【思・判・表】
❺伝えたいことを明確にして読み手が納得する文章を書いた経験を、今後の生活や学習に生かそうとしている。【態度】

資料等の準備

・前時に書いた清書
・文集コメントカード　10-03

・「初め」と「終わり」の段落で自分の主張をくり返すことで、読み手により伝わる。
・予想される反論《ろん》に対する考えを書くと、説得力が増す。

授業の流れ▷▷▷

1　交流の進め方を知る　〈5分〉

○できるだけ多くの意見文を読み、感想を伝え合える場を設定したい。そのためには、感想を書くためのワークシートや付箋紙を準備する必要がある。ここでは、1冊の文集にまとめる場合を想定している。

T　みなさんの意見文を印刷して、1冊の文集にまとめました。その終わりの部分に、感想を書くページを作ってあります。友達とお互いの文集を交換して、感想ページにその友達の意見文のよい点を具体的に書いて伝えてあげてください。

○相手の文章のよい点を具体的に書くのは、子供にとって難しい活動である。そこで、板書で例示しておきたい。

2　互いの意見文を読んで、よい点を伝え合う　〈30分〉

○離席して、自由に相手を選んで交流させると、楽しく意欲的に取り組めるだろう。
○自分の書いた感想が、相手の文集の一部となることを伝えると、丁寧に書く意識が高まる。

・◇◇さんの意見文は、主張を支える理由と根拠がとても具体的で分かりやすいと思いました。
・□□君の意見文は、「初め」に問いかけを入れることで読み手に考えさせているのが、よい工夫だと思いました。

あなたは、どう考える

意見文を読んで、よいところを伝え合おう。

○ 1 交流の進め方

2 ①交流する相手を決める。

②おたがいの文集を交かんする。

③相手の意見文を読んで、よい点を感想ページに書く。

×「よかった。」

◎「中の段落《だん》の～の文が具体的な事実を書いていて、よかった。」

※ていねいに感想を書く。

○ 3 学習全体をふり返ろう。

・説得力のある文章を書くためには、理由や根拠《きょ》を具体的に示す必要がある。

3 学習全体を振り返る 〈10分〉

○本単元の学習全体を振り返らせ、学んだことを共有する時間にする。

○取材ノートや下書き用紙等の学習履歴を通して学んだことを具体的に振り返らせたい。

T　この学習を通して、どんなことを学びましたか。

・説得力のある文章を書くためには、理由や根拠を具体的に示す必要があることが分かりました。

・「初め」と「終わり」の段落で自分の主張を繰り返すことで、読み手により伝わることが分かりました。

・予想される反論に対する考えを書くと、説得力が増すことが分かりました。

よりよい授業へのステップアップ

交流の活動の重要性

書く活動は、書いて終わりではなく、書き上げたものを読む活動も大変重要となる。なぜなら、子供が「書いてよかった」という実感をもつことで、学んだことを実生活や他教科へ生かす姿へとつながるからである。さらに、今後の新たな書くことの学習への意欲付けにもなるだろう。したがって、本時では、書くことの有用性や充実感が感じられるような交流の時間を設定することが肝要となる。

資料

1 第1時資料　私の主張への意見・疑問アンケート　10-01

「あなたは、どう考える」私の主張への意見・疑問アンケート

年　組　名前（　　　　）

①題材「　　　　」

②私の主張

③主張に対する意見や疑問

名前	主張に対する意見や疑問

2 第2時資料　下書き用作文用紙　10-02

「あなたは、どう考える」下書き用作文用紙

『　　　　』

年　組　名前（　　　　）

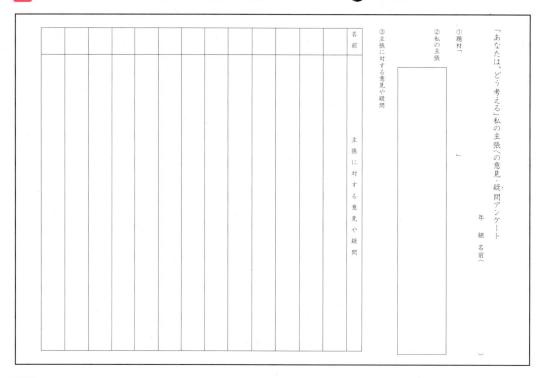

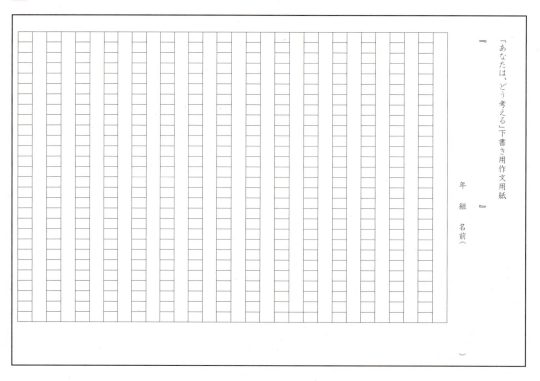

3 第6時資料　文集コメントカード 10-03

「あなたは、どう考える」文集コメントカード

年　組　名前（　　　　　　　　　）

☆読んでくれてありがとうございました。感想をお書きください。

名前【　　　　　　　　】

名前【　　　　　　　　】

名前【　　　　　　　　】

名前【　　　　　　　　】

名前【　　　　　　　　】

名前【　　　　　　　　】

名前【　　　　　　　　】

名前【　　　　　　　　】

冬の朝　（2時間扱い）

〔知識及び技能〕(3)ア　〔思考力、判断力、表現力等〕B書くことア　関連する言語活動例B(2)ウ

単元の目標

・親しみやすい古文について大体の内容を知るとともに、音読などを通して、季節を表す言葉の語感や言葉の使い方に気付くことができる。
・自分が感じた冬を短歌や俳句の形に書き表すことを通して、昔の人のものの見方や感じ方に対する理解を深めることができる。

評価規準

知識・技能	❶親しみやすい古文や漢文、文語調の文章を音読するなどして、言葉の響きやリズムに親しんでいる。(〔知識及び技能〕(3)ア)
思考・判断・表現	❷「書くこと」において、目的や意図に応じて、感じたことや考えたことなどから書くことを選び、集めた材料を分類したり関係付けたりして、伝えたいことを明確にしている。(〔思考力、判断力、表現力等〕Bア)
主体的に学習に取り組む態度	❸語感や言葉の使い方に対する感覚を意識して、自分が感じたり考えたりしたことを文章の形に進んでまとめようとしている。

単元の流れ

時	主な学習活動	評価
1	学習の見通しをもつ ・『枕草子』の「冬はつとめて」を音読し、言葉の響きに親しんだり、文語調の文章のリズムに慣れたりしている。 ・冬の言葉や俳句、写真から、冬の様子や情景を想像したり、自分の冬の朝の経験を想起したりして伝え合う。 ・冬の言葉や文章をさらに探し、気に入った冬の表現や言葉を基に、自分の冬のイメージを広げたり、気に入った冬の表現や言葉を音読したりする。	❶
2	・学んだ冬の表現や言葉、自分が気に入った冬の表現や言葉を参考にし、自分の冬のイメージを広げる。 ・学んだ冬の言葉や、自分で探した冬の表現や言葉を基に、自分が感じた冬を短歌・俳句の形にまとめる。 ・自分が感じた冬を短歌や俳句の形にまとめたものを、句会形式で紹介し合う。 学習を振り返る 本単元の学習を振り返る。	❷❸

授業づくりのポイント

〈単元で育てたい資質・能力〉

季節の言葉を扱う単元の最終回である。これまでの学習を生かして、冬を表す言葉やその語感、言葉の使い方に気付く力を高め、言葉はおもしろい、新たに知った言葉を使ってみたいという思いを育むことが重要である。また、古い言い回しに慣れた、言葉への興味・関心が高まった、昔の人のものの見方や感じ方への感覚が鋭くなったなど、子供が春からの自分の成長を感じられるようにする。

具体例

○『枕草子』の「冬はつとめて」を範読し、大体の内容を解説する。「わろし」や、現代の「持って」の促音便が抜けた「もて」という表記は、子供が自然に推測をして現代語に変換していくだろう。また、秋に学習をした「いと」も、おおよその使い方を理解しているだろう。今までの学習経験を生かした子供の言葉や語感への気付きを大切にしながら学習を進め、昔の人のものの見方や感じ方に意識を向けさせていく。

〈教材・題材の特徴〉

子供は、これまでの各季節の学習で、季節を表す言葉とともに俳句にも触れてきている。そこで最後は、自分が経験した冬の様子や思いを短歌・俳句にすることで、冬を表す言葉やその語感、使い方に気付かせる。句会形式にすることで、短歌・俳句のおもしろさだけでなく、自他の感じ方の共通点や相違点、昔の人のものの見方や感じ方にも気付かせる。

具体例

○夏目漱石の「凩や海に夕日を吹き落とす」や、相馬遷子の「華やかに風花降らすどの雲ぞ」を音読し、どんな様子が思い浮かんだかを子供同士で話し合う。その上で、スキーやそり滑り、氷の張った朝の様子や息の白さ、家庭のこたつでの会話や鍋を囲む様子など自由に想起させる。そして、自分が冬らしいと感じる事柄を短歌・俳句の形にまとめる。作品を短冊等に書いて黒板に掲示して話し合う句会形式にすると、作品のよさに焦点化することができる。

〈言語活動の工夫〉

子供が馴染みの薄い季節の言葉を学習して、語彙を増やしたり語感に気付いたりする際には、教科書以外にも資料があることが助けとなる。子供が季節の言葉と意識していないものや、イメージを広げやすいよう写真を多用した資料もあるので、積極的に活用していきたい。

具体例

・塩見恵介監修『写真で読み解く俳句・短歌・歳時記大辞典』　あかね書房
・『写真でわかる季節のことば辞典』春・夏・秋・冬全４巻　学研プラス
・長谷川櫂監修『大人も読みたい　こども歳時記』　小学館
・古舘綾子『いきもの歳時記』春・夏・秋・冬全４巻　童心社
・原雅夫・長谷川秀一監修『ジュニア版　写真で見る俳句歳時記』春・夏・秋・冬全４巻　小峰書店
・池藤あかり『季節のことば』春・夏・秋・冬全４巻　青菁社
・金井真紀『子どもおもしろ歳時記』　理論社
・田村理恵『日本のたしなみ帖　季節のことば』　自由国民社

本時案

冬の朝

1/2

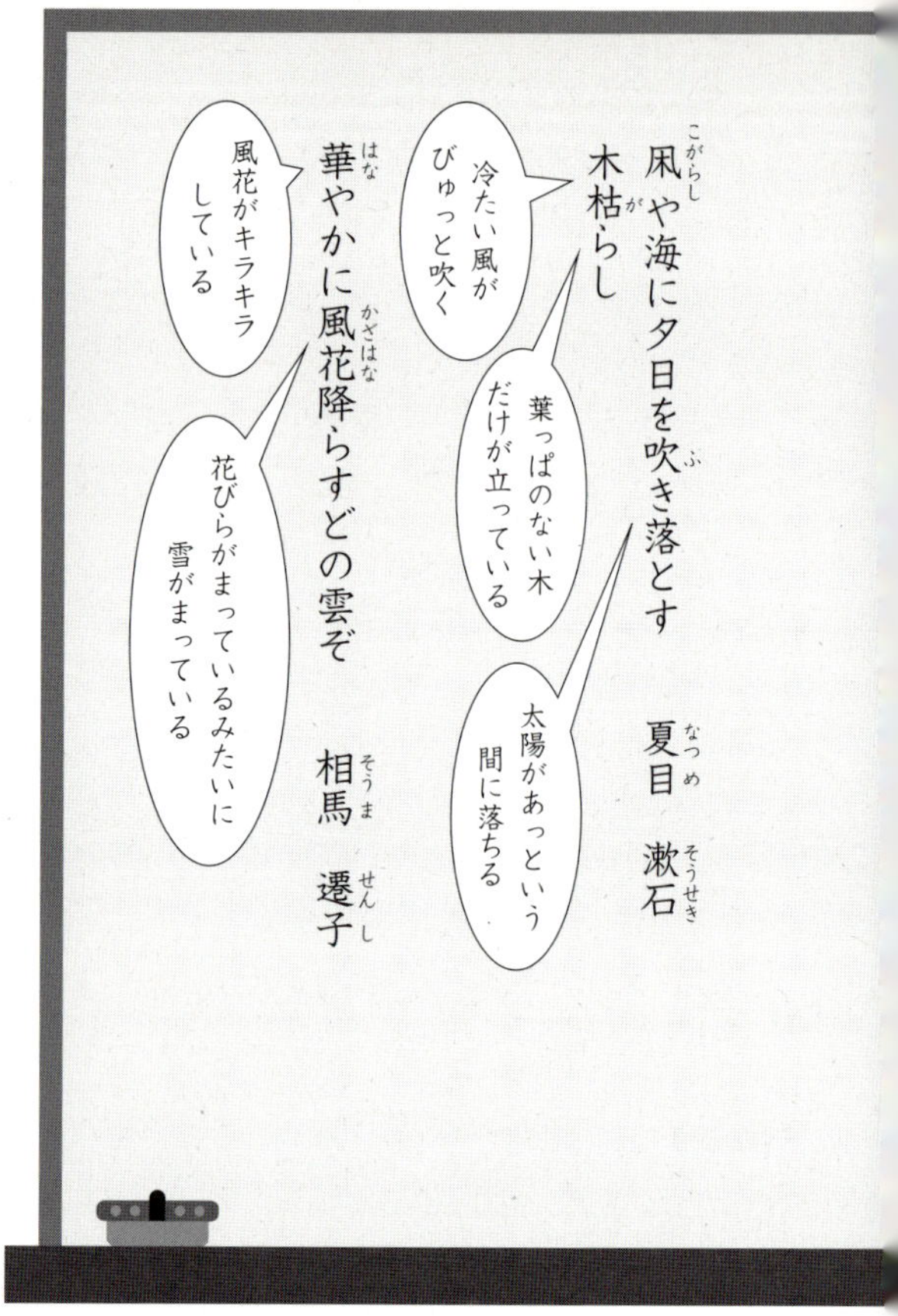

本時の目標

・親しみやすい文語調の文章を音読して大体の内容を知り、冬の言葉の響きやリズムに親しみながら冬のイメージを広げることができる。

本時の主な評価

❶『枕草子』の「冬はつとめて」等の親しみやすい古文や漢文、文語調の文章を音読し、言葉の響きやリズムに親しんでいる。【知・技】

・冬に関する語彙を豊かにし、語感を意識して、語や俳句から情景を想像している。

資料等の準備

・教科書の文や写真の拡大コピー
・国語辞典
・子供向けの季語の本など
・冬の言葉ワークシート　11-01
・「冬にまつわる作品」　11-02

授業の流れ ▷▷▷

1 自分が経験した冬の様子について話し合う 〈5分〉

T　みなさんは、冬にどのような経験をしたことがありますか。冬で思い出す言葉をワークシートに記入してみましょう。

・冬は雪だよ。雪だるまとか作りたいなあ。
・スキーとかスケートも冬になるとするよね。
・冬はお鍋を食べることが多いな。
・冬はこたつでみかん、これで決まりだよ。
・お正月も冬の季語になるのかな。凧揚げとか、こま回し、お年玉とかもお正月限定だよ。

○冬の情景を想起させ、出された言葉を内容によって大まかに分けて板書する。冬の食材や雪、氷での経験などを子供に自由に語らせ、経験した感情も合わせて想起できるようにする。

2 『枕草子』の「冬はつとめて」の大体を知る 〈15分〉

T　『枕草子』の冬の部分を読んで、昔の人のものの見方や感じ方に触れてみましょう。

・「いと」は「とても」だった。また出たよ。
・「わろし」は「悪い」だ。「悪い」って言うより悪い感じがしておもしろいよ。
・「もて」は「持って」だ。小さい「っ」が抜けてるね。書き間違えたのかな。
・「つとめて」がどうして早朝なんだろう。
・清少納言は、冬は朝がいいんだ。冬の朝なんて寒いし起きたくないのに、何がいいんだろう。昔は寒くなかったのかな。

○清少納言の感じ方を通して、昔の人と現代の子供たちとの感じ方の共通点や相違点にも触れていく。

冬の朝

冬に関する言葉や文章から、冬のイメージを広げよう。

2

教科書 P.180 ～ 181 上部の写真

冬はつとめて。
冬は早朝がよい。

雪の降《ふ》りたるは言ふ《（う）》べきにもあらず、
雪が降っているのは言うまでもない。

霜《しも》のいと白きも、またさらでも
霜が真っ白なのも、またそうでなくても

いと寒きに、火などいそぎおこして、
とても寒いときに、火などを急いでおこして、

炭もてわたるもいとつきづきし。
炭を持ち運ぶ様子も、たいへん冬らしい。

昼になりて、ぬるくゆるびもていけば、
昼になって、寒さがやわらいでくると、

火桶《おけ》の火も白き灰《はい》がちになりてわろし。
火桶の中の火も白い灰が多くなってきて、よくない。

3
○俳句から情景を想像しよう

3 冬の言葉や俳句から、さらに冬の様子や情景を想像する 〈15分〉

T 「木枯らし」は「凩」とも書きます。どのような情景が想像できますか。

・風の中に裸の木だけが立っていて寒そう。
・冷たい風が勢いよく吹く感じがする。
・漱石の「吹き落とす」って、なんか情景が伝わる表現だね。
・「風花」ってきれいな言葉。見てみたいな。
・雪を「華やか」だというから、「風花」はきっとキラキラして見えるのだろうな。

○冬も子供が知っている季節の言葉が数多くある。辞書や資料を活用して、言葉と季節感とが結び付くようにする。次時では冬の経験を俳句の形にまとめるので、現代の自分たちと昔の人の感じ方の共通点や相違点、語感に触れていく。

4 冬の言葉や俳句を探し、音読、視写する 〈10分〉

T 「雪」「寒」「氷」が付く冬の言葉を探してみましょう。声に出したり、ノートに書いてみたりしましょう。

・雪の状況によって言い換えるんだね。
・「氷柱」は「つらら」って読むんだ。確かに氷の柱みたいだよね。昔の人はよく考えたね。
・「寒椿」、雪の中に赤い花ですごくきれいだ。
・「寒稽古」もあの冷たい床の感触が分かるな。

○情景を想像することが難しい子供には、写真も掲載してある季語の本などを提示し、情景を想像したり言葉を探しやすくしたりすることで、言葉と情景が一致するようにする。

○次時のために、見つけた言葉や俳句について感じたことを書かせるのもよい。

本時案

冬の朝

2/2

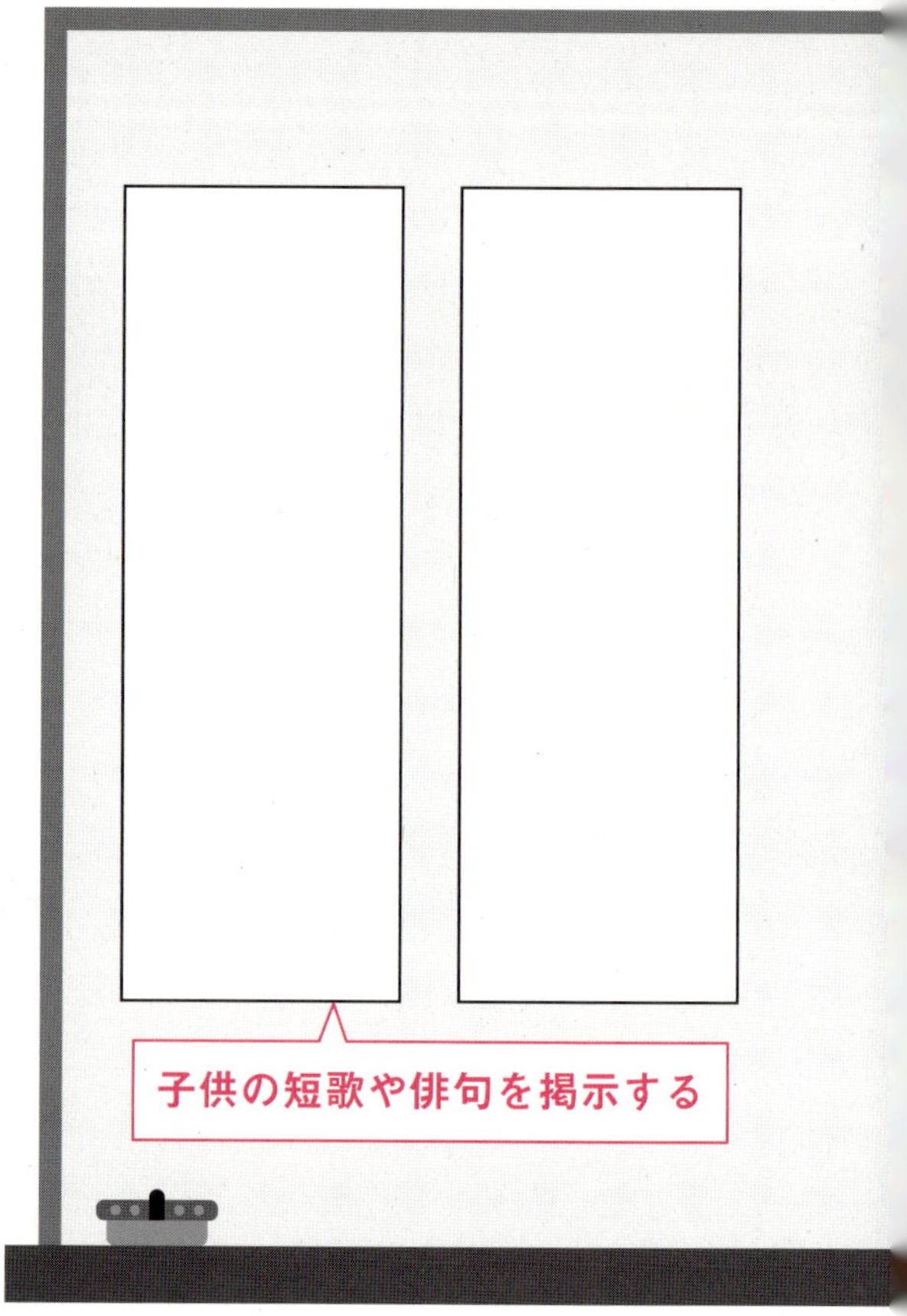

本時の目標

・自分が感じた冬を文章などに書き表すことを通して、昔の人のものの見方や感じ方に対する理解を深めることができる。

本時の主な評価

❷自分が感じた冬について、伝えたいことを明確にして文章にまとめている。【思・判・表】
❸語感や言葉の使い方を意識して、自分が感じた冬について、短歌や俳句の形に進んでまとめようとしている。【態度】

資料等の準備

・『枕草子』の「冬はつとめて」拡大コピー
・前時の俳句の板書のコピー（必要ならば）
・国語辞典
・子供向けの季語の本など

授業の流れ ▷▷▷

1 冬の言葉や俳句などを音読する〈７分〉

T　どんな冬の言葉を見つけましたか。発表しましょう。
・お正月には冬の言葉がたくさんあった。
・「雪」「氷」が付く言葉がたくさんあった。
○子供が自分の作品をまとめる時間を保障するため、時間をかけすぎないようにする。
○前時の子供のノートに思い浮かんだ情景を描いているものがあれば紹介し、学級全体で共有する。
T　『枕草子』の「冬はつとめて」や、冬の俳句、冬の言葉を音読しましょう。
○「冬はつとめて」の音読では、言葉の響きやリズムに親しめるようにリズムよく音読し、語感や言葉の使い方に気付けるようにする。

2 自分が感じた冬を、短歌や俳句の形にまとめる〈25分〉

T　自分が感じている冬の様子について、短歌や俳句の形にまとめましょう。
・この間、初めてスケートをしたことを書こう。
・去年の大雪のときの雪合戦がすごく楽しかったし、そのことなら書けそうだな。
・家族とお鍋を食べたことでもいいのかな。
○表現したいことが決まらずにいる子供には、まず、冬になるとよくすること、冬の思い出を想起させる。その思い出を言語化させた上で、短歌や俳句の形にまとめていく。
○すぐに「できた」という子供には、語順を入れ替えたり、別の言葉に置き換えたりするなど、思いや情景がより伝わるように推敲させ、言語感覚を磨く。

冬の朝

自分の感じる冬を、短歌・俳《はい》句の形にまとめよう。

1
○自分が見つけた冬の言葉

〈行事・遊び・生活〉
お正月、大みそか、門《かど》松
スキー、スケート、凧《たこ》揚《あ》げ、
雪合戦、雪だるま、こたつ

〈食べ物〉
みかん、りんご、お鍋《なべ》、
お節《せち》料理、お雑煮《ぞうに》、お汁粉《しるこ》

〈植物・動物〉
松、南天、寒椿《かんつばき》
冬眠《みん》

〈天気・気候〉
大雪、新雪、吹雪《ふぶき》、
みぞれ、霜《しも》柱、氷
氷柱《つらら》、雪化粧《げしょう》
なごり雪、銀世界

3
短歌や俳句を紹介し、読み合おう。

3 自分の書いた文章を紹介し、互いに読み合う 〈8分〉

T　自分が作った短歌や俳句を紹介し合います。冬についてどんなことを感じているのか、感じ方の違いや言葉の選び方や使い方、語順を意識して読み合いましょう。

・遊んで楽しかった思い出が多いね。
・言いたいことが分かりやすい作品と分かりにくい作品がある。選んだ言葉のせいかな。
・楽しいとかおいしいとか書かなくても、笑顔って書いてあれば、楽しさやおいしさが伝わるんだね。今度やってみよう。

○「うれしい」「楽しい」などの感情を表す言葉を使わなくても感情が表せると気付いた子供のつぶやきを取り上げ、学級全体で共有する。

4 学習を振り返り、気付いたことや学んだことを書く 〈5分〉

T　冬の言葉について学習して、感じたことや新たに気付いたこと、友達の短歌や俳句を読んで感じたことや考えたことを書きましょう。

・17音や31音の少ない言葉でまとめるのは、伝えたいことをたくさん書けなくて難しい。
・言葉の順番を変えるだけで、雰囲気が大きく変わった。言葉の順番はとても大事だ。
・昨日の夏目漱石の俳句は言いたいことがすごく伝わった。言葉選びが上手だと思った。

○学習のまとめとして、言葉への気付きや、昔の人の感じ方、友達の感じ方との共通点や相違点についての意見を取り上げて、気付きを共有する。

資料

1 第1時資料　冬の言葉ワークシート　11-01

冬の朝

年　組　名前（　　　　）

冬の言葉をたくさん見つけよう。

〈行事・遊び・生活〉	〈食べ物〉
〈植物・動物〉	〈天気・気候〉

冬の朝

年　組　名前（　　　　）

他にも、こんな冬の俳《はい》句や文章があります。

・梅《うめ》一輪一輪ほどの暖《あたた》かさ　服部《はっとり》 嵐雪《らんせつ》

・うつくしき日和《ひより》になりぬ雪のうえ　炭《たん》 大祇《たいぎ》

・流れ行く大根の葉の早さかな　高浜《たかはま》 虚子《きょし》

・えりまきに首引き入れて冬の月　杉山《すぎやま》 杉風《さんぷう》

・いくたびも雪の深さを尋《たず》ねけり　正岡《まさおか》 子規《しき》

・赤い椿《つばき》白い椿と落ちにけり　河東《かわひがし》 碧梧桐《へきごとう》

・十里のみち二十里のみち山眠《ねむ》る　高野 素十《すじゅう》

・水枕《まくら》ガバリと寒い海がある　西東《さいとう》 三鬼《さんき》

・海に出て木枯《こがらし》帰るところなし　山口 誓子《せいし》

・さあ行かん雪見にころぶところまで　松尾《まつお》 芭蕉《ばしょう》

・フランスの一輪ざしや冬の薔薇《ばら》　正岡 子規

・雪の朝二の字二の字の下駄《げた》のあと　田《でん》 捨女《すてじょ》

・雪中に雪を投げ込む遊びかな　服部 嵐雪

雪

三好《みよし》 達治《たつじ》

太郎《たろう》を眠らせ、太郎の屋根に雪ふりつむ。
次郎《じろう》を眠らせ、次郎の屋根に雪ふりつむ。

積もった雪

金子 みすゞ

上の雪
さむかろな。
つめたい月がさしていて。

下の雪
重かろな。
何百人ものせていて。

中の雪
さみしかろな。
空も地面《じべた》もみえないで。

冬が来た

三好達治

きつぱりと冬が来た
八つ手の白い花も消え
公孫樹《いちょう》の木も箒《ほうき》になった

きりきりともみ込むような
冬が来た
人にいやがられる冬
草木に背《そむ》かれ、
虫類に逃《に》げられる冬が来た

冬よ
僕《ぼく》に来い、僕に来い
僕は冬の力、冬は僕の餌食《えじき》だ

しみ透《とお》れ、つきぬけ
火事を出せ、雪で埋《う》めろ
刃物《はもの》のやうな冬が来た

詩の楽しみ方を見つけよう

生活の中で詩を楽しもう　（2時間扱い）

〔知識及び技能〕⑴ク⑶オ　〔思考力、判断力、表現力等〕C読むことエ

単元の目標

・内容や描写を捉え、優れた叙述を味わいながら、自分なりに工夫して音読したり、その詩のよさを楽しむ方法を考えたりすることができる。

評価規準

知識・技能	❶比喩や反復などの表現の工夫に気付いている。（〔知識及び技能〕⑴ク） ❷日常的に読書に親しみ、読書が、自分の考えを広げることに役立つことに気付いている。（〔知識及び技能〕⑶オ）
思考・判断・表現	❸「読むこと」において、物語などの全体像を具体的に想像したり、表現の効果を考えたりしている。（〔思考力、判断力、表現力等〕Cエ）
主体的に学習に取り組む態度	❹詩に関心をもち、自分なりの楽しみ方を意欲的に考えようとしている。

単元の流れ

時	主な学習活動	評価
1	・詩を読み、それぞれの感想を交流する。 ・これまで学習した詩を読んだり気に入った作者の詩を見つけたりする。 ・「お気に入りの詩をプレゼントしよう」という学習のゴールを確認する。	❶❷
2	・お気に入りの詩を選び、いろいろな楽しみ方を体験する。 ・詩をプレゼントするという視点に立ち、様々な表現の仕方を知る。 　例：色紙などに書いて、壁に飾る。手紙に添える。絵手紙として書く。	❸❹

授業づくりのポイント

〈単元で育てたい資質・能力〉

本単元のねらいは、詩に親しみ、生活の中で詩を楽しむ方法を考えることである。教科書に掲載されている詩に加えて、これまで学習してきた詩や子供に薦めたい詩など様々な詩に触れさせる。たくさんの詩と出会わせ、子供がお気に入りの詩を見つけることができたら、さらに様々な楽しみ方があることに気付かせたい。詩の楽しみ方を知ることで、日常的に詩に親しむ態度を育んでいく。

具体例

○教科書に掲載されている詩を音読し、どんな感想をもったのか交流する。お気に入りの詩を決め、同じ作品を選んだ人同士で感想を交流し合う。
○掲載されている詩の作者の他の作品を読み、似たテーマの詩を見つける。
○詩を書き写したり、絵に表したり、絵手紙にしたりと多様な楽しみ方を見つける。

〈教材・題材の特徴〉

本教材では６編の詩が掲載されている。いずれも短い詩であり、想像を膨らませやすい。またそれぞれの詩には比喩や反復、体言止めといった、子供がこれまでに学習してきた表現の工夫がされているため、興味をもちやすいと考えられる。掲載されている詩をきっかけに、気に入った作者の詩集を読んだり、音読を楽しんだりと多様な学習活動を行うことができる。また、単に詩を読んで楽しむだけにとどまらず、紙に書いたり、絵に表したりしながら、詩の多様な楽しみ方を体験させていくことで、詩への興味・関心を高めていくことができる教材といえる。

具体例

○６編の詩に加えて、その作者の詩集を用意し、様々な作品と出会わせる。そのことで、作者の詩の特徴や表現したいことを考えることにつながる。
○詩の表現の工夫に着目させ、どのような効果があるのかを話し合う。
○絵手紙などの具体物を子供に提示し、詩の様々な楽しみ方のイメージを膨らませる。

〈言語活動の工夫〉

詩の楽しみ方を見つける活動として、自分の生活の中で身近に触れる場所に飾ったり、何度も味わえるように使うものに記したりすることもできる。また、相手に読んでほしい詩をプレゼントする活動もよいだろう。本単元では「詩をプレゼントしよう」という、相手意識をもたせた言語活動を設定した。例として、色紙に書いて飾る、手紙に添えるといった表現活動を紹介している。実際に体験させることで、子供自ら様々な表現方法を見つけ出すことが期待できる。他にも、テーマを決めて詩集を作る、しおり、絵手紙、メッセージカードなどを作るといった楽しみ方もあるだろう。子供自らが、楽しみ方を工夫できるようにしたい。

具体例

○詩をプレゼントする相手を決め、自分が贈りたい詩を選ばせる。どうしてその詩を選んだのか、理由を明確に表現させるとよい。
○詩をプレゼントする際に、どのように表現すればよいかを考える。できあがった作品について、友達と感想やコメントを交流する。

本時案

生活の中で詩を楽しもう

1/2

本時の目標

・詩を読んで感想を交流することができる。

本時の主な評価

❶比喩や反復などの表現の工夫に気付いている。【知・技】
❷詩のよさやおもしろさに気付いている。【知・技】

資料等の準備

・ワークシート 12-01
・教科書の詩の拡大コピー
・おすすめの詩集リスト 12-02

授業の流れ ▷▷▷

1 詩を読んだ経験について交流し、学習のゴールを知る 〈10分〉

T これまでに詩を読んだ経験を振り返りましょう。印象に残っている詩はありますか。
・教科書の扉の詩が印象に残っている。
・図書室で読んだことがある。
・「のはらうた」や「からたちの花」を学習したことがある。

T 詩のどんなところがおもしろいと感じますか。
T みなさんのお気に入りの詩を友達や家族にプレゼントしましょう。
○実際に教師がモデルとなる作品を1つ作成しておき、子供に示すとよい。

2 詩を味わい、感想を交流する 〈15分〉

○教科書に掲載されている6編の詩を扱う。教科書をそのまま見せるのではなく、スクリーンに投影するなどして、1編ずつ掲示していくと子供の好奇心を刺激することができる。

T 最初は「蛇」という詩です。この詩はたった1行の詩です。続きを予想してみましょう。

○続きを予想させたり、言葉を穴埋めにしておきどんな言葉が入るのかを考えさせたりするとよい。
T 6つの詩の中で気に入った詩をワークシートに視写しましょう。好きなところや気付いたことをまとめましょう。

生活の中で詩を楽しもう

自分のお気に入りの詩を見つけよう。

2

蛇《へび》

ながすぎる。

路《みち》

路をみれば
こころ　おどる

土

蟻《あり》が
蝶《ちょう》の羽をひいて行く
ああ
ヨットのやう《（よ）》だ

教科書 P.182 ～ 183 の詩を拡大して掲示する

3 お気に入りの詩を見つける〈20分〉

T　みなさんのお気に入りの詩を１つ見つけましょう。友達や家族にプレゼントしたいと思う詩を探しましょう。

・詩のリズムがおもしろい。
・詩のメッセージにとても共感した。
・有名な詩だから知っているかな。
・自分用に部屋に飾りたいな。

○ここでは、図書室を活用したり、事前に教師が詩集を用意したりして、できるだけたくさんの詩に触れさせるようにしたい。

よりよい授業へのステップアップ

見通しをもたせる工夫

子供が主体的に学習に取り組むためには、学習の目的が明確であることが重要である。ここでは「お気に入りの詩をプレゼントしよう」と設定した。事前に教師がモデルを示すことで、子供たちが学習のゴールをイメージしながら取り組むことができる。

図書室の活用

図書室には様々な詩集が用意されている。子供にとって詩集を読む機会はそれほど多くないだろう。図書室を活用し、できるだけ多くの詩に触れさせたい。授業外の時間も有効に活用するとよい。

本時案

生活の中で詩を楽しもう

2/2

本時の目標

・お気に入りの詩を選び、様々な楽しみ方を体験することができる。

本時の主な評価

❸詩の内容や描写から想像を広げたり、表現の効果を考えたりしている。【思・判・表】
❹詩に関心をもち、自分なりの楽しみ方を意欲的に考えようとしている。【態度】

資料等の準備

・各自が選んだお気に入りの詩

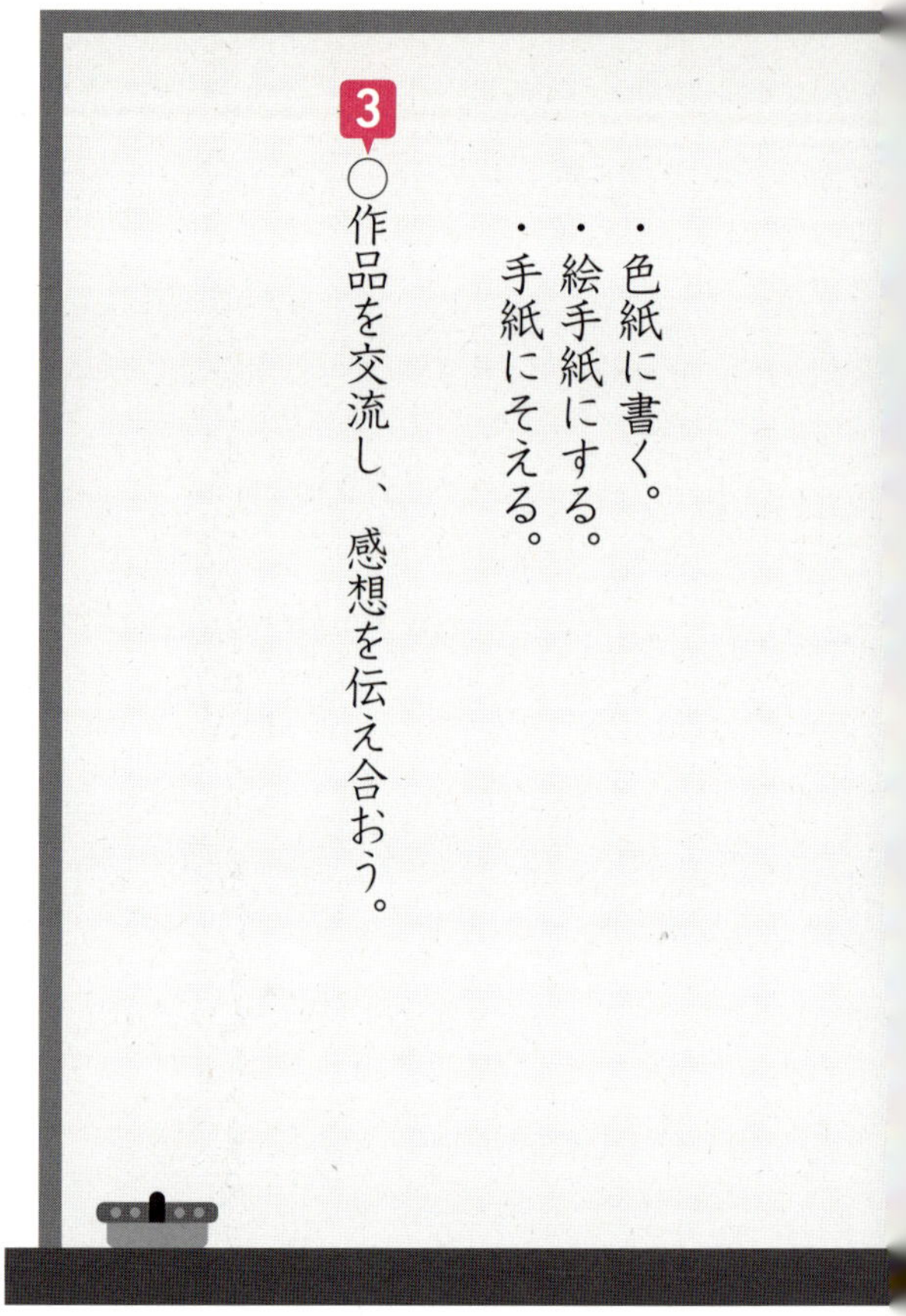

・色紙に書く。
・絵手紙にする。
・手紙にそえる。
3
○作品を交流し、感想を伝え合おう。

授業の流れ ▷▷▷

1 詩にはどのような楽しみ方があるのかを知る 〈5分〉

T　詩にはいろいろな楽しみ方があります。プレゼントのアイデアを探しましょう。

・詩の書き方を工夫してみよう。
・飛び出すカードにしてみたい。
・筆で書いてみようかな。
・４コママンガ風にしてみようかな。

○前時で教師が示した作品に加えて、絵手紙なども紹介すると子供のイメージが膨らむであろう。

2 プレゼント作りを行う 〈30分〉

T　自分なりにアイデアを出しながら、詩のプレゼント作りに挑戦しましょう。

○作業がなかなか進まない子供には、教師からアイデアを示すようにする。また、友達の作品からアイデアをもらうように声をかけるとよい。
○作業の途中にも、子供同士の交流を行わせることでアイデアに広がりが生まれる。積極的に時間を確保したい。
○早く完成した子供は、別の表し方を考えたり、友達にアドバイスを出したりなどさせるとよい。

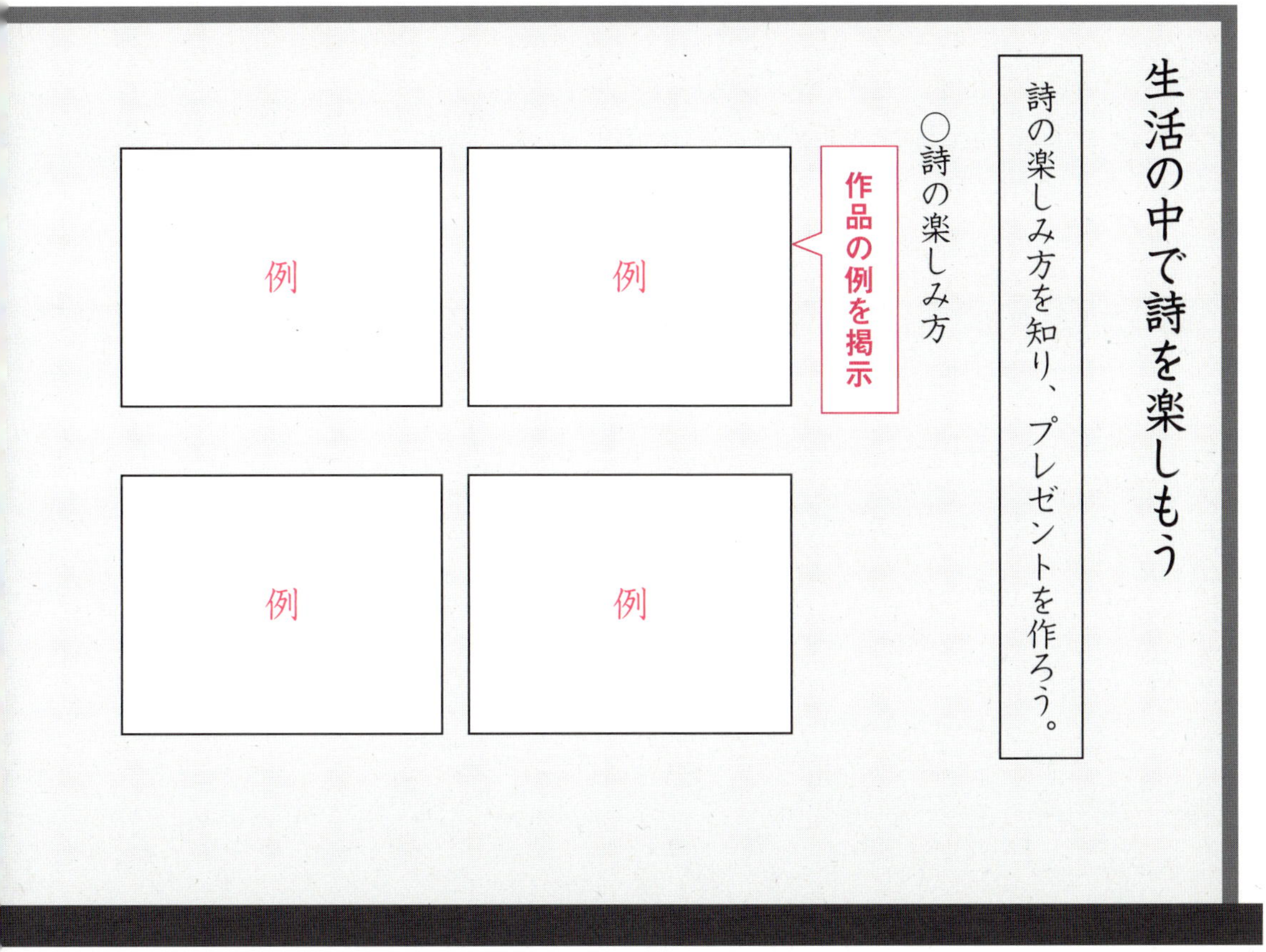
生活の中で詩を楽しもう
詩の楽しみ方を知り、プレゼントを作ろう。
○詩の楽しみ方
作品の例を掲示
例
例
例
例

3 作品を交流し、感想を伝え合う〈10分〉

T　作成した詩のプレゼントを交流し合いましょう。付箋紙にコメントを書いて伝え合いましょう。

・書き方が工夫してあってよかった。
・詩の内容にとても共感した。
・カードを真似してみたい。

○作品が完成したら、それぞれ鑑賞し合う時間を確保する。付箋紙を用意し、コメントを書いて伝え合うことで、子供の意欲が高まる。
○コメントを書く際にも、よかった点に加えて、詩の内容に関するコメントも加えるように声をかけるとよい。

よりよい授業へのステップアップ

感想を交流し合う機会の設定

作品を作成した際には、感想を交流する時間を確保したい。友達からの感想をもらうことで学習に対する成就感や達成感を味わうことができるのみならず、学級の人間関係を形成する上でも非常に有効である。

感想の交流には付箋紙を活用するとよい。文字として残ることで、読み直すことができる利点がある。他教科の学習においても積極的に活用していきたい。

1 第1時資料　ワークシート 12-01

生活の中で詩を楽しもう

年　組　名前（　　　　　　　　　　）

○お気に入りの詩を視《し》写しよう。

☆詩の好きなところや気づいたことを書こう。

2 第1時資料　おすすめの詩集リスト　12-02

「生活の中で詩を楽しもう」　年　組　名前(　　　　　　　　　　　　　　　　　　　　　)

おすすめの作家と詩集

①谷川《たにがわ》　俊太郎《しゅんたろう》　「すてきなひとりぼっち」「すき」「みみをすます」「どきん」

②工藤《くどう》　直子《なおこ》　「新編《べん》　あいたくて」「のはらうたシリーズ」

③灰谷《はいたに》　健次郎《けんじろう》　「子ども詩集　たいようのおなら」

④新美《にいみ》　南吉《なんきち》　「花をうかべて」

⑤金子　みすゞ　「わたしと小鳥とすずと」

⑥かこ　さとし　「ありちゃん　あいうえお」

⑦まど・みちお　「まど・みちお詩集」

⑧宮沢《みやざわ》　賢治《けんじ》　「新編　宮澤賢治詩集」

⑨川口《かわぐち》　晴美《はるみ》　「名詩の絵本」

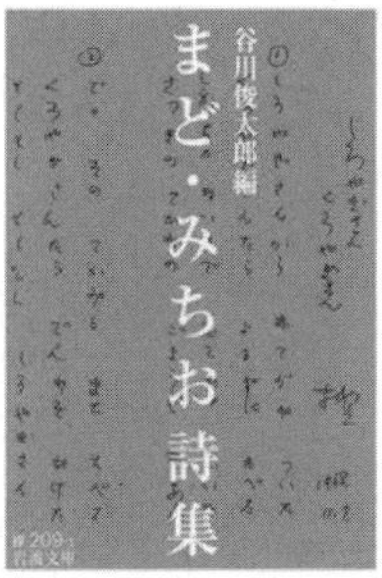

方言と共通語

2時間扱い

〔知識及び技能〕(3)ウ

単元の目標

・方言と共通語の特徴を捉え、それぞれのよさや役割について理解することができる。

評価規準

知識・技能	❶語句の由来などに関心をもつとともに、時間の経過による言葉の変化や世代による言葉の違いに気付き、共通語と方言との違いを理解している。(〔知識及び技能〕(3)ウ)
主体的に学習に取り組む態度	❷積極的に語感や言葉の使い方に対する感覚を意識し、学習課題に沿って調べたり、報告したりしようとしている。

単元の流れ

時	主な学習活動	評価
1	・方言を使って語られている物語を聞いて方言に関心をもち、「方言」「共通語」の意味を知る。 学習の見通しをもつ ・学級で1つの言葉を決め、その言葉の方言について調べてくることを確認する。 (調べ活動は課外で行う。)	❶
2	・調べてきたことを報告し合い、方言や共通語のよさや役割、使い分けについて話し合う。 学習を振り返る ・方言と共通語、それぞれのよさや役割についてまとめる。	❷

授業づくりのポイント

〈単元で育てたい資質・能力〉

本単元のねらいは、方言と共通語の特徴を捉え、それぞれのよさや役割について理解することである。また、実際に方言が身近に使われている地方で行われているように、相手や場面によって使い分けることの大切さにも気付かせたい。

方言が身近に使われている地方か主に共通語を使っている地方かによって、理解度には差が生まれることが考えられるが、どちらにしても方言と共通語のよさを理解し、それぞれの言葉を尊重する態度を育てることが大切である。

具体例

○単元の導入で、方言で語られている物語を聞かせ、方言に関心をもたせる。同じ物語をいろいろな地方の方言で聞かせることにより、日本では地方によって様々な言葉が使われていることを実感することができる。（下記「資料リスト」の『方言』には、47都道府県の方言で語る「桃太郎」が聞けるCDが付属している。）また、学級で決めた１つの言葉について、地方によってどう表現するかを調べる活動でも、日本語の表現の豊かさを実感させることができるだろう。

〈言語活動の工夫〉

本単元では、第１時で決めた１つの言葉の方言について各自で調べ、報告し合う活動を取り入れた。調べる方法としては、本やインターネット、テレビCM、観光ポスター、土産物のパッケージ等の資料を活用するほか、実際に地方出身の家族や親戚、学校の教職員などにインタビューすることが考えられる。方言は音声言語として使われていることが多いため、可能であれば実際に方言を使っている人や使っていた人に直接聞くことが望ましい。その際、方言を使うよさについても質問することで、方言のよさを話し合う場面につなげることができる。

具体例

○家族や親戚に地方出身者がいない子供もインタビューができるように、学校の教職員に事前に協力を依頼しておき、出身地リストを提示するとよい。子供がそれを見て、休み時間等を利用してインタビューに行くことができる。保護者にも、学習のねらいと子供の調べ活動への協力を依頼しておくことが望ましい。

○余裕をもって調べ活動を行うことができるように、第１時と第２時の間はある程度の期間を空けられるようにするとよい。

〈資料リスト〉

方言についての本も数多く出版されている。CDが付属しているものもあるので、本を教室に置いておき、子供が自由に手に取れるようにしておきたい。

具体例

・佐藤亮一『方言』ポプラディア情報館
・金田一春彦『新レインボー方言辞典』学習研究社
・井上史雄『方言と地図』フレーベル館
・竹田晃子『まんがで学ぶ 方言』国土社
・『ラジオ体操第１・第２ ご当地版』（CD）

本時案

方言と共通語　1/2

本時の目標

・方言と共通語に関心をもち、「方言」と「共通語」の意味を理解するとともに、進んで方言について調べようとすることができる。

本時の主な評価

❶「方言」と「共通語」の意味を理解している。【知・技】
・学級で決めた言葉の方言について、進んで調べようとしている。

資料等の準備

・方言を使って語られている物語の音声
・方言が使われているもの（テレビ CM、観光ポスター、土産物のパッケージ等）
・方言についての資料（本や辞典）
・方言を書くカード

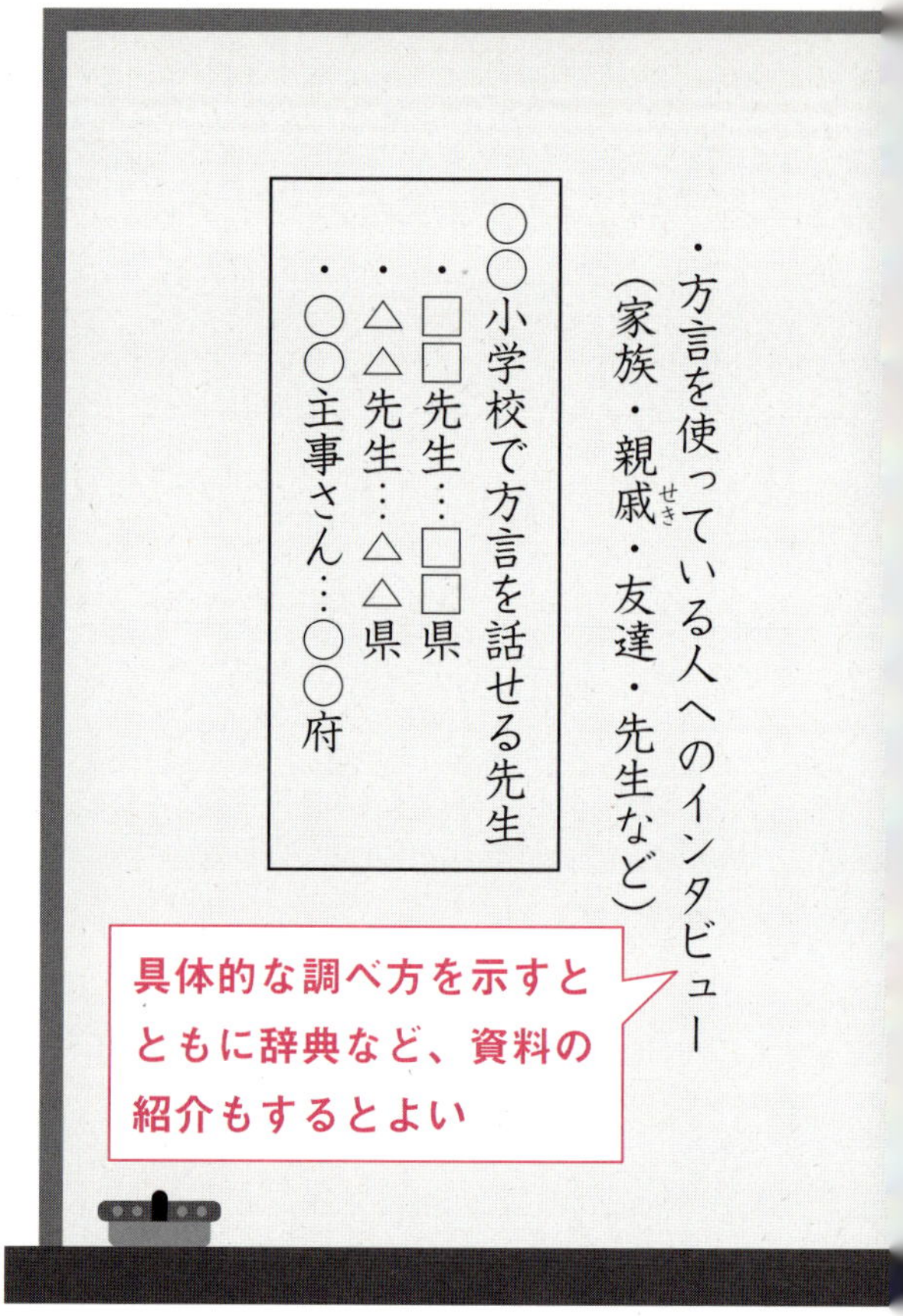

・方言を使っている人へのインタビュー
（家族・親戚《せき》・友達・先生など）
〇〇小学校で方言を話せる先生
・□□先生…□□県
・△△先生…△△県
・〇〇主事さん…〇〇府
具体的な調べ方を示すとともに辞典など、資料の紹介もするとよい

授業の流れ ▷▷▷

1 方言で語られている物語を聞き、方言に関心をもつ　〈20分〉

〇同じ物語がいろいろな方言で語られている音声を用意し、あまりなじみのない地方からなじみのある地方へと順に聞かせていくと、子供は興味をもって聞くことができる。

T　これからある物語を聞かせます。何のお話か考えながら聞きましょう。

・聞いたことのない言葉ばかりで何のお話だかよく分からない。
・今度のは、さっきよりも分かる言葉があるね。もしかして「桃太郎」かな。

T　今聞いたお話は全て「桃太郎」です。最初のは〇〇県の言葉、次は〇〇県の言葉、最後がみんなの住んでいる〇〇県の言葉です。

・同じ物語なのに、全然違って聞こえるね。

2 「方言」と「共通語」の意味を理解する　〈15分〉

T　今聞いた物語のように、住んでいる地方特有の表現を含んだ言葉遣いを「方言」と言います。どの地方の人でも分かる言葉遣いのことを「共通語」と言います。

T　みなさんは、どこかで方言を聞いたり見たりしたことはありますか。

・いなかの祖父母が使っています。
・旅行先の駅の看板に書いてありました。
・前に勉強した物語文「たずねびと」にも出てきました。

〇テレビ CM の動画や観光ポスター、土産物のパッケージなどの写真や実物を用意して見せると、子供により興味をもたせることができる。

・もっといろいろな方言を知りたいな。

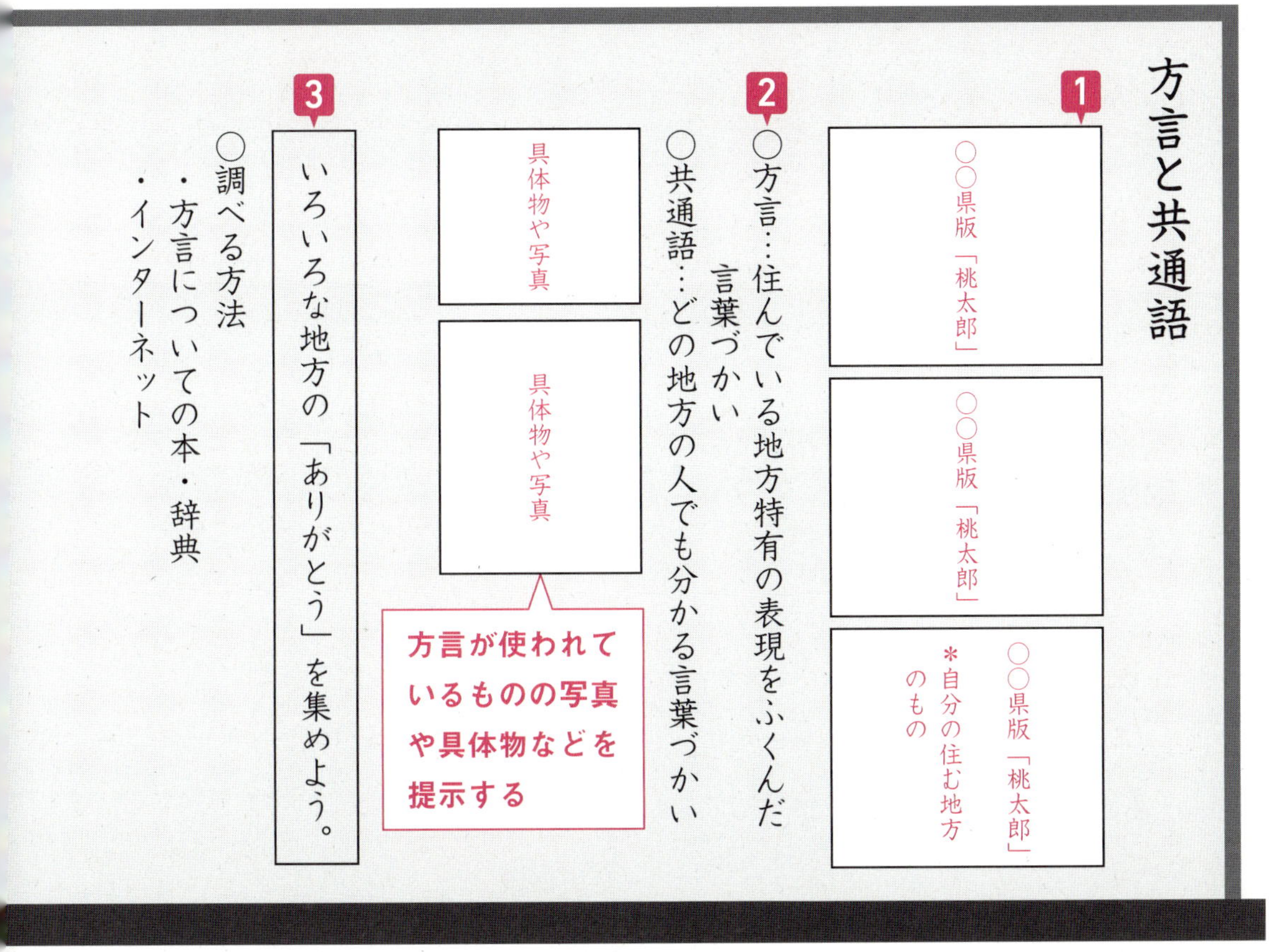
方言と共通語
1
○○県版「桃太郎」
○○県版「桃太郎」
○○県版「桃太郎」
＊自分の住む地方のもの
2
○方言…住んでいる地方特有の表現をふくんだ言葉づかい
○共通語…どの地方の人でも分かる言葉づかい
具体物や写真
具体物や写真
方言が使われているものの写真や具体物などを提示する
3
いろいろな地方の「ありがとう」を集めよう。
○調べる方法
・方言についての本・辞典
・インターネット

3 学級で決めた言葉について方言を調べることを知る 〈10分〉

T　みなさんで、１つの言葉についていろいろな方言を集めてみましょう。調べる方法にはどのようなものがありますか。

・方言についての本を調べます。
・インターネットでも調べられそうです。
・実際に方言を使っている人に聞いてみるといいです。僕は親戚の人に聞いてみます。

T　方言は話し言葉の中で使われることが多いので、実際に使っている人に聞くことができるといいですね。この学校にも地方出身の先生や主事さんがいるので、親戚がいなくても聞いてみるといいですよ。

○余裕をもって調べることができるように、第２時までの間を１週間程度空けるとよい。

よりよい授業へのステップアップ

十分な調べ活動（課外）を行う工夫

本や辞典、インターネットだけでなく、実際に方言を使う人へのインタビューも取り入れたい。そのためには、十分な調べ活動をする時間を取ることが必要である。また、方言に関わる資料を教室に集めておいたり、地方出身の教職員をリストアップして提示しておいたりすることも有効である。子供が集めた方言は１つの言葉につき１枚のカードに記入させ、大きな日本地図に貼らせていく。そうすることで、まだ集まっていない地方の言葉を集める子供が出てくることも期待できる。

本時案

方言と共通語

2/2

本時の目標

・方言と共通語の特徴を捉え、それぞれのよさや役割について理解することができる。

本時の主な評価

・方言と共通語について、それぞれのよさや役割を理解している。

❷調べてきた方言について報告したり、友達の報告を聞いたりして、進んで方言と共通語の特徴について考えようとしている。【態度】

資料等の準備

・方言カードを貼った日本地図　13-01

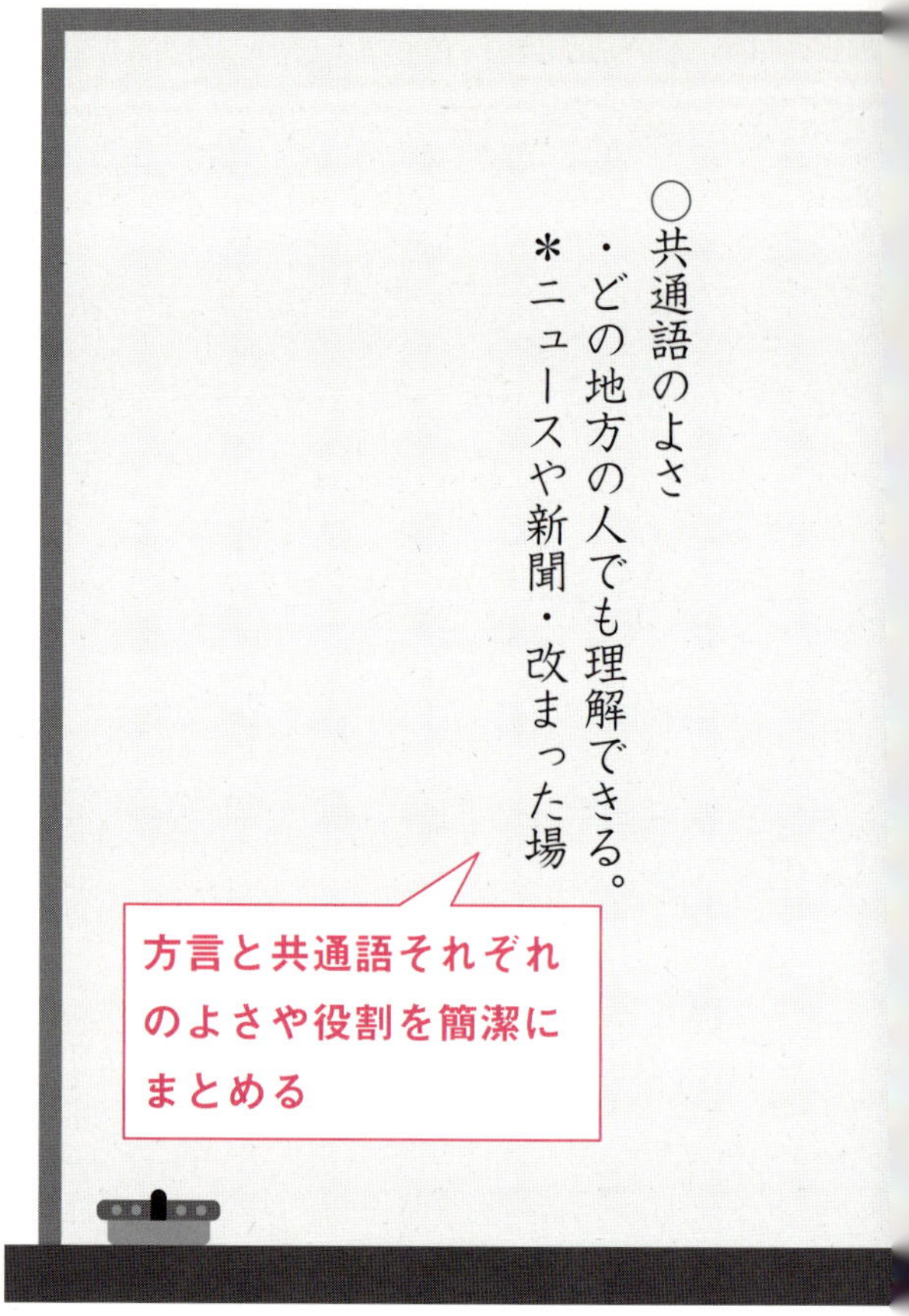

○共通語のよさ
・どの地方の人でも理解できる。
＊ニュースや新聞・改まった場
方言と共通語それぞれのよさや役割を簡潔にまとめる

授業の流れ ▷▷▷

1 調べてきたことを報告し合う 〈25分〉

○子供が集めてきたカードを大きな日本地図の上に貼ったものを黒板に掲示しておく。その際、同じ内容のカードは重ねて貼るなど、分類・整理しておく。

T　「ありがとう」の方言がたくさん集まりましたね。報告し合いましょう。

・主事さんに聞いたら大阪では「おおきに」と言うそうです。

・「おおきに」は滋賀県や奈良県、兵庫県などでも使われているそうです。

・違う地方でも同じ言葉が使われているんだ。

・愛媛県の親戚は「だんだん」と言います。優しい感じがします。

○方言のよさにも触れられるとよい。

2 方言や共通語のよさや役割について話し合う 〈10分〉

T　方言や共通語のよさはなんでしょう。

・方言は、気持ちや伝えたいことを正確に伝えられます。

・祖父は、方言じゃないと伝わらない細かいニュアンスがあると言っていました。その地方だからこそ伝わるものがあるような気がします。

・共通語は、どの地方の人にでも理解できることがよさだと思います。

T　方言と共通語とでは、役割が違うということかな。

・全国ニュースなどは、やはり共通語でないと伝わりません。

・改まった場は共通語がいいけれど、親しい人と話すのは方言のほうがよく伝わりそうです。

方言と共通語

いろいろな地方の「ありがとう」を集めよう。

1

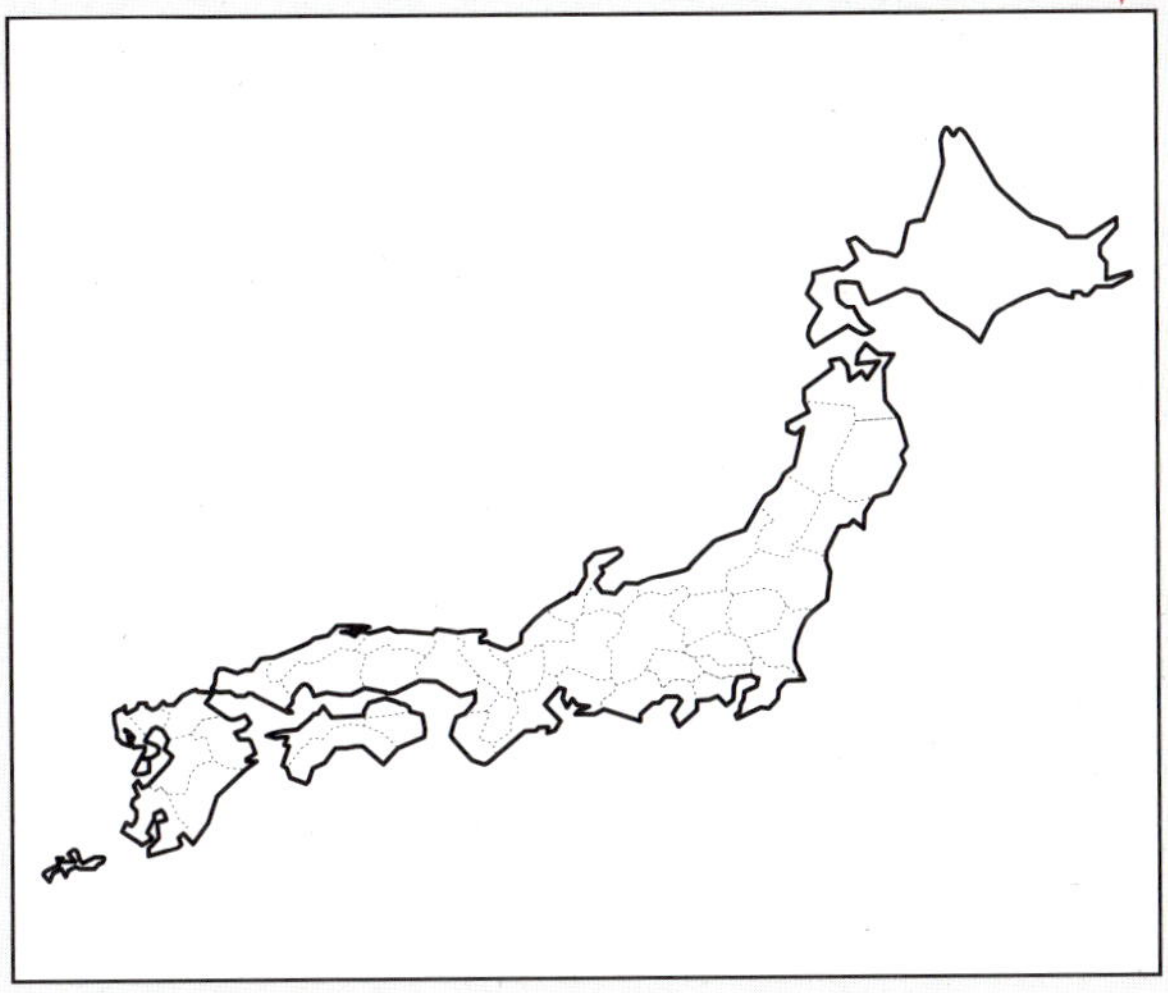

日本地図の上に、子供が集めてきた方言カードを配置したもの

2

○方言のよさ
・気持ちや伝えたいことを正確に伝えられる。
・その地方独《どく》特の感情を伝えられる。
＊親しい人との会話

3 学習を振り返る 〈10分〉

T　学習したことを振り返ってみましょう。

・方言にも共通語にもそれぞれのよさがあって、その場に応じて使い分けることが大切だと気付きました。

・方言はその地方の人にしか通じない面もあるけれど、その地方の人にとってはとても大切な言葉だということが分かりました。

・１つの意味をもつ言葉なのに、いろいろな言い方で表現されるなんて、日本語はおもしろいと思いました。

○方言と共通語それぞれによさがあることや、そのよさを生かした役割の違いがあることに気付かせ、言葉を大切にする態度を育てられるようにしたい。

よりよい授業へのステップアップ

子供の実態に応じた学びの工夫

普段から共通語に近い言葉を使っている子供には、方言のよさに気付かせ、それぞれの地方の人にとって大切な言葉である方言を尊重する態度を育てられるようにしたい。

また、日常的に方言を使っている子供には、自分たちが使っている方言のよさを再確認するとともに、場に応じて共通語を使うことの必要性にも気付かせたい。

子供の実態に応じて、どこに重点を置くのかをよく考えた上で計画を立てたい単元である。

漢字の広場⑤ （1時間扱い）

〔知識及び技能〕(1)エ　〔思考力、判断力、表現力等〕B書くことオ

単元の目標

・第4学年までに習った漢字を書き、文や文章の中で使うことができる。
・道案内の説明を考え、構成や書き表し方などに着目して、文や文章を整えることができる。

評価規準

知識・技能	❶第4学年までに配当されている漢字を書き、文や文章の中で使っている。(〔知識及び技能〕(1)エ)
思考・判断・表現	❷「書くこと」において、文章全体の構成や書き表し方などに着目して、文や文章を整えている。(〔思考力、判断力、表現力等〕Bオ)
主体的に学習に取り組む態度	❸与えられた語を用いて進んで文や文章を書き、よりよい文や文章となるよう整えることで、第4学年までに配当されている漢字を習熟しようとしている。

単元の流れ

時	主な学習活動	評価
1	・本時の学習課題を確認する。 ・教科書に示された絵や言葉を使い、駅からおばあちゃんの家まで案内する文や文章を書く。 ・書いた文や文章を推敲し、「道案内カード」にまとめる。 ・互いの文や文章を読み合い、正しく伝わるかを確認し、感想を伝え合う。	❶❷ ❸

授業づくりのポイント

〈単元で育てたい資質・能力〉

本単元のねらいは、第４学年までに習った漢字を読んだり書いたりし、文や文章の中で使えるようにすることである。このねらいを達成するために、駅からおばあちゃんの家までの道順について説明する文章を書く。道案内は一言では説明し難く、また、順序性が重要となるため、「まず」「それから」などのつなぎ言葉を使って、文章を作る必要が生まれる。また、友達に案内が伝わるかを考えながら文や文章を整えることも大切にしたい。

具体例

◯これまでの学習の中で、子供が間違えやすい漢字を把握しておく。例えば、「博」「浅」「的」などの点が付く漢字、「競」のへんとつくりのはねの違いなど、この学習で再度正しく確認をしたい。

◯できるだけ多くの漢字を用いて文や文章が作れるように、どの道を通り、何を目印とするのかを考えさせるようにする。

〈教材・題材の特徴〉

教科書に描かれている絵地図では、駅からおばあちゃんの家までの道順が幾通りも考えられる。子供は、どのような道順で案内する文を書くかを自主的に考えることができる。また、目印となる建物なども多様に選ぶことができ、子供にとって意欲的に取り組むことのできる題材である。

道案内では、駅から出発して順序よく説明をしていく必要がある。そのため、つなぎ言葉を適切に使うことも求められる。どのような説明が分かりやすいのかを、主体的に考えながら文や文章を整えていくことができる。

具体例

◯「改札を出たら、まず、百貨店の先の交差点を右折してください。」「まず、改札を出たら直進します。それからつきあたりを右折します。すると、左手に印刷所が見えてきます。」
どの道を通るか、何を目印とするのかなど、選び方によって何通りもの文を考えることができる。また、つなぎ言葉の使い方も工夫することができる。

〈言語活動の工夫〉

教科書に掲載されている絵地図を見て、駅からおばあちゃんの家までの道順を案内する文章を作り、それを「道案内カード」にまとめるという言語活動を設定する。道案内をカードにまとめ読み合うことで、どのような書き表し方をすると正しく案内することができるかを考えることができる。実際にカードを読みながら正しくおばあちゃんの家までたどり着けるかを互いに確かめ合う学習活動を行う。これによって、子供は意欲的に文章を整えようとするだろう。また、文章を推敲したり、友達の作った文章を読んだりする学習を繰り返すことで、漢字の習熟を図ることができる。

具体例

◯道案内に使う道や目印を線でつなぐなどして、見通しをもってから文章を作る。

◯文をいくつも作り、組み合わせたり、つなげたり、取捨選択したりしながら推敲し、「道案内カード」にまとめていく。

本時案

漢字の広場⑤

1/1

本時の目標

・第４学年までに習った漢字を書き、文や文章の中で使うことができる。
・構成や書き表し方などに着目して、道案内の文や文章を整えることができる。

本時の主な評価

❶第４学年までに配当されている漢字を、道案内の文や文章の中で使っている。【知・技】
❷つなぎ言葉などを用い、構成や書き表し方などに着目して、道案内の文や文章になるように整えている。【思・判・表】
❸進んで案内する文や文章を書き、第４学年までに配当されている漢字を習熟しようとしている。【態度】

資料等の準備

・教科書の拡大コピー
・漢字フラッシュカード　14-01～23
・道案内カード

2

◎道案内カードにまとめよう。
（すいこうのポイント）
①教科書の言葉を正しく漢字で書けているか。
②つなぎ言葉は適切か。
③道順が正しく説明されているか。

3

◎カードを読んで感想を伝え合おう。

授業の流れ ▷▷▷

1 教科書に示された絵や言葉を基に文を考える 〈25分〉

T　道案内をしたことはありますか。道案内をするときには、どんなことに気を付けて伝えますか。
・目印になるものを伝えると分かりやすい。
・順序よく伝えていくといい。
T　必要な情報を確実に伝えること、つなぎ言葉を使って順序よく伝えることが大切です。教科書にある言葉を使い、駅からおばあちゃんの家まで案内する文を作ります。
〇本時の学習課題を確認した後、漢字カードを示し、読み方を確かめる。
〇文例を示し、どのようなつなぎ言葉を使うとよいか考える。

2 推敲し、道案内カードにまとめる 〈10分〉

T　道順を案内する文を作ることができましたね。では、道案内カードにまとめるために、文を読み直しましょう。
①教科書の言葉を正しく漢字で書けているか。
②つなぎ言葉は適切か。
③道順が正しく説明されているか。
この３つに注意して、推敲しましょう。
・おばあちゃんの家までたどり着けるか、一つ一つ確認してみよう。
・この文は長くて分かりにくいから、つなぎ言葉を使って２文に分けよう。
〇１文にたくさんの情報を入れず、つなぎ言葉を用いて文をつないでいくことで的確に案内できることを確認する。

漢字の広場⑤

習った漢字とつなぎ言葉を使って、道案内する文章を書こう。

まず、改札を出たら、直進します。
次に、つきあたりを左折します。
そして、一つ目の交差点を右に曲がります。
すると、右手に博物館、左手に陸上競技場が見えるので、そのまま直進します。
その後、T字路に出ますので、そこを右折してください。
……

◎つなぎ言葉

まず
はじめに
次に
すると
そして
それから
やがて
最後に

3 カードを読み合い、感想を伝え合う 〈10分〉

T　道案内カードを完成させることができましたね。では、友達とカードを読み合い、お互いに案内しましょう。そして、感想を伝えましょう。

○ペアで道案内カードの文章を伝え合い、正しくおばあちゃんの家まで案内できるかを確認する。ペアを入れ替えながら読み合う活動をし、同じ道順でも選んだ言葉が違ったり、通る道順が異なったりすることで説明の仕方が異なることに気付くようにする。

・同じ道順だけど、目印やつなぎ言葉が違っているね。

・この説明だと文が短くて分かりやすいね。

よりよい授業へのステップアップ

文例の工夫

一つ一つの文に、必要な情報を入れ、分かりやすく案内する文章を書くために、文例を用いる。文例を使うことで、短い文をつないでいくイメージをもつことや、どのようなつなぎ言葉を使うとよいのかを考えることができる。また、つなぎ言葉を抜いた文例を掲示することで、子供と共にどのようなつなぎ言葉を当てはめるとよいかを考えることができる。文例を基に全体で文章を吟味することで、どの子供も見通しをもって書くことができるだろう。

6 事例と意見の関係をおさえて読み、考えたことを伝え合おう

想像力のスイッチを入れよう　（6 時間扱い）

〔知識及び技能〕(1)カ　〔思考力、判断力、表現力等〕C 読むことア、カ　関連する言語活動例 C(2)ア

単元の目標

・事例と意見の関係を押さえて、自分の考えを明確にしながら読むことができる。
・筆者の考えに対する感想や意見を友達と伝え合い、自分の考えを広げたり深めたりすることができる。

評価規準

知識・技能	❶文の中での語句の係り方や語順、文と文との接続の関係、話や文章の構成や展開、話や文章の種類とその特徴について理解している。(〔知識及び技能〕(1)カ)
思考・判断・表現	❷「読むこと」において、事実と感想、意見などとの関係を叙述を基に押さえ、文章全体の構成を捉えて要旨を把握している。(〔思考力、判断力、表現力等〕C ア) ❸「読むこと」において、文章を読んでまとめた意見や感想を共有し、自分の考えを広げている。(〔思考力、判断力、表現力等〕C カ)
主体的に学習に取り組む態度	❹粘り強く論の進め方について考え、学習の見通しをもって分かったことや考えたことを文章にまとめようとしている。

単元の流れ

次	時	主な学習活動	評価
一	1	**学習の見通しをもつ** ・全文を読み、共感したことや疑問に思ったことを発表し合う。 ・学習課題「メディアとの関わり方について、考えを伝え合おう」を設定し、学習計画を立て、学習の見通しをもつ。	
二	2 3	・文章全体を 3 つのまとまりに分け、文章構成を捉える。事例と筆者の考えを分けて整理し、筆者が複数の事例を挙げて説明したことによる効果を考える。	❶❷
	4	・「想像力のスイッチ」とはどのようなことか、また、筆者が「想像力のスイッチ」という表現をしたのはなぜかを考え、筆者の考えに対する自分の考えをまとめる。	❸
三	5	・「もっと読もう」や他の資料を読んだり、これまでの経験を思い出したりして、メディアとの関わり方について自分の考えを文章に書く。	❹
	6	・書いたものを友達と読み合い、感想を伝え合う。 **学習を振り返る** ・全体で交流し、学習を振り返る。	❸

授業づくりのポイント

〈単元で育てたい資質・能力〉

本単元のねらいは、筆者の考えに対する感想や意見を友達と伝え合うことで、自分の考えを広げたり深めたりすることである。そのためには、筆者の考えとそれを支えている事例とのつながりを考えながら読み、筆者の主張を正しく読み取る必要がある。筆者が挙げる複数の事例を基に、自分の知識や経験と結び付けて読んだり、自分の考えをまとめたりできるようにしていく。

友達と考えを伝え合う場面では、新たなものの見方や考え方に出合い、自分の考えを広げたり深めたりして、互いの感じ方や考えの違いを明らかにしながら活動できるようにしたい。

具体例

○事例と筆者の意見とを分けて整理していく場面では、「文頭や文末の表現に注意して読む」などの具体的な方法に気付かせたい。また、サイドラインを色分けして引かせるなどして、視覚的にも構成が分かりやすいようにする。

○友達と考えを伝え合う場面では、①考えが同じところや似ているところ②考えの違うところ③今後自分が取り入れたい考えといった観点を明確に提示し、その観点に沿って話し合うことで、自分の考えを広げたり深めたりすることができるだろう。

〈教材・題材の特徴〉

本教材は、主にメディアから発信される情報を正確に受け止めるために必要な受け手側の努力について、事例を挙げながら考えを述べた文章である。分かりやすい事例を挙げ、比喩を用いながら筆者の主張が展開されている。仮定して考えさせたり、読者に投げかけたりする表現が多く見られ、子供にとっても読みやすい文章だろう。また、具体的な事例を基に意見を述べ、最後に筆者の考えが述べられるという分かりやすい構成になっているため、事例と意見の関係を押さえながら読むことを学習するのに適した文章であると言える。

具体例

○まず文章全体を３つのまとまりに分け、さらに、事例と意見について表に整理しながら読むことにより、文章構成や事例と意見との関係をはっきりさせることができる。

○「もっと読もう」では、それぞれのメディアのよさや課題が書かれているので、自分の考えをまとめるときの参考にできる。

〈並行読書リスト〉

メディアとの関わり方について、自分の経験などと結び付けて考え、それを文章にまとめて友達と伝え合う学習を行う。その際、自分の知識や経験、考えを裏付けたり、自分の考えを広げたり深めたりするための資料として、教科書に挙げられている以外にも、下記のような本を活用することができる。単元の導入段階で子供にこれらの本を提示し、単元の学習と並行して読めるようにしておきたい。

具体例

・下村健一『想像力のスイッチを入れよう 世の中への扉』講談社

・下村健一『10代からの情報キャッチボール入門 使えるメディア・リテラシー』岩波書店

・市村均 他『よく考えて！説明のトリック 情報・ニセ科学』岩崎書店

・後藤武士『小中学生のための世界一わかりやすいメディアリテラシー』宝島社

本時案

想像力のスイッチを入れよう 1/6

本時の目標

・メディアとの関わりに関心をもって文章を読み、学習の見通しをもつことができる。

本時の主な評価

・筆者の考えに共感したり疑問をもったりしながら文章を読み、メディアとの関わりに関心をもっている。

資料等の準備

・学習計画を書くための模造紙
・学習計画表 15-01

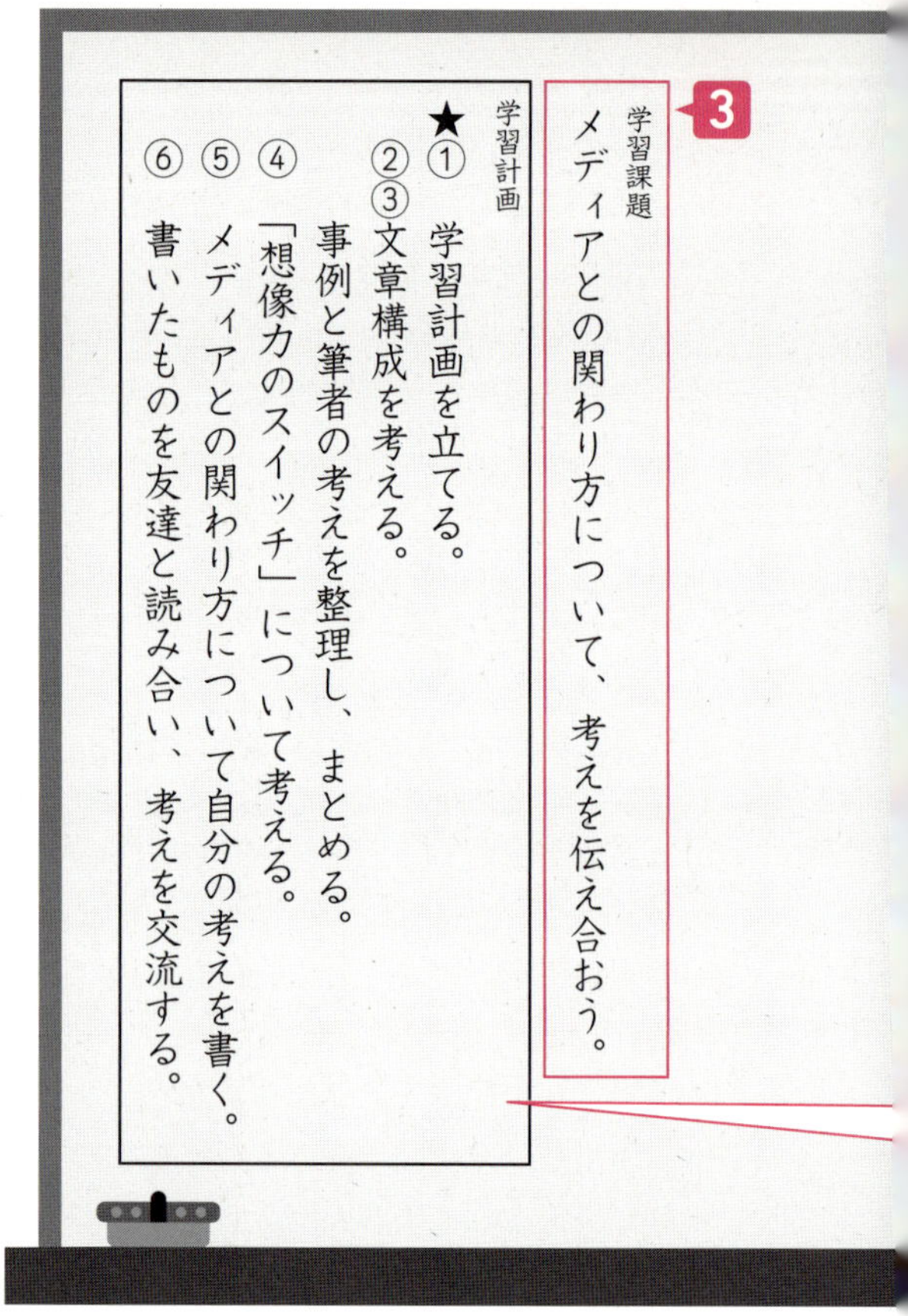

3
学習課題
メディアとの関わり方について、考えを伝え合おう。
学習計画
★① 学習計画を立てる。
②③ 文章構成を考える。
事例と筆者の考えを整理し、まとめる。
④「想像力のスイッチ」について考える。
⑤ メディアとの関わり方について自分の考えを書く。
⑥ 書いたものを友達と読み合い、考えを交流する。

授業の流れ ▷▷▷

1 メディアやメディアとの関わりについて考える 〈10分〉

T　みなさんは、普段どのようにして情報を得ていますか。
・テレビ　・インターネット　・新聞
・ラジオ　・雑誌
T　みなさんが出したもののように、世の中の情報を得るための手段のことを「メディア」と言います。
T　今までにメディアと関わった中で、よかったことや困ったことはありますか。
・テレビは、新しい情報をすぐに知ることができるので、とても便利です。
・インターネットで調べたときに、言っていることが違うサイトがあって、どれが本当かよく分からなかったことがあります。
○文章を読む前にメディアに目を向けさせる。

2 全文を読んで、共感したことや疑問点を発表し合う 〈20分〉

T　筆者の考えに共感することや疑問に思うことを考えながら全文を読みましょう。自分の経験とも結び付けて考えられるといいですね。
○文章を読む視点を明確にしてから、全文を読ませるとよい。
T　共感したことや疑問に思ったことを発表しましょう。
・私も間違った情報を信じてしまったことがあったので、メディアが伝えた情報を冷静に見直すことが必要だという考えに共感します。
・メディアの情報について、すべてを疑う必要があるのかなと疑問に思いました。
・「想像力のスイッチ」とはどういうものか、詳しく知りたいです。

想像力のスイッチを入れよう

○メディア…世の中の情報を得る手段《だん》

・テレビ　・インターネット　・新聞

・ラジオ　・雑誌《し》　など

1

◎よかったこと

・新しい情報をすぐに知ることができる。

・必要な情報を調べることができる。

△こまったこと

・どの情報が正しいのかよく分からない。

・情報が多すぎる。

○「想像力のスイッチを入れよう」を読んで

2

◎共感

・情報を冷静に見直すことが必要。

△疑《ぎ》問

・全てうたがう必要があるか。

・「想像力のスイッチ」とは何か。

子供と共に学習計画を立てながら模造紙に書き、次時から常に掲示しておく

3 学習課題を設定し、学習計画を立てる　〈15分〉

T　みなさんもメディアとの関わり方についていろいろな考えがあるようですね。では、単元の学習課題は「メディアとの関わり方について、考えを伝え合おう」とし、学習計画を立てましょう。

・『想像力のスイッチを入れよう』をもっと詳しく読んで、筆者の考えを知りたいです。

・「想像力のスイッチ」とはどういうものか、確かめたいです。

T　メディアとの関わりについて書かれた本を紹介します。自分の考えをまとめるときにも参考になるので、ぜひ読んでみましょう。

○関連図書を教室に置き、いつでも読めるようにしておく。

よりよい授業へのステップアップ

見通しをもって学習するための工夫

子供自身が単元の学習計画を立てたほうが、見通しをもった主体的な学習につながりやすい。自分たちで学習計画を立てる経験があまりないようであれば、まずは教師と共に計画を立てていくとよい。単元のゴール（学習課題）に迫るためには、どのようなことを学習し、どのような力を付けていくことが必要かを考える。そのように計画を立てることにより、子供は常に学習課題を意識し、見通しをもって主体的に学習を進めていくことができるようになる。

本時案

想像力のスイッチを入れよう 2・3/6

本時の目標

・文章構成を捉え、事例と筆者の考えを整理することができる。

本時の主な評価

❶文章が３つのまとまりで構成されていることや、筆者が事例を基に考えを述べていることを理解している。【知・技】
❷事例と筆者の考えとの関係を、叙述を基に押さえ、文章構成を捉えている。【思・判・表】

資料等の準備

・学習計画（常に掲示）
・学習計画表　15-01
・文章構成表（児童用と提示用）　15-02

授業の流れ ▷▷▷

1 文章全体の構成を考える 〈20分〉

○形式段落番号（①〜⑯）を付けておく。

T　文章全体を大きく「初め・中・終わり」の３つのまとまりに分けましょう。

・①から⑥までが「初め」です。事例を挙げて「想像力のスイッチ」というキーワードを出しています。

・⑦から⑭までが「中」です。「想像力のスイッチ」について、具体的に説明しています。

・筆者の主張が書かれている⑮⑯が「終わり」です。

○文章全体の構成を考えながら、筆者の主張も捉えられるようにする。

○文章構成図の「初め・中・終わり」にそれぞれの形式段落を書き込む。

2 事例と筆者の考えを見つけ、サイドラインを引く 〈25分〉

T　この文章には事例が多く挙げられていますね。事例と筆者の考えとの関係を整理してみましょう。

T　まず、事例には青いサイドライン、筆者の考えには赤いサイドラインを引きましょう。どのような言葉や表現に着目すると、分かりやすいですか。

・文頭や文末の表現に着目するといいです。

・「例えば」という言葉は、事例を表すときに使われます。

・読者に「〜してほしい」と呼びかけているところも、筆者の考えだと思います。

T　次の時間には、みなさんが見つけた事例と筆者の考えを整理していきましょう。

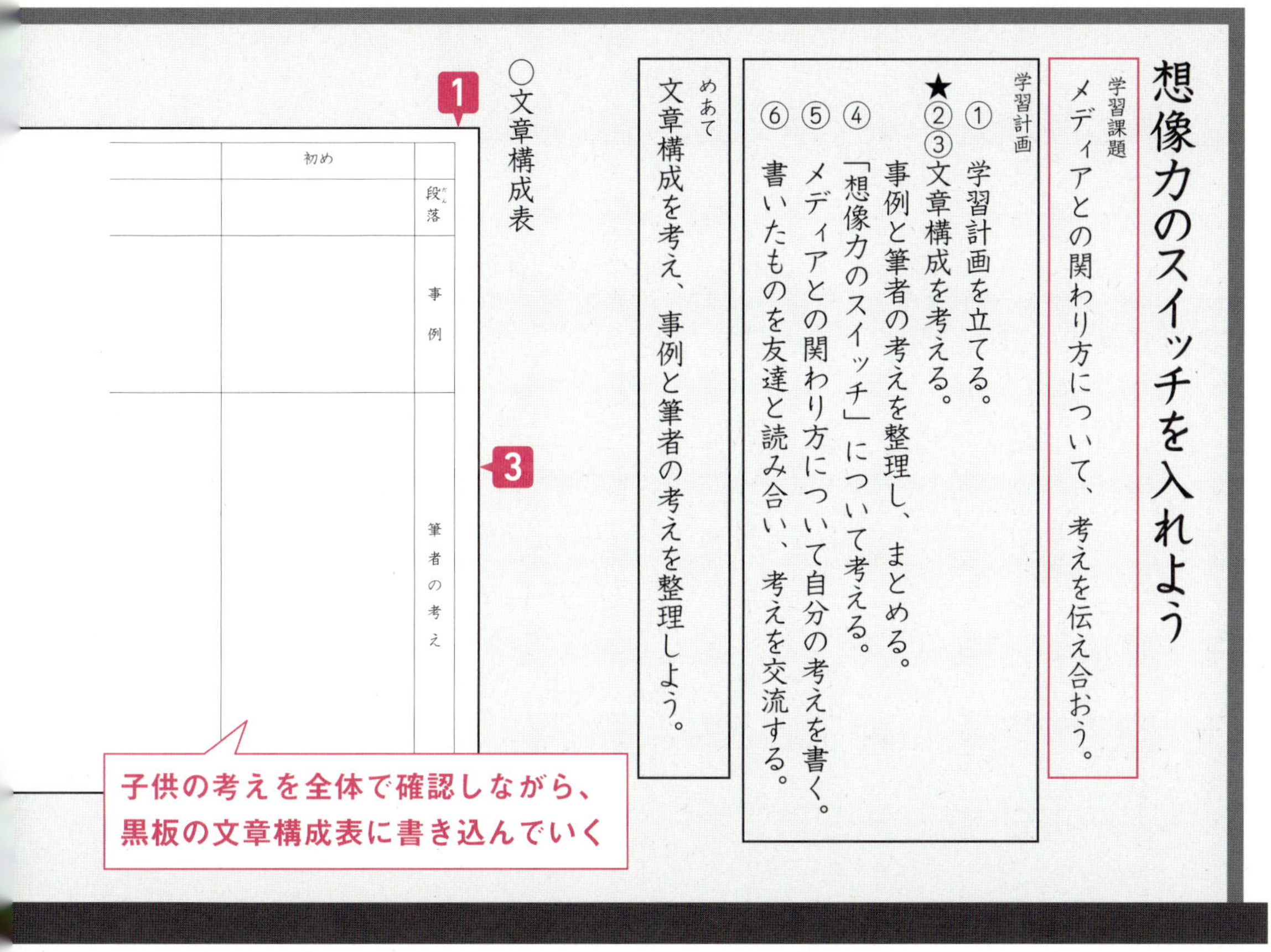

想像力のスイッチを入れよう
学習課題
メディアとの関わり方について、考えを伝え合おう。
学習計画
① 学習計画を立てる。
★②③文章構成を考える。
事例と筆者の考えを整理し、まとめる。
④「想像力のスイッチ」について考える。
⑤ メディアとの関わり方について自分の考えを書く。
⑥ 書いたものを友達と読み合い、考えを交流する。
めあて
文章構成を考え、事例と筆者の考えを整理しよう。
○文章構成表
1
段《だん》落
事例
筆者の考え
初め
3
子供の考えを全体で確認しながら、
黒板の文章構成表に書き込んでいく

3 事例と筆者の考えを整理する　〈25分〉

T　前の時間にみなさんが見つけた事例と筆者の考えを表に整理してみましょう。

・①と②には、学校のマラソン大会での事例が挙げられています。それに対して筆者は③に「同じ出来事でも、何を大事と思うかによって、発信する内容がずいぶんちがってくる」と述べていて、それが筆者の考えだと思います。

・⑤には、図形の事例が書かれています。それに対する筆者の考えは、⑥に書かれている「あたえられた情報を事実の全てだと受け止めるのではなく、頭の中で『想像力のスイッチ』を入れてみることが大切」ということです。

4 筆者が複数の事例を挙げて説明した効果を考える　〈20分〉

T　筆者は「マラソン大会」「図形の見方」「サッカーチームの監督についての報道」という3つの事例を挙げていました。筆者はなぜいくつもの事例を挙げて説明したのでしょう。

・事例があることで、筆者の言いたいことが具体的にイメージできます。

・ただ筆者の考えだけを述べるよりも、具体的な事例が挙げられていることで、説得力が増しています。

・自分が意見文を書くときにも、説得力のある文章にするために、事例を挙げるとよいと思います。

本時案

想像力のスイッチを入れよう 4/6

本時の目標

・「想像力のスイッチ」という表現について考え、筆者の考えに対する自分の考えをまとめることができる。

本時の主な評価

❸「想像力のスイッチ」についての筆者の考えを読み取り、筆者の考えに対する自分の考えをまとめている。【思・判・表】

資料等の準備

・学習計画（常に掲示）
・学習計画表 15-01

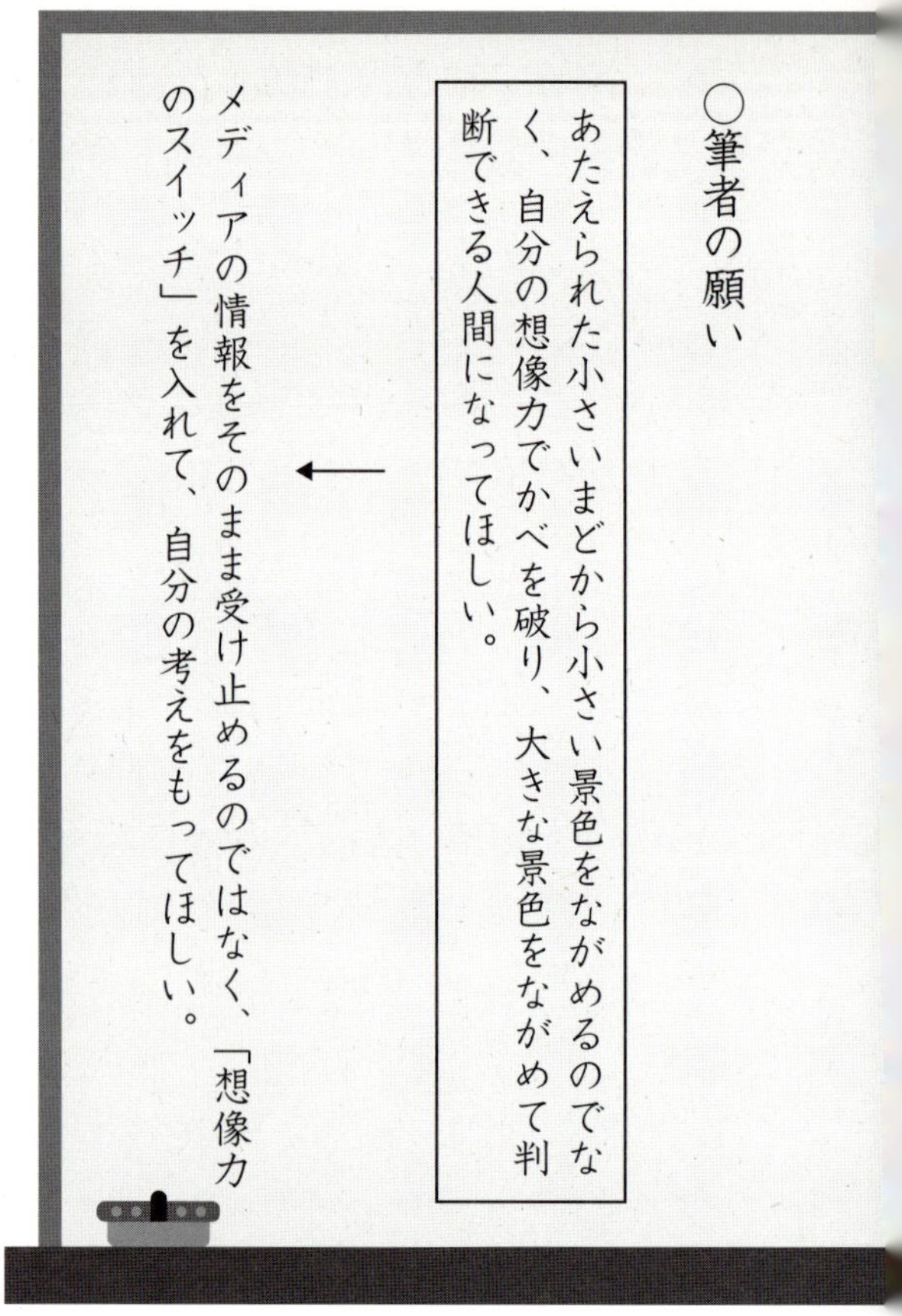
○筆者の願い
あたえられた小さいまどから小さい景色をながめるのでなく、自分の想像力でかべを破り、大きな景色をながめて判断できる人間になってほしい。
メディアの情報をそのまま受け止めるのではなく、「想像力のスイッチ」を入れて、自分の考えをもってほしい。

授業の流れ ▷▷▷

1 「想像力のスイッチ」について考え、まとめる 〈20分〉

T 「想像力のスイッチ」とは、具体的にどのようなものなのでしょう。どんなところに気を付けて文章を読めばよさそうですか。

・「中」の部分には、「想像」「想像力」「大切」という言葉が何度も出てくるので、これがキーワードになるのではないかと思います。

・「中」には、『　』で書かれた言葉が４つ出てきます。これがヒントになりそうです。

○子供一人一人が自分なりに考えをまとめてから全体で共有できるようにしたい。

T いくつにまとめられましたか。

・４つです。

T ４つの「想像力のスイッチ」について、まとめましょう。

2 筆者の願いについて読み取る 〈10分〉

T 筆者がこの文章を通して伝えたいことはどこに書かれていましたか。

・「終わり」の第15段落と第16段落です。

T 第16段落に書かれている「あたえられた小さいまどから小さい景色をながめるのでなく、自分の想像力でかべを破り、大きな景色をながめて判断できる人間になってほしい。」とはどういうことでしょうか。

・「あたえられた小さいまどから小さい景色をながめる」というのは、メディアの情報をそのまま受け取っていることです。

・「自分の想像力でかべを破り」というのが、「『想像力のスイッチ』を入れる」ということなのだと思います。

想像力のスイッチを入れよう

学習課題
メディアとの関わり方について、考えを伝え合おう。

学習計画
① 学習計画を立てる。
② ③文章構成を考える。
事例と筆者の考えを整理し、まとめる。
★④「想像力のスイッチ」について考える。
⑤ メディアとの関わり方について自分の考えを書く。
⑥ 書いたものを友達と読み合い、考えを交流する。

めあて
「想像力のスイッチ」とは何かを考えよう。

1
○「想像力のスイッチ」を見つけるヒント
・キーワード　想像　想像力　大切
・『　』で書かれた言葉　四つ

個人読みに入る前に、ヒントを全体で確認し、示しておく

2
○「想像力のスイッチ」とは……
①『まだ分からないよね。』と考えること。
②『事実かな、印象かな。』と考えること。
③『他の見方もないかな。』と想像すること。
④『何がかくれているかな。』と想像すること。

3 筆者の考えに対する自分の考えをまとめる〈15分〉

T　筆者はなぜ「想像力のスイッチ」という表現をしたのでしょう。また、そのことについて、あなたはどう考えますか。自分の考えをノートにまとめましょう。

・与えられた情報を何も考えずに受け入れるのではなく、自分で意識的に考えることが大切だという意味で「スイッチ」という表現をしたのではないかと思います。

・自分もすぐに信じてしまうことが多いので、『他の見方もないかな。』のスイッチは常に意識したいです。

○書く時間に個人差がある場合、書き終わった子供から互いに読み合う活動を取り入れてもよい。

よりよい授業へのステップアップ

一人一人が考えをもつための工夫

子供の読みの能力には個人差がある。一人一人に考えをもたせることが難しい場合、個人での活動に入る前に、全体でヒントになりそうな観点を確認しておくとよい。

例えば「想像力のスイッチ」とはどのようなものか考える場面では、『　』やキーワード等、具体的にどこに着目して読めばよいのかを全体で確認しておく。個人で読む時間には、その観点で助言をすればよい。個人で読む時間にどうすればよいか分からずに困っている子供が出ないようにしたい。

本時案

想像力のスイッチを入れよう　5/6

本時の目標

・メディアとの関わり方について、自分の考えを文章にまとめることができる。

本時の主な評価

❹資料を読んだり、これまでの経験を思い出したりしながら、自分の考えを文章に書こうとしている。【態度】
・メディアとの関わり方について、自分の考えを文章にまとめている。

資料等の準備

・学習計画（常に掲示）
・学習計画表　15-01
・メモ用ワークシート　15-03
・「書き方のヒント」の拡大コピー　15-04
・作文用紙

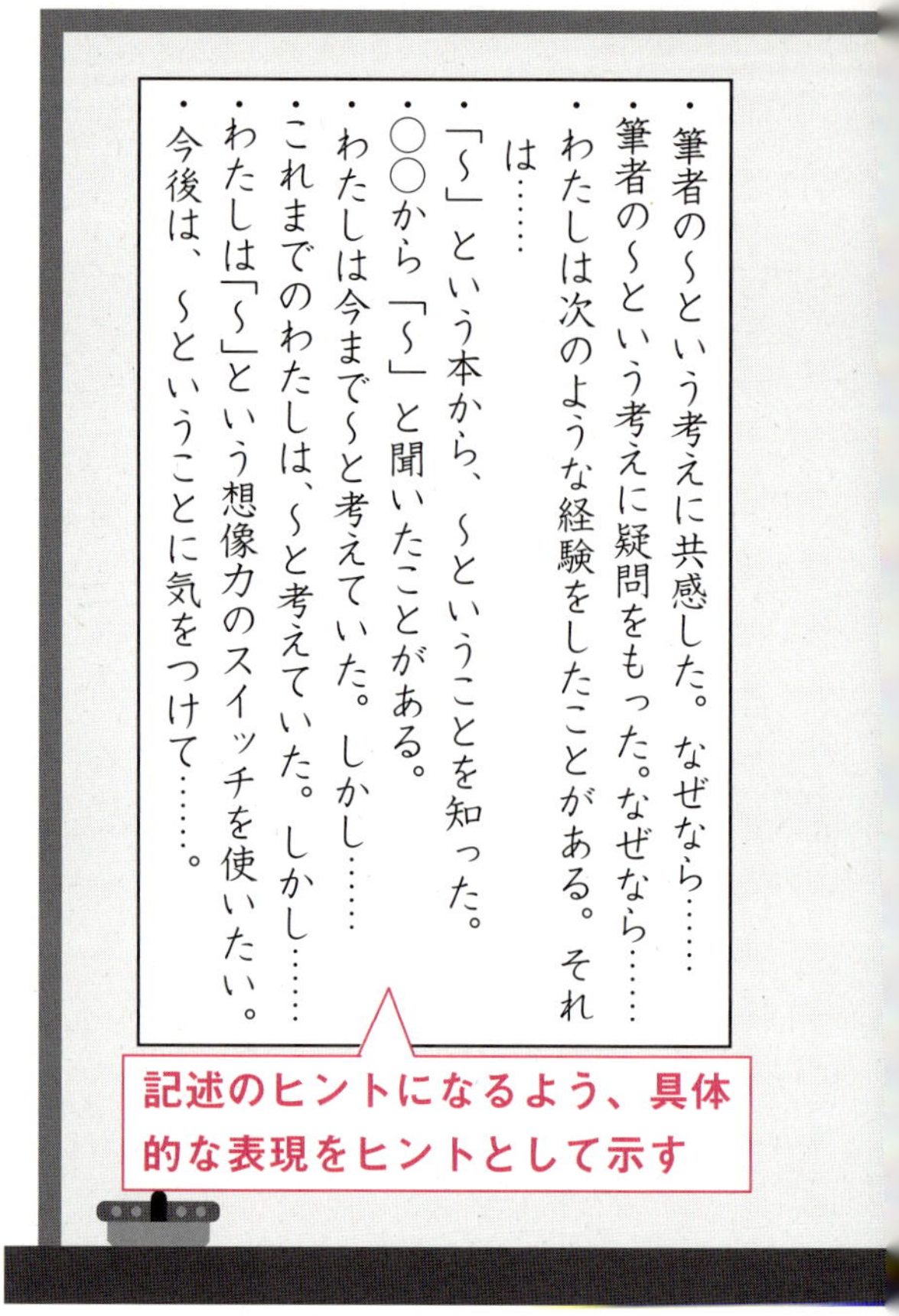

・筆者の~という考えに共感した。なぜなら……
・筆者の~という考えに疑問をもった。なぜなら……
・わたしは次のような経験をしたことがある。それは……
・「~」という本から、~ということを知った。
・○○から「~」と聞いたことがある。
・わたしは今まで~と考えていた。しかし……
・これまでのわたしは、~と考えていた。しかし……
・わたしは「~」という想像力のスイッチを使いたい。
・今後は、~ということに気をつけて……。
記述のヒントになるよう、具体的な表現をヒントとして示す

授業の流れ ▷▷▷

1 「もっと読もう」を読み、メディアの特徴を確かめる〈10分〉

T　教科書 P.194の「もっと読もう」を読みましょう。それぞれのメディアには、どのような特徴がありますか。
・新聞は、情報の伝わり方がテレビなどよりも遅くなってしまいますが、1つの記事をじっくりと読めるよさがあります。
・テレビは情報が速く、映像などで伝えることができるので、分かりやすいです。でも、全てが事実だと考えるのは危ないです。
・ラジオは、どこでも手軽に聞けます。
・インターネットはテレビなどよりもさらに情報が速いです。ただ、誰でも情報を発信できるので、本当かどうか判断しにくいです。

2 メディアとの関わり方について、考えをメモする〈15分〉

T　今後、自分がどのようにメディアと関わっていったらよいのか、自分の考えをまとめましょう。まずは3つの観点で考えをメモしてみましょう。
(1)文章を読んで、筆者の考えに共感したこと、疑問に思ったこと
(2)自分の経験や知識を基に考えたこと
(3)今後、自分がどのようにメディアと関わっていくか
T　関連図書を読んで分かったことや考えたことも入れられるといいですね。
○それぞれの観点について、考えたことを箇条書きでメモさせる。

想像力のスイッチを入れよう

学習課題
メディアとの関わり方について、考えを伝え合おう。

学習計画
① 学習計画を立てる。
②③ 文章構成を考える。
事例と筆者の考えを整理し、まとめる。
④ 「想像力のスイッチ」について考える。
★⑤ メディアとの関わり方について自分の考えを書く。
⑥ 書いたものを友達と読み合い、考えを交流する。

めあて
メディアとの関わり方について、自分の考えをまとめよう。

2 ○考えをまとめる観点
(1)文章を読んで、筆者の考えに共感したこと、疑《ぎ》問に思ったこと
(2)自分の経験や知識をもとに考えたこと
(3)今後、自分がどのようにメディアと関わっていくか

3 ○書き方のヒント

3 自分の考えを文章にまとめる〈20分〉

T　では、これから自分の考えを文章にまとめます。３つの観点をどのように使って書くと、自分の考えが分かりやすいですか。

・大きく３つのまとまりで書きます。
・(3)の観点が一番重要なので、そこに重点を置いて書きます。
・(2)に書いた自分の経験を、(3)の根拠にすると、説得力が出ると思います。

○表現のヒントを具体的に提示すると、記述が苦手な子供も、書くことへの抵抗が少なくなる。

T　書き終わった人は、自分の文章を読み直しましょう。書き終わった人同士で読み合ってお互いにアドバイスをしてもいいですね。

よりよい授業へのステップアップ

個人差に対応するための工夫

○自分の考えがもてない子供
→「もっと読もう」や関連図書の事例、友達の経験から、似たようなことがなかったかを思い出させる。

○どう書いたらよいか分からない子供
→書き出しなど、具体的な表現を提示し、その中から使えそうな表現を選ばせる。

○速く書ける子供
→書き終えた子供同士で読み合い、助言させる。その際、読み合う観点を示すとよい（考えの根拠が書けているかなど）。

本時案

想像力のスイッチを入れよう 6/6

本時の目標

・メディアとの関わり方についてまとめた文章を友達と読み合い、感想を伝え合うことができる。

本時の主な評価

❸メディアとの関わり方についてまとめた文章を互いに読み合い、自分の考えを広げている。【思・判・表】

資料等の準備

・学習計画（常に掲示）
・学習計画表 15-01
・交流用ワークシート 15-05

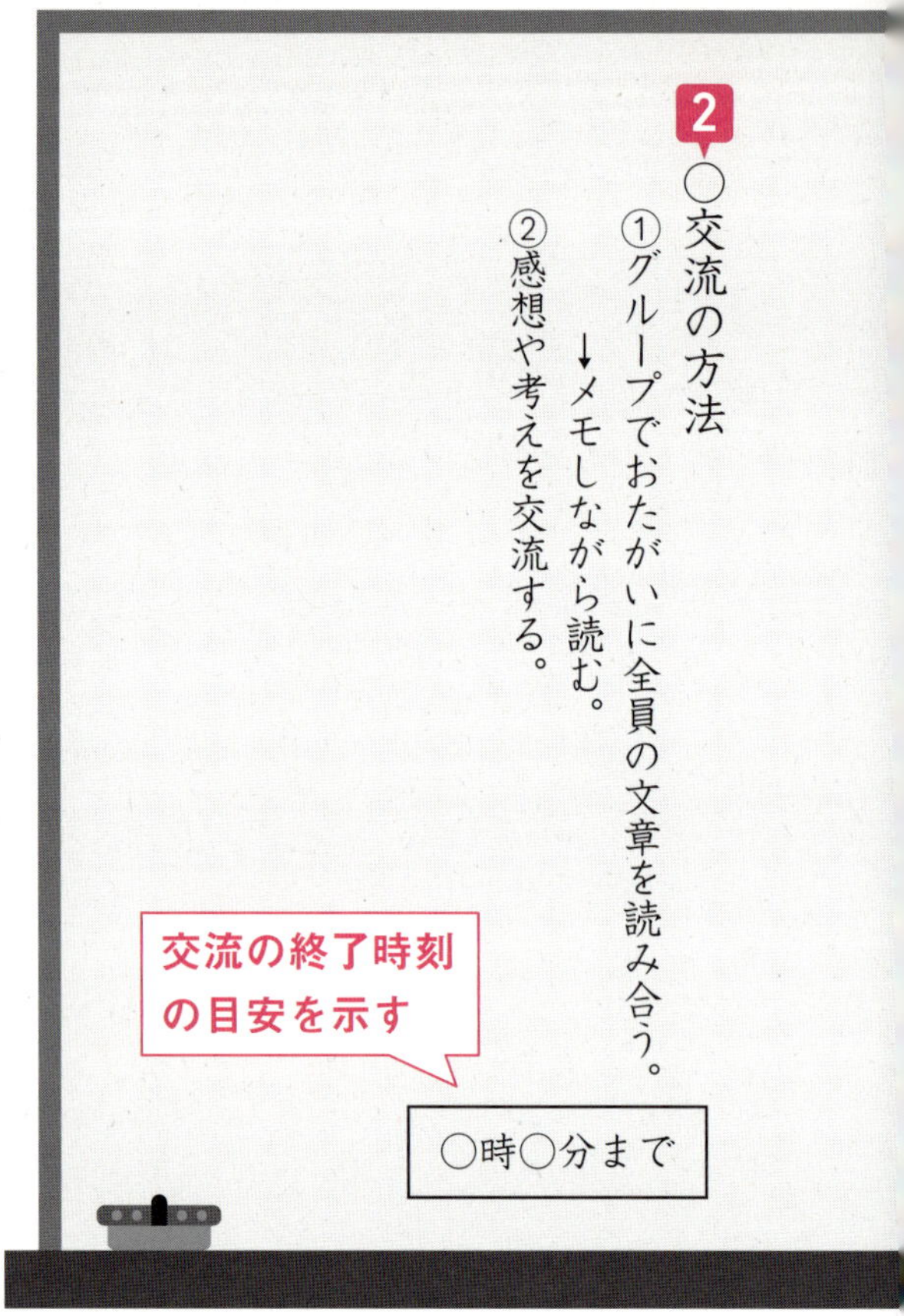

2
○交流の方法
①グループでおたがいに全員の文章を読み合う。
→メモしながら読む。
②感想や考えを交流する。
交流の終了時刻の目安を示す
○時○分まで

授業の流れ ▷▷▷

1 交流の方法を確認する 〈5分〉

T　今日は、グループでお互いに文章を読み合い、感想を交流しましょう。まず、それぞれが他の人の文章を読みます。お互いに全員分を読んだところで感想を交流します。

T　感想を交流するときに伝えるポイントは、
①共感したこと
②疑問に思ったこと
③感想や考え（取り入れたいことなど）
の3つです。この3つのポイントについて、メモをしながら読み合いましょう。

T　感想や意見を伝え合うだけでなく、疑問点についてさらに話し合うなどの交流ができるといいですね。

○4人程度のグループで交流を行う。

2 グループで文章を読み合い、感想を交流する 〈25分〉

T　では、グループで交流を始めます。○時○分くらいには交流が終えられるように、時間を意識して進めましょう。

○それぞれのグループで見通しをもって活動できるように、終了時刻の目安を伝えておく。

・私も○○さんの考えに共感します。似たようなことを考えたけど、根拠になっている経験は違うのですね。

・僕は、□□さんの「情報が正しいか判断できないからインターネットはできるだけ使わない」という考えには疑問をもちました。インターネットのよさもあるので、信頼できるサイトだったら利用してもよいのではないですか。

想像力のスイッチを入れよう

学習課題

メディアとの関わり方について、考えを伝え合おう。

学習計画

①学習計画を立てる。
②③文章構成を考える。
事例と筆者の考えを整理し、まとめる。
④「想像力のスイッチ」について考える。
⑤メディアとの関わり方について自分の考えを書く。
★⑥書いたものを友達と読み合い、考えを交流する。

めあて

メディアとの関わり方について、考えを交流しよう。

1

○交流のポイント
①共感したこと
②疑《ぎ》問に思ったこと
③感想や考え（取り入れたいこと など）

3 全体で交流し、学習を振り返る〈15分〉

T　交流によって、自分の考えが広がったり深まったりしたことを発表しましょう。

・友達の文章を読んで、自分も似たような経験があったことを思い出しました。筆者が主張していたように、与えられた情報をうのみにするのではなく、いったん立ち止まって考えてみることが大切だと改めて思いました。

T　単元を通して、分かったことや身に付いた力について振り返りましょう。

・「想像力のスイッチを入れる」というのは、メディアからの情報だけでなく、人間関係でも言えることだと思いました。相手の言葉や行動の背景を想像することで、トラブルを減らせそうな気がします。

よりよい授業へのステップアップ

交流活動の工夫

メモに書いたことをただ伝えるだけではなく、考えを広げたり深めたりすることができるような活動にしたい。

友達の考えに疑問をもった場合、それをはっきりと伝え、補足説明したり、互いに意見を出し合ってよりよい考えをつくっていったりすることができるような交流が望ましい。

そのためには、グループの構成メンバーを考慮したり、交流の進行役をおいたりすることも考えられる。普段からの良好な人間関係の構築、話合いのルール作りも必要不可欠である。

資料

1 第1～6時資料　学習計画表 15-01

「想像力のスイッチを入れよう」

年　組　名前（　　　）

	1	2	3	4	5	6
	／ （　）	／ （　）	／ （　）	／ （　）	／ （　）	／ （　）
学習活動						
ふり返り						

2 第2・3時資料　文章構成表 15-02

「想像力のスイッチを入れよう」

年　組　名前（　　　）

	初め	中	終わり
段《だん》落			
事例			
筆者の考え			

3 第5時資料　メモ用ワークシート 15-03

「想像力のスイッチを入れよう」

年　組　名前（　　　　　　　　）

	(1)筆者の考えに共感したこと、疑《ぎ》問に思ったこと	(2)自分の経験や知識をもとに、考えたこと	(3)今後、自分はどのようにメディアと関わっていくか
自分の考え（メモ）			

4 第6時資料　交流用ワークシート 15-05

「想像力のスイッチを入れよう」

年　組　名前（　　　　　　　　）

	(　　　　)さん	(　　　　)さん	(　　　　)さん
共感したこと			
疑《ぎ》問に思ったこと			
感想・考え			

〇単元のふり返り

複合語

2時間扱い

〔知識及び技能〕(1)オ

単元の目標

・複合語の種類や特徴について理解し、語彙を豊かにすることができる。
・複合語を教科書や国語辞典から見つける活動を通して、適切な使い方を試行錯誤する中で、語句の構成について理解を深めることができる。

評価規準

知識・技能	❶語句の構成や変化について理解し、語彙を豊かにしている。(〔知識及び技能〕(1)オ)
主体的に学習に取り組む態度	❷複合語について進んで理解し、適切な使い方を試行錯誤する中で、語句の構成について理解を深めようとしている。

単元の流れ

時	主な学習活動	評価
1	・教科書 P.199[1]の設問に取り組み、「飛び上がる」の他に「飛び—」の「—」に当たる複合語を集めて短文を作る。 ・P.199〜200「複合語の種類」を読み、複合語の組み合わせ方を理解し、[2]の設問に取り組む。 ・P.198までの中から複合語を探し、付箋紙に書き出す。	❶
2	・前時に書き出した付箋紙の複合語を、P.199〜200「複合語の種類」①〜⑥に分類する。和語・漢語・外来語を区別して考える。 ・P.200「複合語の特徴」を読み、長い複合語や略語について理解するとともに、発音や音の高低が変わる複合語を声に出して読み、変化を確かめる。 ・P.201[3]、[4]の設問に取り組む。 ・これまでの学習を振り返るとともに、「いかそう」を読み、これからの生活に生かす視点をもつ。 ・国語辞典での複合語の引き方、国語辞典に書かれている複合語を見つける。	❷

授業づくりのポイント

〈単元で育てたい資質・能力〉

本単元のねらいは、語句の構成や変化について理解し、語彙を豊かにすることである。そのためには、複合語の種類や特徴を理解し、国語辞典を活用することが求められる。これまでに、語句の由来などに関心をもち、和語・漢語・外来語の適切な使い分けを、試行錯誤しながら学んできている。複合語の種類を知り、言葉と言葉を組み合わせることによって、発音や音の高さが変わることを実感できるようにする。さらに、国語辞典を効果的に活用する力を育みたい。

具体例

「飛ぶ」と「上がる」を結び付けると「飛び上がる」になることを語句の変化だと気付かせたい。複合語を２つ以上の言葉に分解し、一つ一つの言葉として認識することで、組み合わせた複合語に見られる変化とその特徴を発見させる。この過程で、子供は語句の意味や使い方に対する認識を深め、語彙を豊かにすることができる。

〈教材・題材の特徴〉

本教材では、和語・漢語・外来語を組み合わせることによって複合語を６種類に分け、４つの特徴を学ぶ。また、複合語を理解する過程で、和語・漢語・外来語の適切な使い分けを復習することができる。

さらに、単語と単語を組み合わせる複合語には、「前歯（まえば）」のように濁る読み方があることや、「昼休み」のように、「昼」と「休み」をそれぞれ読む場合と比べて、音の高さに変化が見られることに気付かせる。

具体例

「早起き」は、「早く」と「起きる」が結び付く複合語である。日常生活で用いる複合語を６種類に分けられるようにするために、これまでに学んだ和語・漢語・外来語を復習することが大切である。和語・漢語・外来語を組み合わせ、新たに「複合語」として捉え直すことは、語彙を豊かにすることにつながる。教科書 P.201の最後にある「いかそう」にあるように、複合語を２つ以上の語と語に分解して国語辞典で調べる使い方につなげたい。

〈言語活動の工夫〉

５年生で学んだ「和語・漢語・外来語の適切な使い分け」について振り返り、言葉と言葉を組み合わせることで、新たな言葉が誕生することに気付かせるようにする。

さらに、誕生させた言葉を分類し、言葉の長さや元の言葉とは異なる発音や音の高さを変化させて日常生活で用いていることを実感させる。複合語について理解したことを基に、教科書を読み直し、複合語を発見させる活動を取り入れる。複合語を探す目的で、教科書の言葉を捉え直すことで、これまで自然に受け止めていた言葉を複合語として再認識することができる。

具体例

５年生の教科書の多くの部分は、既に学習している。そのため、一度読んだ教科書のページから複合語を見つける活動を取り入れたい。その際、３～４人程度の小グループに分かれて複合語を見つけたり、あらかじめ調べるページを分けて、最後に報告したりする機会を設けたい。付箋紙に調べた複合語を書き出せば、集めた複合語を６つに分類する活動を設定することができる。

本時案

複合語

1/2

本時の目標

・複合語の種類や特徴について理解し、語彙を豊かにすることができる。

本時の主な評価

❶複合語の種類や特徴について理解し、語彙を豊かにしている。【知・技】

資料等の準備

・カード（「和語」、「漢語」、「外来語」それぞれ４枚）
・付箋紙（複合語を書き出す）
・国語辞典・漢字辞典（児童人数分）

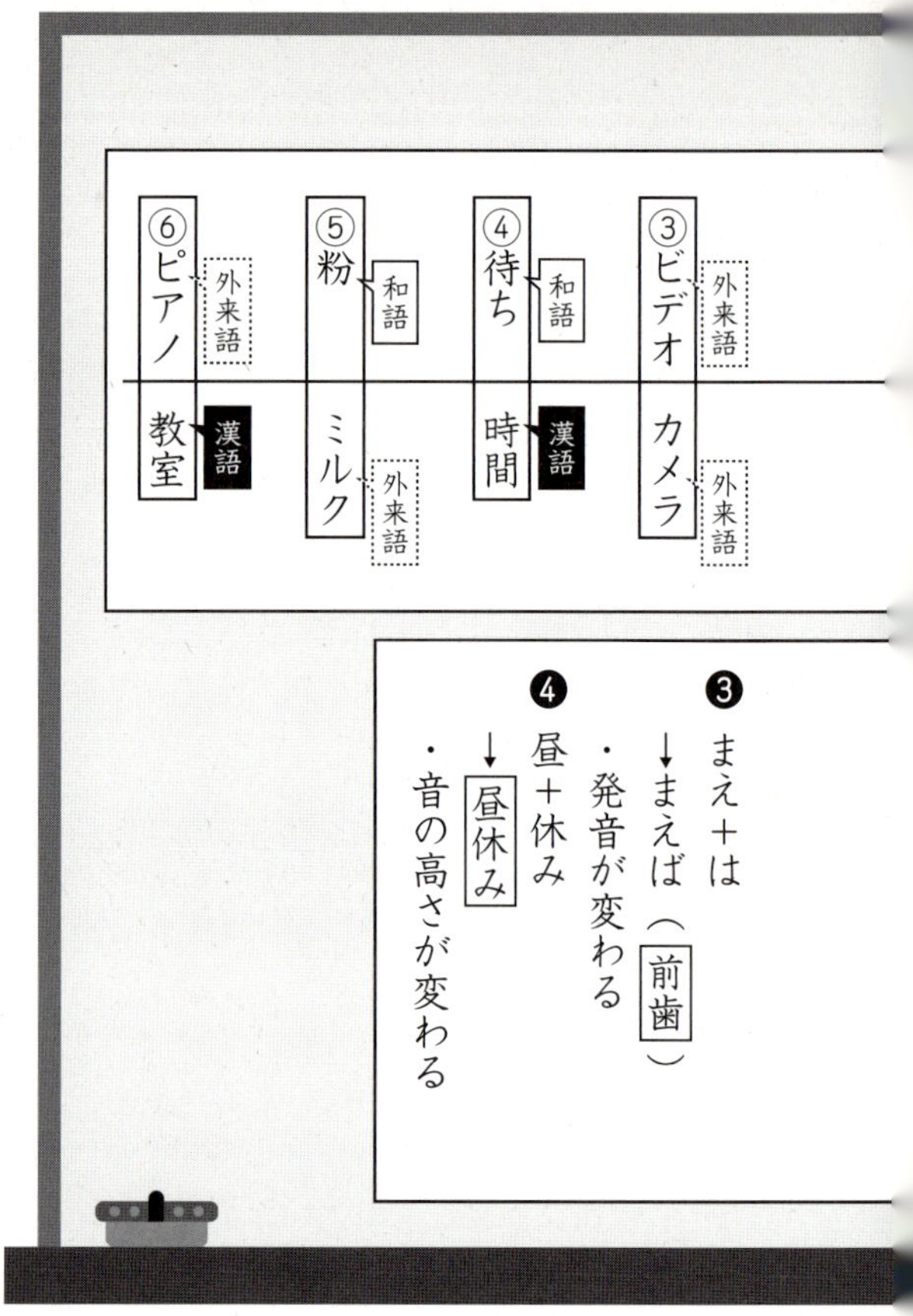

③ビデオ
外来語
カメラ
外来語
④待ち
和語
時間
漢語
⑤粉
和語
ミルク
外来語
⑥ピアノ
外来語
教室
漢語
❸
まえ＋は
↓まえば（前歯）
・発音が変わる
❹
昼＋休み
↓昼休み
・音の高さが変わる

授業の流れ ▷▷▷

1 複合語がどのようなものかを理解する 〈10分〉

○「飛び上がる」が２つの言葉を組み合わせた複合語であることを知る。

T 「飛び上がる」は、「飛ぶ」と「上がる」でできています。他に、「飛ぶ」と結び付く言葉はありますか。

・「降りる」「はねる」などが、「飛ぶ」という言葉と結び付きます。

○２つの言葉を組み合わせることで、新たな言葉になることを実感させるようにする。

2 複合語の種類①～⑥と、特徴❶～❹を知る 〈20分〉

○和語・漢語・外来語の特徴を復習し、複合語は「和語」と「漢語」、「漢語」と「外来語」など、６つの組み合わせ（種類①～⑥）があることを知る。

T これから複合語を書きます。以前学習した和語・漢語・外来語に分けてみましょう。

・外来語ってカタカナで書かれていたかな。

T 複合語には、６つの特徴があります。まず❶「映画完成記念特別試写会」は、上の①「綿毛」と比べてどんな違いがありますか。

・とても長い言葉です。

○和語・漢語・外来語で学習したことを、短時間で復習する。板書の色分けによって、視覚的に和語・漢語・外来語を区別できるようにする手立てが有効である。

複合語

複合語の種類・特徴《ちょう》を理解しよう。

1 複合語

二つ以上の言葉が結び付いて、新たな一つの言葉になったもの

飛び＋上がる ＝ 飛び上がる

かう　→　飛びかう
おりる　→　飛びおりる
はねる　→　飛びはねる

2 ◆種類

① 綿（和語）＋毛（和語）
② 消費（漢語）＋税（漢語）

◆特徴

❶ 映《えい》画完成記念特別試写会
・長い複合語

❷ 国際連合
↓
国連
・最初の文字を取る

3 教科書の中から複合語を探し、付箋紙に書き出す　〈15分〉

○既習の言葉を「複合語」という視点で捉え直す活動によって、複合語が多くの場で用いられていることに気付かせたい。

T　これまでに学習した教科書の言葉から、複合語を見つけましょう。P.198までの中から探してみてください。

・これまでに勉強してきたんだな。
・和語と漢語の区別が難しいな。

○複合語を、教科書から見つけることが難しい子供には、国語辞典や漢字辞典を活用させたい。漢字辞典は、１つの言葉と関係する言葉が一覧できる。そのため、教師が子供の興味ある言葉と別の言葉を関係付けて支援することができる。

よりよい授業へのステップアップ

和語・漢語・外来語の特徴

「和語・漢語・外来語」の単元以外でも、和語や漢語、外来語の区別をする授業の展開を考えたい。

例えば、説明的な文章や文学的な文章で、繰り返し使用される言葉が漢語である場合、「なぜこの言葉（漢語）なのか考えてみよう」と考えさせる。その漢語を和語や外来語で言い換えると、どのような印象の違いがあるのかについて、意識させることによって、和語・漢語・外来語に分類する単元と、他の単元を関連させることができる。

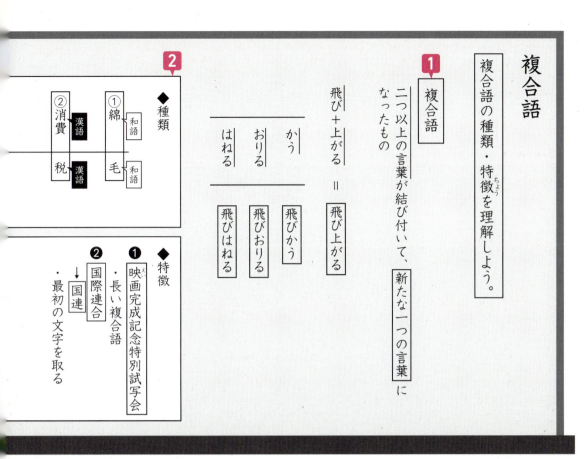

本時案

複合語

2/2

本時の目標

・複合語を、教科書や国語辞典から見つける活動を通して、適切な使い方を試行錯誤する中で、語句の構成について理解を深めることができる。

本時の主な評価

❷複合語について進んで理解し、適切な使い方を試行錯誤する中で、語句の構成について理解を深めようとしている。【態度】

資料等の準備

・国語辞典・漢字辞典（児童人数分）
・前時の板書の掲示物
※必要に応じて、前時の板書を示した掲示物などを用意する。

授業の流れ ▷▷▷

1 複合語の種類と特徴について振り返る 〈10分〉

○複合語の種類と特徴は、前時と同じものを板書（あるいは模造紙を貼るなど）して、確認する。

T　前回分かったことを確認していきましょう。

・和語・漢語・外来語の区別ができると、複合語は簡単だな。
・「綿毛」は、２文字なのに複合語なんて、驚いたよ。言葉は、分けて考えると、新しい発見があるな。

○短時間で、前回の復習をし、本時の活動につなげたい。

2 複合語の発音について理解する 〈10分〉

○教科書 P.200「複合語の特徴」を読み、長い複合語や略語について理解するとともに、発音や音の高低が変わる複合語を声に出して読み、変化を確かめる。

T　これから、複合語の発音について一緒に読みながら確認していこう。

・複合語は、もともと２つ以上の言葉だけれど、１つの言葉になると読み方も変わるんだ。
・「前歯」や「昼休み」は、自然に読み方を変えていたけれど、分解して言葉を考えると分かりやすいね。

○読み方の違いは、小グループで実際に読み分けて実感させていきたい。

複合語

複合語を見つけて、分類しよう。

1

◆種類

①綿　和語　／　毛　和語

②消費　漢語　／　税　漢語

③ビデオ　外来語　／　カメラ　外来語

④待ち　和語　／　時間　漢語

⑤粉　和語　／　ミルク　外来語

2

◆特徴《ちょう》

❶ 映《えい》画完成記念特別試写会

・長い複合語

❷ 国際連合

↓

国連

・最初の文字を取る

❸ まえ＋は

↓まえば（前歯）

・発音が変わる

❹ 昼＋休み

↓

昼休み

・音の高さが変わる

3 複合語（付箋紙）の分類をする〈15分〉

○前時に書き出した付箋紙の複合語を、教科書P.199～200「複合語の種類」①～⑥に分類する。和語・漢語・外来語を区別して考える。

T　前の授業で書き出した複合語（付箋紙）を、黒板に書いてある①～⑥に分類しましょう。グループで取り組みましょう。

・まず分けてみて、その後貼り直して考えられるから便利だな。

・分からないときは、国語辞典の説明で理解できるよ。

○前時は、教科書や国語辞典、漢字辞典に書かれた複合語を書き出した。この場面では、複合語を６つに分類する活動を通して、和語・漢語・外来語を意識させたい。

4 複合語の学習を振り返る〈10分〉

○これまでの学習を振り返るとともに、「いかそう」を読み、これからの生活に生かす視点をもつ。

T　複合語について、分かったことをノートにまとめて書きましょう。

・複合語は、和語・漢語・外来語の区別がしっかりできないといけないな。

・複合語は、既にたくさん勉強してきたんだ。

・１つの言葉でも、分けて考えると複合語が理解しやすいな。

○国語辞典での複合語の引き方、国語辞典に書かれている複合語を見つける活動を取り入れたい。

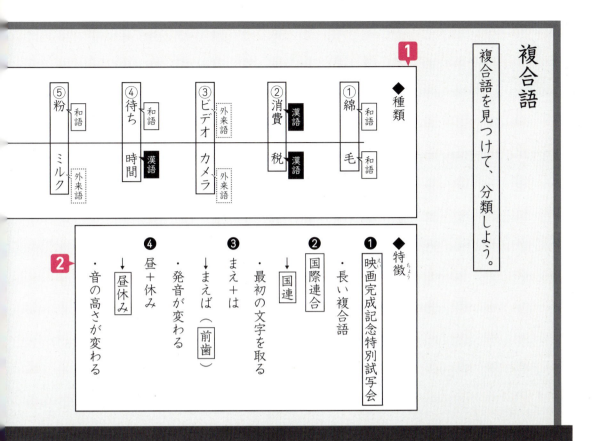

言葉について考えよう

伝わる表現を選ぼう　3時間扱い

〔知識及び技能〕(1)ア、オ　〔思考力、判断力、表現力等〕B(1)ウ、オ

単元の目標

・語感や言葉の使い方に対する感覚を意識して、語や語句を使うことができる。
・手紙をはがきに書く活動を通して、伝える目的や意図、文章全体の構成や書き表し方を工夫し、自分の考えを伝えることができる。

評価規準

知識・技能	❶言葉には、相手とのつながりをつくる働きがあることに気付いている。(〔知識及び技能〕(1)ア) ❷語感や言葉の使い方に対する感覚を意識して、語や語句を使っている。(〔知識及び技能〕(1)オ)
思考・判断・表現	❸「書くこと」において、目的や意図に応じて簡単に書いたり詳しく書いたりするなど、自分の考えが伝わるように書き表し方を工夫している。(〔思考力、表現力、判断力〕B(1)ウ) ❹「書くこと」において、文章全体の構成や書き表し方などに着目して、文や文章を整えている。(〔思考力、表現力、判断力〕B(1)オ)
主体的に学習に取り組む態度	❺伝える相手や意図について粘り強く考え、よりよく伝わるよう試行錯誤することを通して、相手や意図に応じた言葉や表現を使おうとしている。

単元の流れ

時	主な学習活動	評価
1	学習の見通しをもつ ・教科書 P.202～205を読み、相手に応じた言葉の選び方について考える。 ・P.204を読み、どのようなすれ違いが起きたか、どうすればよかったかを話し合う。	❶❷
2	・P.205を読み、言葉や表現に気を付けて、手紙を書く。	❸
3	・前時で書いた手紙を友達と読み合い、相手と意図に応じて気持ちの伝わる表現を考え、文章を推敲する。 学習を振り返る	❹❺

授業づくりのポイント

〈単元で育てたい資質・能力〉

本単元のねらいは、言葉の使い方に対する感覚を意識しながら、語や語句を用い、他者との良好な関係をつくる言葉の働きや、それらの言葉の特徴に気付く力を育むことである。

そのために、伝える相手や、何を伝えるのかという意図に応じて、自分の考えを相手に伝える文章を書く。さらに、書いた文章の構成や書き表し方などに着目して、推敲できるようにする。

具体例

○伝える相手と意図をはっきりさせた文章を書き、お互いの文章を推敲し合うことによって、相手に伝わる表現を考える機会につなげたい。

○伝わる表現にするために、「しかし」「要するに」「考える」などの思考に関わる語句を意識して推敲する活動を効果的に取り入れたい。

〈教材・題材の特徴〉

読み手である1年生に伝わるように、お知らせの文を書きかえる3つのポイントが示されている。さらに、言葉の解釈にすれ違いが生まれる事例をイラストと会話文で示すことで、伝わる表現の大切さを子供が実感する題材となっている。本教材の最後は、手紙を書く活動が設けられている。例として「はがきに書くつもりで、文面を考える」とあり、便箋ではなくはがきという限定された用紙に書くことが示されている。これは、目的や意図に応じて、簡単に書く部分と詳しく書く部分を決めるなど、書き表し方を工夫することにつながる。

具体例

○伝わる表現を選ぶためには、相手と意図に応じた言葉が必要になる。相手と意図をはっきりさせた文章を子供が実際に書き、友達と推敲する活動につなげる。まず、書き手として自分の考えが伝わるような書き表し方を工夫する。次に、読み手として友達の文章を推敲する過程で、文章全体の構成や書き表し方を考える機会を設定したい。

〈言語活動の工夫〉

手紙やはがきを書く活動では、伝える相手を子供自身が決め、どのような事実と考えがあるのか、文章全体の構成や書き表し方を工夫する。文章のどこを詳しく、どこを簡単に書けば効果的かを検討できるよう指導したい。

また、相手に何かを伝える活動は、どのような事実を挙げ、どのような意図を相手に伝えるのかを明確にすることが求められる。文章で相手に気持ちを伝えることで、自分の考えをより深めていくことにつながる。

具体例

○書いた手紙を推敲するときに、文章全体を見て「内容や表現に一貫性があるか」「目的や意図に照らして適切な構成や記述になっているか」の観点を示して、伝わる表現を選択する本単元のねらいに即した指導につなげたい。相手に応じた言葉を選ぶために教科書 P.203に示された①～③を、推敲の際に再度確認する活動を取り入れたい。

本時案

伝わる表現を選ぼう

1/3

本時の目標

・語感や言葉の使い方に対する感覚を意識して、語や語句を使うことができる。

本時の主な評価

❶言葉には、相手とのつながりをつくる働きがあることに気付いている。【知・技】

❷語感や言葉の使い方に対する感覚を意識して、伝わる表現を選んでいる。【知・技】

資料等の準備

・国語辞典（児童数分）

・漢字辞典（児童数分）

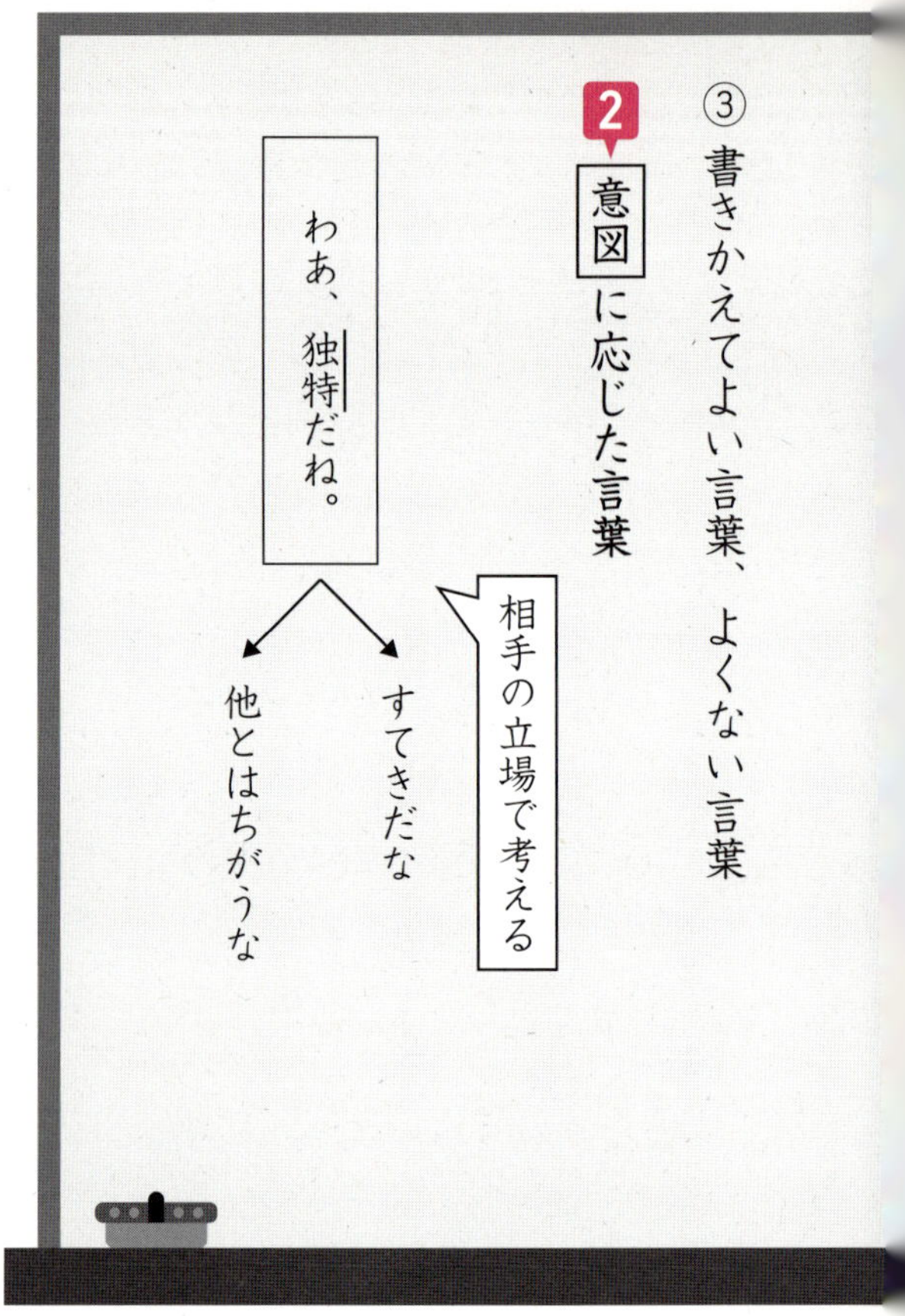

③
書きかえてよい言葉、よくない言葉
2
意図に応じた言葉
相手の立場で考える
わあ、独特だね。
すてきだな
他とはちがうな

授業の流れ ▷▷▷

1 相手に応じた言葉を選ぶ 〈10分〉

○教科書の例文「校外学習～こと。」を板書し、伝える相手が１年生の場合、どのような言葉に置き換えられるのか、考える。

T　これから、黒板に書いた文章を１年生に向けて伝えるために、言葉を入れ換えてみましょう。

・「こん虫採集」は、「虫取り」のほうがイメージしやすいな。

○入れ換えた言葉は、カードにして黒板に貼るなど工夫することで、視覚的な理解を促す。

○教科書 P.202～203を読み、相手に応じた言葉の選び方について考える。

2 意図に応じた言葉を選ぶ 〈10分〉

○「わあ、独特だね。」と板書し、どのような印象をもつのか、子供にイメージさせる。子供によって、あるいは場面によって、伝わり方に違いがあることを実感させたい。

T　「わあ、独特だね。」を見て、どのように感じますか。

・ほめられたみたいに感じます。

・他とは違う人だと思われたかもしれません。

・どういう意味か分かりません。

○子供が、具体的な生活の場に置きかえて考える取組の後、教科書 P.204を読み、どのようなすれ違いが起きたか、どうすればよかったかを話し合う。

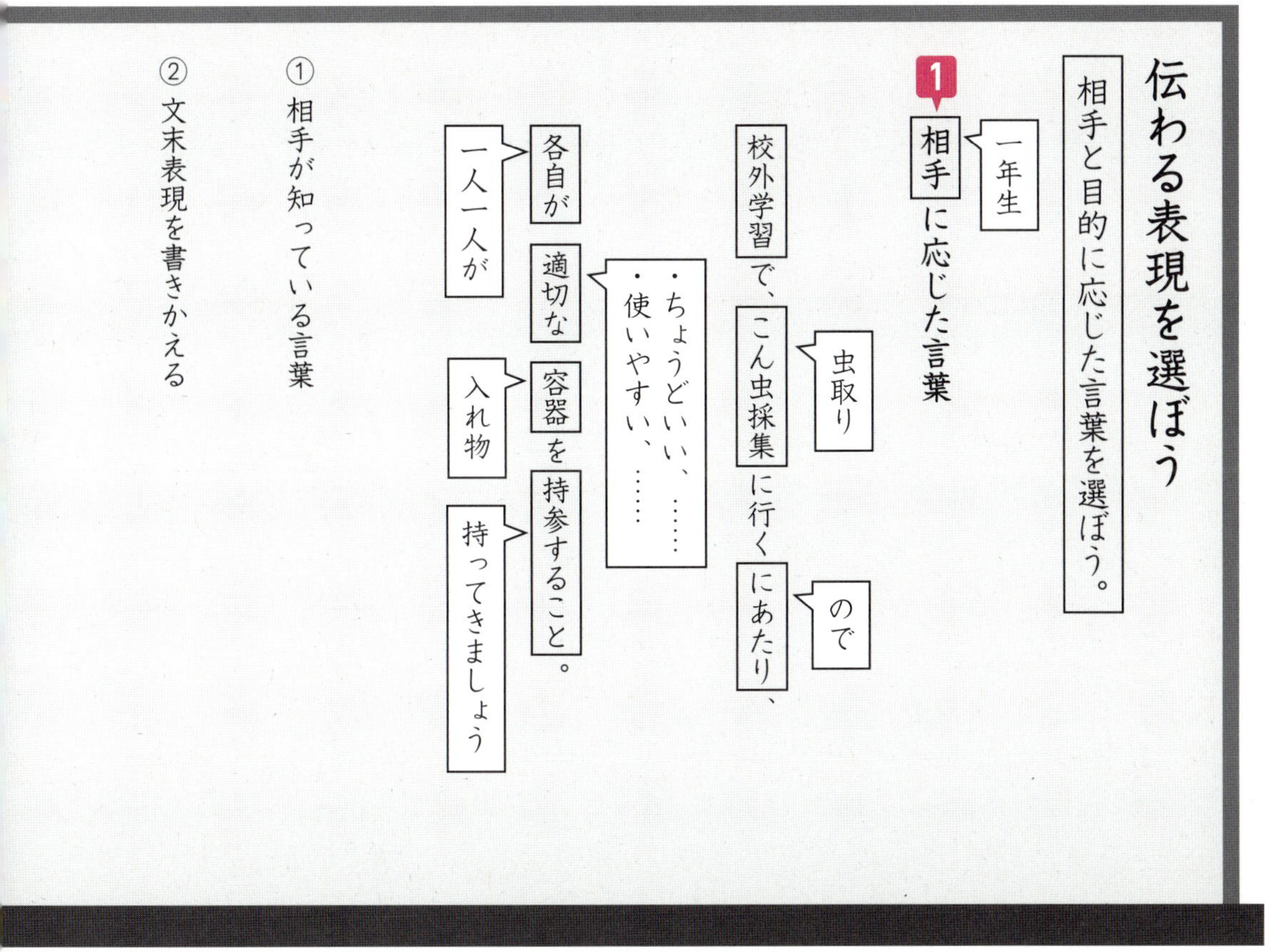
伝わる表現を選ぼう
相手と目的に応じた言葉を選ぼう。
1
一年生
相手に応じた言葉
校外学習で、こん虫採集に行くにあたり、
虫取り
ので
・ちょうどいい、……
・使いやすい、……
各自が適切な容器を持参すること。
一人一人が
入れ物
持ってきましょう
① 相手が知っている言葉
② 文末表現を書きかえる

3 辞書の説明を、別の言葉で書き換える 〈15分〉

○既に国語辞典で説明された言葉を、書きかえる活動によって、国語辞典を何度も使って言い換えることができるようになる。

T 国語辞典から、言葉を選び、1年生に伝わるように書き換えてみよう。

・私が選んだ言葉は、説明が難しくて、何度も国語辞典で調べることになりそうです。

○書き換えると伝えたい意図が変化する体験をさせたい。伝える相手と意図は切り離すことなく、一緒に考えることが大切だと実感させたい。

4 伝わる表現を選ぶときに気を付けることをまとめる 〈10分〉

○板書や教科書、国語辞典から知ったことを文章でまとめることで、本時の活動を振り返ることができる。

T 今日学んだことを文章でまとめてみましょう。伝える相手が1年生の場合を中心に考えました。もし、大人が伝える相手だった場合、どのようなことに気を付けるといいのか、書けるといいですね。

・1年生は、分かりやすい言葉に置きかえるからイメージしやすいけれど、大人が相手だったらどうしよう。

・大人でも、先生と自分の親では、伝える意図によって表現は変わりそうだね。

本時案

伝わる表現を選ぼう

2/3

本時の目標

・手紙を書き、伝える目的や意図、文章全体の構成や書き表し方を工夫し、自分の考えを伝えることができる。

本時の主な評価

❸目的や意図に応じて簡単に書いたり詳しく書いたりするなど、自分の考えが伝わるように書き表し方を工夫している。【思・判・表】

資料等の準備

・はがき（児童数分）
　※はがきの大きさに切った画用紙でも可
・赤鉛筆（児童数分）
・国語辞典（児童数分）

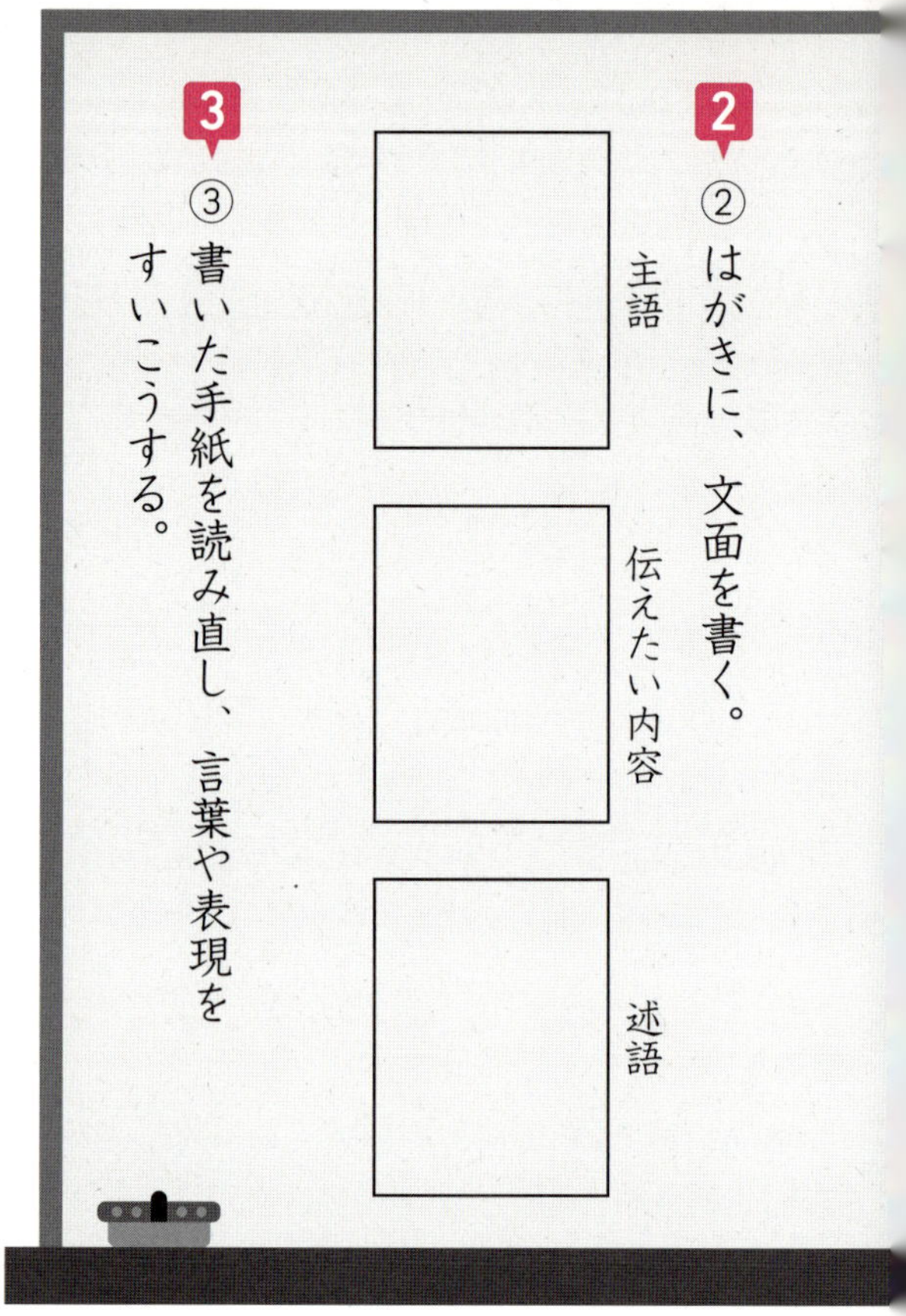

2
② はがきに、文面を書く。
主語
伝えたい内容
述語
3
③ 書いた手紙を読み直し、言葉や表現をすいこうする。

授業の流れ ▷▷▷

1 はがきに書くために、相手と目的を決める 〈10分〉

○はがきに書くために、まず「相手」と「意図」を複数挙げさせたい。子供は、思いついた相手に、その場の気持ちを書くだけの活動になりやすい。しかし、相手と意図について複数挙げることで、じっくり考えることにつなげる。

T　誰（相手）に、どのような思いを伝える（意図）のか、いくつか挙げ、実際に書いてみようと思うことに「◎」を付けましょう。

・おじいちゃんに会いたい気持ちはあるけれど電話でも言えるから、話しかけにくいサッカーのコーチに手紙を書いて伝えます。

2 はがきに書く 〈20分〉

○はがきという限られたスペースに書くことによって、主語と述語を意識して伝えたい内容を書かせたい。

T　これから、はがきに書いてみましょう。「誰は・何が（主語）」「どうする・どんな（述語）」という言葉を考えながら、相手と意図に応じた手紙を書きましょう。

・便箋に書くより短いから、何を伝えたいのか短い言葉でしっかり書かないといけないな。

・何について感謝しているのかなど、エピソードを入れて、読みやすい短い文で書くといいんだね。

伝わる表現を選ぼう

相手と意図に応じた手紙を書こう。

1

① 相手と目的を挙げ、決める。（決定に◎）

相手：だれに向けて書くのか。
　はなれて住んでいる祖父
◎サッカーのコーチ
　去年の担《たん》任の先生

意図：何をどのように伝えるのか。
　今度の夏休みに会いに行くことを楽しみにしている気持ち
◎先週の試合でかけてもらった言葉への感謝
　相談したことで、その後大きく成長できたことを報告したい気持ち

3 書いた手紙を読み直し、言葉や表現を推敲する　〈15分〉

○書き終えた手紙は、声に出して読み直すことで、1文の長さや表記の適切さについて考えさせたい。推敲のポイントとして、述語に赤鉛筆で印を付けさせる活動が効果的である。

T　書き終えた文章を音読して、直したいところを赤鉛筆で書きかえましょう。その後「どうする・どんな（述語）」という言葉に印を付けて、「誰は・何が（主語）」と一致しているか、確認しましょう。

・述語に印を付けたら、長すぎる文を発見できたよ。
・音読すると、読みにくいところが分かりました。

よりよい授業へのステップアップ

小学生向けの新聞を書きかえる

5年生で、既に新聞を読む活動に取り組んでいる。誰が、どのような目的で情報を受け取るのか、小学生向けの新聞と、一般紙（新聞）で、同じ記事を比較する活動が考えられる。

さらに、小学生向けの新聞記事を1年生に伝わるように書き換えることが有効である。小学生向けの新聞記事は5年生には理解しやすいものの、1年生には理解しにくい。相手と目的を明確にして、新聞記事を書きかえる言語活動は、本単元のねらいの達成につながる。

本時案

伝わる表現を選ぼう

3/3

本時の目標

・書いた手紙を読み合い、文章全体の構成や書き表し方を工夫することができる。

本時の主な評価

❹文章全体の構成や書き表し方などに着目して、文や文章を整えている。【思・判・表】
❺伝える相手や意図について粘り強く考え、よりよく伝わるよう試行錯誤することを通して、相手や意図に応じた言葉や表現を使おうとしている。【態度】

資料等の準備

・付箋紙（児童数分）
・国語辞典（児童数分）
・はがき（児童数分）
　※はがきの大きさに切った画用紙でも可

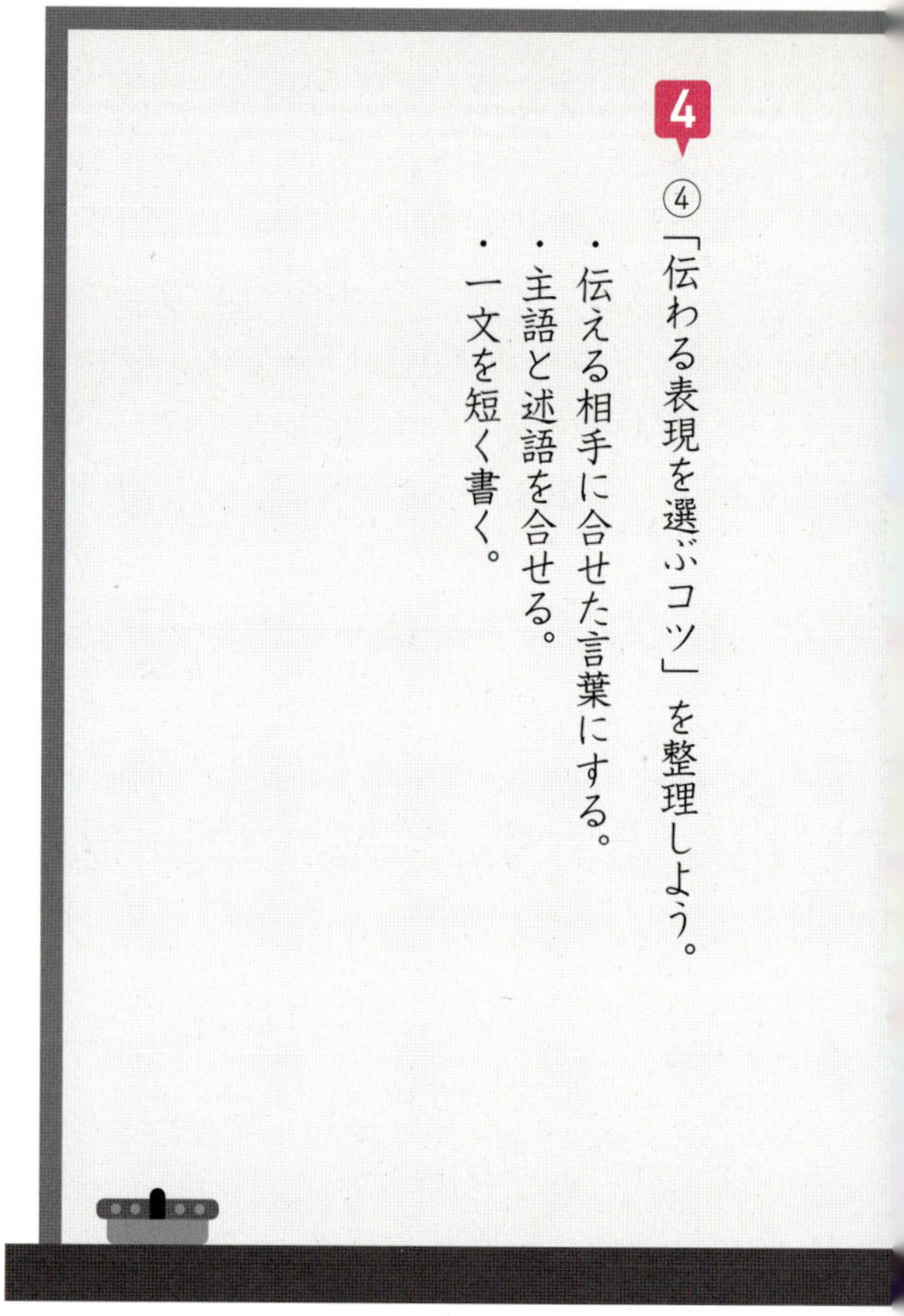

4
④「伝わる表現を選ぶコツ」を整理しよう。
・伝える相手に合せた言葉にする。
・主語と述語を合せる。
・一文を短く書く。

授業の流れ ▷▷▷

1 前時で推敲した手紙を、読み直す 〈5分〉

○前時で書いた文章を、別の時間に改めて読み直すことを通して、以前とは異なる気付きがある経験をさせたい。前時でも手紙を読み合う活動に十分取り組めるだろう。しかし、書き手である子供が読み手として自分の書いた文章を読み直す活動をあえて設定している。

T　前の時間に書いた文章を、読み直して、直したいところを赤鉛筆で書き込みましょう。
・前回は気付かなかったけれど、新しい発見があったよ。
・前に書いたときは、伝えたい気持ちが強すぎて、それぞれの言葉をじっくり考えられなかったかもしれない。

2 手紙を読み合い、文章全体の構成や書き表し方を工夫する 〈20分〉

○手紙は、書き手と読み手の関係が前提となるため、手紙を読み合う前には、読み手に相手との関係を伝えておく必要がある。

T　これからグループで、書いた手紙を読み合いましょう。読んでもらう人に、どんな相手にどんな気持ちを伝えたいのか、付箋紙に一言書いておきましょう（あるいは口頭で付け加えましょう）。
T　さらに、よりよい表現にするためにアイデアは付箋紙に書いて伝えましょう。
・主語と述語に注意すると、何を伝えたいのか分かりやすくなるよ。
○語句の言い換えだけでなく、構成も意識させるとよい。

伝わる表現を選ぼう

書いた手紙を読み合い、文章全体の構成や書き表し方を工夫しよう。

1 ①前時ですいこうした手紙を、読み直そう。

2 ②手紙を読み合い、文章全体の構成や書き表し方を工夫しよう。

3 ③手紙を清書しよう。

3 手紙を清書する 〈10分〉

○清書する前に、言葉と言葉のつながりや、文章の構成まで意識させる指導が求められる。

T　友達からの指摘を基に、もう一度手紙を読み直し、より相手に伝わるための構成や書き表し方を意識して清書をしましょう。

・1つの言葉を変えると、他の言葉とのつながりも気を付けないといけないことに気付きました。
・友達の手紙を読んで、アドバイスすると、自分の手紙の書き換えるポイントにも気付きました。

○読み合い指摘する活動によって、自らの文章ではどのように生かせるのか指導したい。

4 伝わる表現を選ぶときに気を付けることをまとめる〈10分〉

○誰にどのような意図で伝えるのか試行錯誤を積み重ねてきた過程を、「伝わる表現を選ぶコツ」として整理することで、今後の書く活動につなげたい。

T　これからも伝わる表現を選んでいくことが大切です。この単元で分かったことを、「伝わる表現を選ぶコツ」として整理しましょう。

・伝わる言葉は、誰に伝えるのか、相手によって変わることが分かりました。
・述語をチェックすることで、主語が何か意識することができました。
・長い1文を短くすることで、読みやすい手紙が書けました。

相手や目的を明確にして、すいせんする文章を書こう

この本、おすすめします　（7時間扱い）

〔知識及び技能〕(1)ア　〔思考力、判断力、表現力等〕B書くことア、ウ、カ　関連する言語活動例B(2)ア

単元の目標

・相手や目的に応じて、事実と感想、意見とを区別して書くことで、自分の考えが伝わるように書き方を工夫することができる。

評価規準

知識・技能	❶言葉には、相手とのつながりをつくる働きがあることに気付いている。(〔知識及び技能〕(1)ア)
思考・判断・表現	❷「書くこと」において、目的や意図に応じて、集めた材料を分類したり関係付けたりして、伝えたいことを明確にしている。(〔思考力、判断力、表現力等〕Bア) ❸「書くこと」において、事実と感想、意見とを区別して書いたりするなど、自分の考えが伝わるように書き表し方を工夫している。(〔思考力、判断力、表現力等〕Bウ) ❹「書くこと」において、文章全体の構成や展開が明確になっているかなど、文章に対する感想や意見を伝え合い、自分の文章のよいところを見付けている。(〔思考力、判断力、表現力等〕Bカ)
主体的に学習に取り組む態度	❺自分のおすすめの本のポイントを、目的や相手を意識しながら推薦する文章を書こうとしている。

単元の流れ

次	時	主な学習活動	評価
一	1	**学習の見通しをもつ** 単元の見通しをもち、相手や目的を明確にして、推薦したい本を考える。(取材期間)	
	2	推薦したい本を決定し、その本の特徴を取材する。(取材期間)	
二	3	推薦する本の特徴から、伝えたい内容を選び、構成を考える。	❷
	4	推薦する本のよさが伝わるよう、表現を工夫して下書きを書く。	❸
	5	推薦する本のよさが伝わるよう、読み手を意識して推敲する。	❷❸
	6	推薦する本のよさが伝わるよう、丁寧に清書する。	❺
三	7	**学習を振り返る** 友達と推薦文を読み合う。学習を振り返り、感想を書く。 (時間外) 4年生に手渡す。	❶❹

授業づくりのポイント

〈単元で育てたい資質・能力〉

本単元のねらいは、目的や相手を意識しておすすめの理由が相手に伝わるように書く力を育むことである。そのためには、推薦する本の特徴（よさ）をしっかりと集め、相手や目的に応じて選材する必要がある。また、工夫して分かりやすく書くことが大切である。そのために、相手を明確に定めることで、子供が書き方を工夫できるようになることが期待できる。

具体例

○例えば、相手を４年生と設定する。すると、来年は同じ高学年として共に協力する相手であることをふまえて、選定する本選びへの意識も変わる。また、４年生にすすめることが分かることで、４年生に合った本選びができるようになる。

○推薦する本を改めて読み、その本の特徴を見つけていくことで、今まで気付かなかった特徴に気付くことも予想される。それらを事実と感想、意見を分けてまとめることで、ものの見方や考え方が変容することも期待できる。

〈教材・題材の特徴〉

本教材は、下級生の誰かに向けてという設定で書かれている。下級生に親交の深い子がいたり兄弟がいたりすれば、相手を意識して意欲的な活動になると期待できる。しかし、子供全てに思い入れをもっている相手がいるとは限らない。学校や学級に応じて相手や目的を工夫することで、主体的に学習に取り組めるようにする。

また、実際におすすめをしたことで、反応が返ってきたりおすすめしたことで変化が見られたりするような相手や目的を設定できると、学びに向かう態度が向上することが期待できる。

具体例

○相手意識の工夫としては、この１年間で関わりの多かった１つの学年に絞ってみたり、家族にすすめたりする設定にすると、大きな差が生まれにくくなる。学級内の差が生まれないことで、交流が活発に行われることも期待できる。

○目的意識の工夫としては、本をおすすめするだけでなく、委員会やクラブ活動などをおすすめすることが想定できる。委員会やクラブ活動のおすすめとなれば、来年の選択に大きく関わってくるので、同学年での共有も大きな意味をもってくる。この活動は、新たな友達の内面の発見にもつながり、子供に有用感が生まれ、書く楽しさを味わうことができるようになる。

〈言語活動の工夫〉

おすすめするときの見出し語を工夫することで、読み手に書いてある内容を分かりやすく伝えるとともに読みたいと思わせられるよう、短い言葉で内容の大体をまとめる。その際に、引き付ける言葉を選びすぎるあまり、内容と大きく異なることがないようにしたい。

具体例

○例えば、身近な生き物の秘密が詳しく書かれていて、イラストも載っている図鑑の見出しを『あっというまに生き物はかせ』とすると、生き物に興味をもっている子供が読みたくなる。

○本の題名と同じような見出し語にならないように意識させたい。また、推薦文のまとめ（よびかけ）の内容から考えさせることで、見出し語を考えやすくすることができる。

本時案

この本、おすすめします 1/7

本時の目標

・単元の見通しをもつことができ、推薦したい本を考えることができる。

本時の主な評価

・本を推薦するという単元の目的を理解し、相手を意識して学習を進めていこうとしている。

資料等の準備

・ワークシート① 18-01

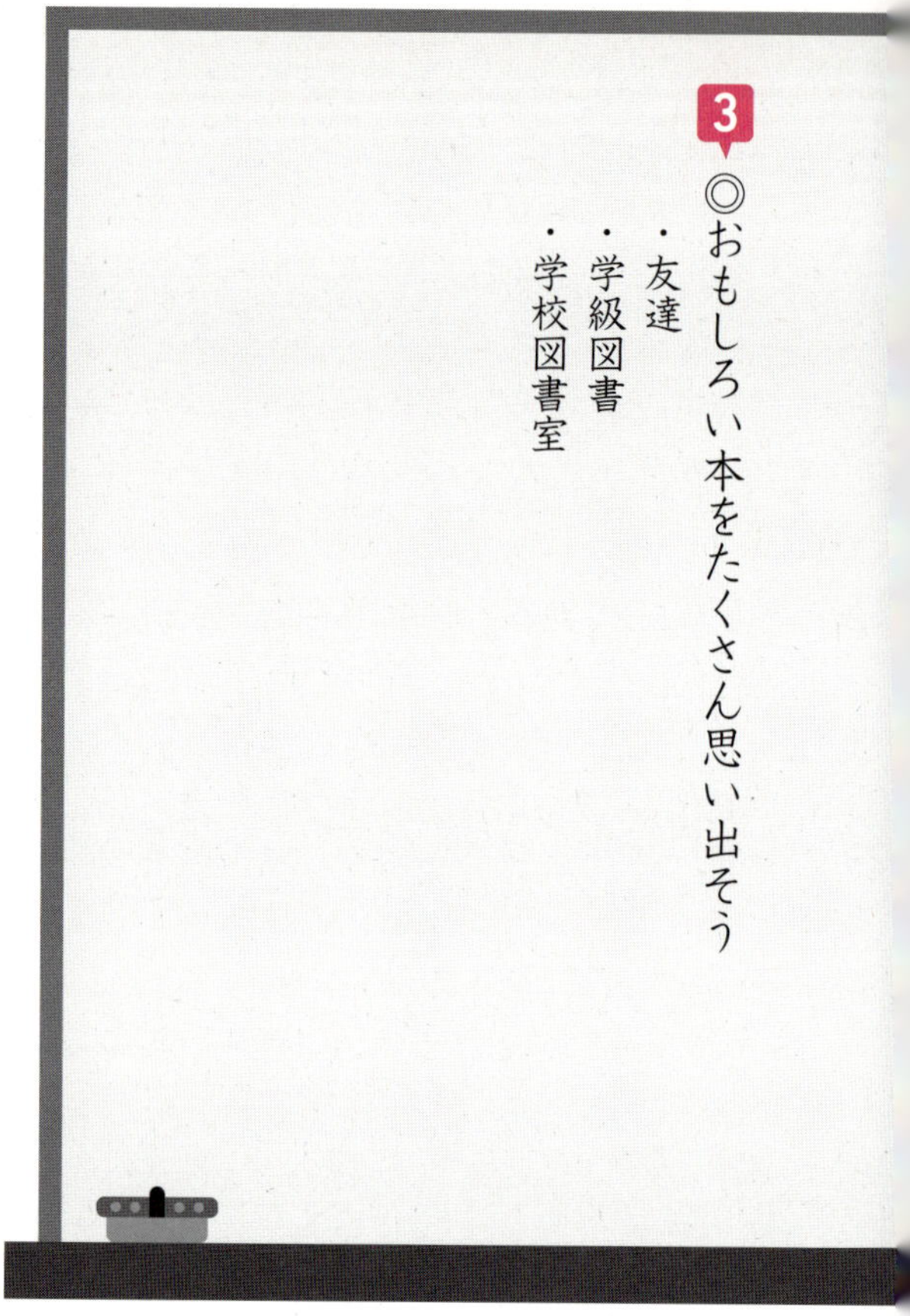
3
◎おもしろい本をたくさん思い出そう
・友達
・学級図書
・学校図書室

授業の流れ ▷▷▷

1 おもしろいと思った本や印象に残った本を想起する 〈10分〉

T　今まで読んでおもしろいなと思った本はありますか。

・『びりっかすの神さま』がおもしろかったです。

・星新一さんの本です。

○授業後半で子供の参考にするために、なるべく多くの事例を挙げさせるとよい。

T　その本をなぜおもしろいと思ったのですか。

・最後はみんなが一生懸命になったからです。

・星さんは設定がいつもおもしろいからです。

・友達にすすめられて読んだからです。

○どうして「おもしろい」と思ったのか、どうしてその本を「読むことになった」のかなどを想起させる。

2 単元のゴールを知り、学習計画を立てる 〈15分〉

○本単元の学習について説明する。「４年生におすすめする本」など、相手意識を明確にすることが大切である。

T　今回は４年生におすすめの本を文章で紹介します。

T　書くために必要なことを確認しよう。

・構成が必要です。

・４年生のときにどんな本を読んでいたか調べたいです。

・参考となる文を読みたいです。

○既習の学習を想起させ、「書くこと」の学習計画を立てる。その際、子供の実態に合わせて柔軟に学習過程を工夫してよい。

この本、おすすめします

学習の目標を知り、おすすめの本を考えよう。

1

○おもしろいと思った本
・モモ
・びりっかすの神さま
・冒《ぼう》険者たち
・星新一さんの書いた本
・「ぼくら」シリーズ
・ぼうけんもの（シンドバットの冒険）
（十五少年漂《ひょう》流記）
（二分間の冒険）

2

○学習計画
・構成
・取材
・例文

①取材 ← ②すいせんする本の決定 ← ③取材 ← ④構成 ← ⑤下書き ← ⑥すいこう ← ⑦清書

3 推薦したい本を考える 〈20分〉

T　今まで読んだ本の中で、おもしろかった本をワークシートに書き出してみましょう。また、その理由も簡単に書きましょう。

○筆が進まない子供には、授業前半に出た本を参考にさせる。

○友達と相談したり、学校図書室に移動して探させたりするなど、本を思い出させるための工夫ができるとよい。

○次回の授業までを取材期間とし、授業時間外でもおもしろい本を思い出したら書き留めておくことで、たくさんの本を集めさせることが肝要である。

よりよい授業へのステップアップ

単元のゴールをイメージさせる工夫

「書くこと」は特にエネルギーのいる学習である。だからこそ、書く意義をしっかりと伝えて、子供が書くことに意欲をもてるようにしたい。そのために、本単元で書いたものをどう活用するのかを、最初にしっかりと伝えることが大切である。

推薦する相手の工夫

本単元では相手を４年生に設定したが、学校や子供の実態に応じて関わりの多い相手を設定できるとよい。推薦相手のことをよく知っていると、相手をイメージして書くことができる。

本時案

この本、おすすめします 2/7

本時の目標

・推薦したい本を決定し、その本の特徴を取材することができる。

本時の主な評価

・推薦したい本を決めることができ、その本の特徴を集めようとしている。

資料等の準備

・ワークシート②（児童用と掲示用） 18-02
・ワークシート①の掲示用 18-01
・付箋
・シール

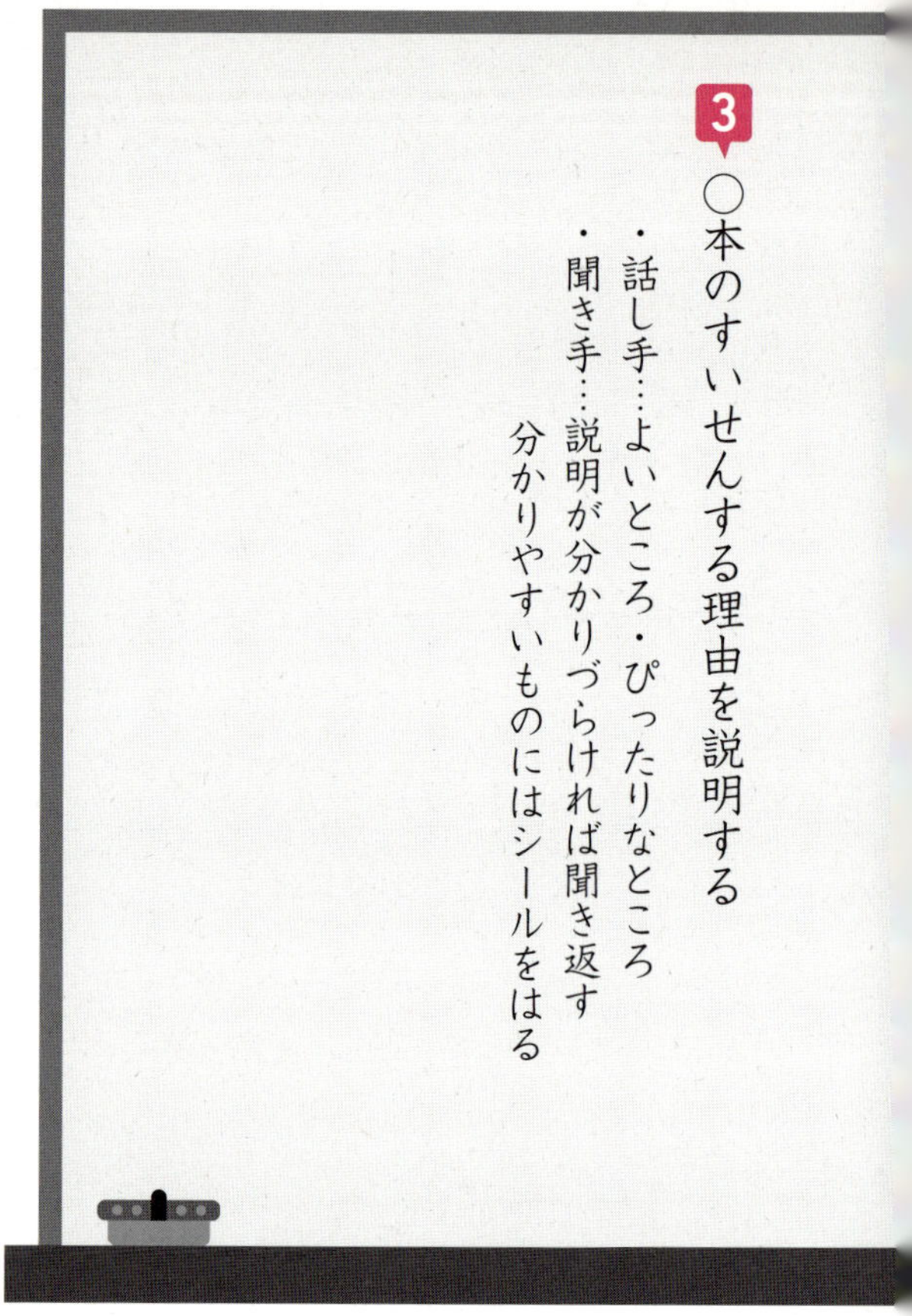
3
○本のすいせんする理由を説明する
・話し手…よいところ・ぴったりなところ
・聞き手…説明が分かりづらければ聞き返す
分かりやすいものにはシールをはる

授業の流れ ▷▷▷

1 推薦する本を決定する 〈10分〉

○前時の学習を振り返り、単元のゴールを確認する。

T　今日は、４年生に推薦する本を決めます。相手のことを考えて、どの本がよいか考えましょう。

・来年５年生になるから、この本だな。
・ワークシートに一番多く理由を書いたものを選ぼう。

○教科書 P.207『1 すいせんしたい本を選ぼう。』を確認する。

○第１時のワークシート①の選んだ本の決定欄に○を付ける。取材にはない新しい本に決めてもよい。

2 推薦する本の特徴を書く 〈20分〉

T　推薦する本が決まりましたか。

○推薦の本が手元にあるとよい。そのため、学校図書室や学級図書などを利用できるようにしておく。また、候補の本を授業時に用意させておくとよい。

T　本のよいところや、相手にぴったりなところを付箋に書き出しましょう。

・主人公が４年生だから、気持ちを理解しやすい。
・文章が短く読みやすい。
・文章の最後でどんでん返しがあっておもしろい。

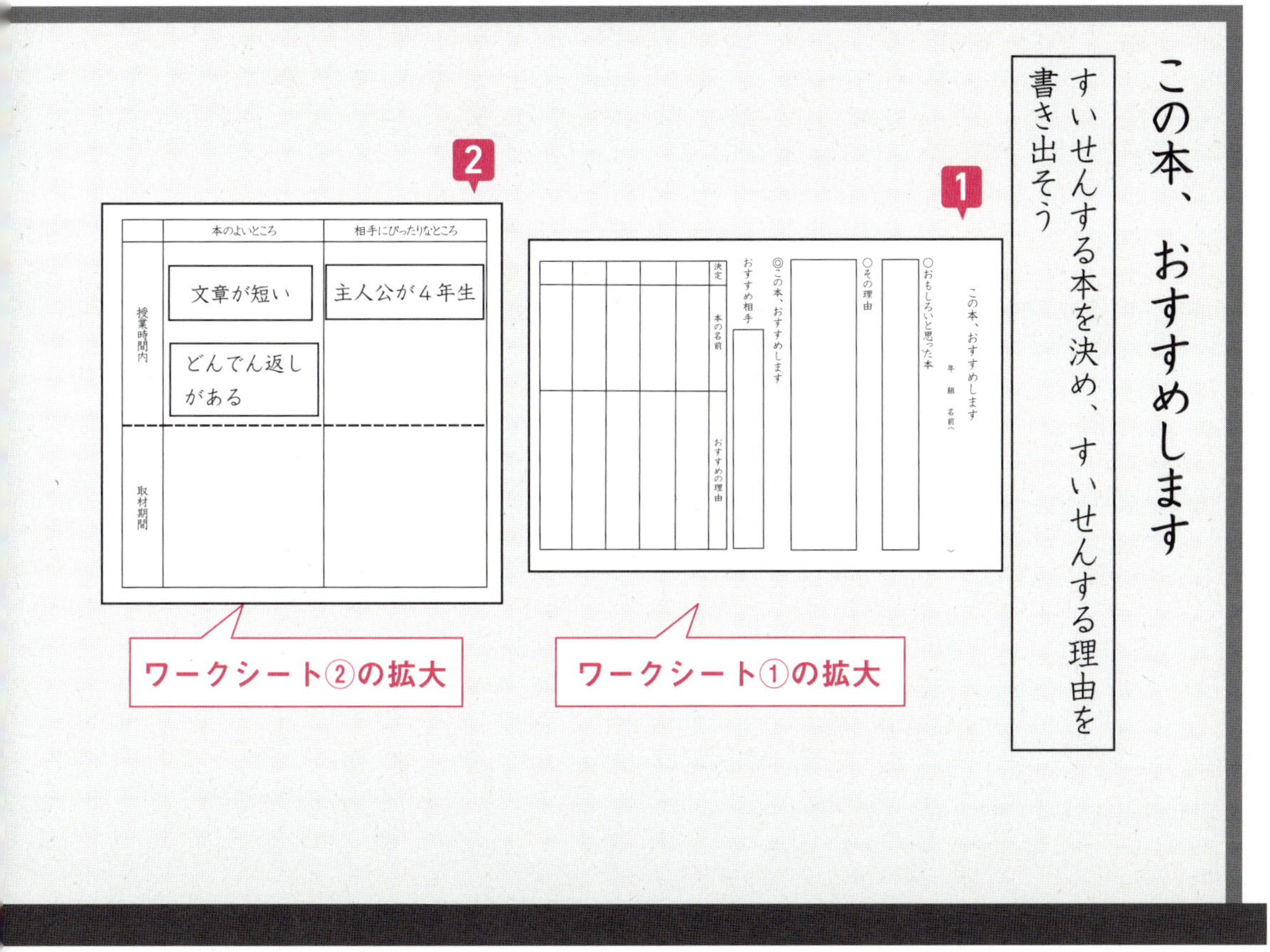

この本、おすすめします
すいせんする本を決め、すいせんする理由を書き出そう
1
この本、おすすめします
年　組　名前（　）
○おもしろいと思った本
○その理由
◎この本、おすすめします
おすすめ相手
決定
本の名前
おすすめの理由
2
本のよいところ
相手にぴったりなところ
文章が短い
主人公が４年生
どんでん返しがある
授業時間内
取材期間
ワークシート②の拡大
ワークシート①の拡大

3 推薦したい本の特徴を友達に説明する 〈15分〉

T 集めた付箋を使って、本のよさを友達に説明してみましょう。友達は、どのよさの説明がよかったか、アドバイスをしてあげましょう。

○付箋に書き出した内容を友達に説明することで、自分の中で推薦したい本の特徴の理解を深める。

○聞き手側は、分かりづらければ聞き返す。また、分かりやすいものにはシールを貼り、次時の参考にできるようにする。

T 次の授業までにさらに付箋を増やしておきましょう。友達にアドバイスをもらってもいいですよ。

よりよい授業へのステップアップ

取材期間をとる工夫

授業内では、本の特徴をうまく集められない子供が出ることも想定される。交流の時間で友達の付箋を参考にし、課外の時間にさらに取材活動を行うことで、本の特徴を集めることができる。付箋が集まっていないと次時への参加が難しくなるので、子供の進捗状況を把握して期間を定めるとよい。

取材の仕方の工夫

付箋に理由を書き出すことで、理由を取り留めなく長く書くことを防ぐことができる。また、次時の構成を考える際、操作しやすいという利点もある。

本時案

この本、おすすめします 3/7

本時の目標

・推薦したい本のおすすめのポイントを選材し、推薦する内容の構成を考えることができる。

本時の主な評価

❷相手を意識しながら、推薦したい本の構成について考え、決めている。【思・判・表】

資料等の準備

・ワークシート③（児童用と掲示用） 18-03
・ワークシート②の掲示用 18-02
・文例

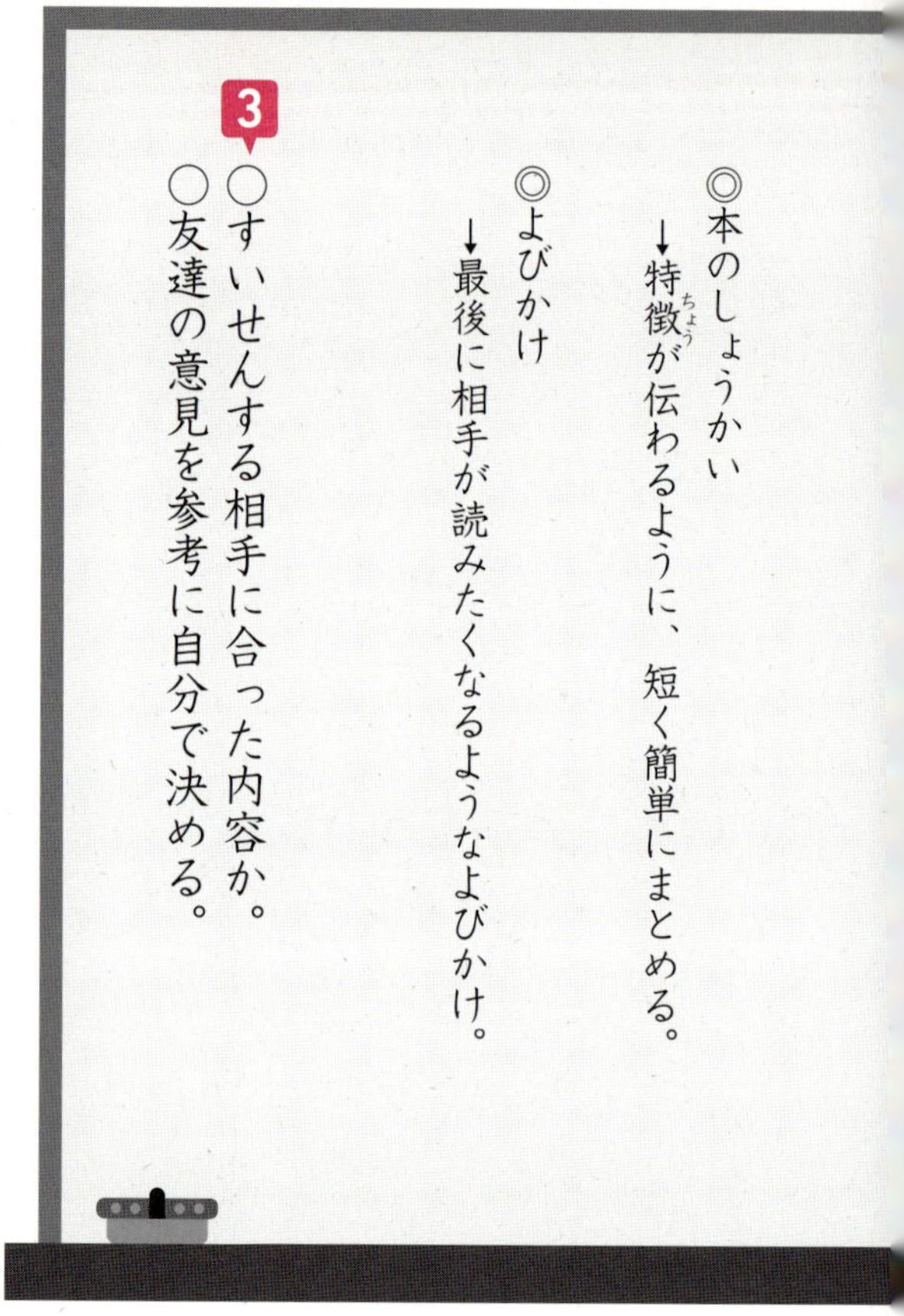

◎本のしょうかい
↓特徴《ちょう》が伝わるように、短く簡単にまとめる。
◎よびかけ
↓最後に相手が読みたくなるようなよびかけ。
3
○すいせんする相手に合った内容か。
○友達の意見を参考に自分で決める。

授業の流れ ▷▷▷

1 推薦文例を確認し、推薦する本の特徴を選ぶ 〈20分〉

○教科書 P.209の「清書の例」を読んで、特徴の選び方について話し合わせるとよい。
○教師が教科書とは違う文例を用意し、文例同士を比較させるとより分かりやすくなる。

T　今日までに、推薦したい本の特徴をたくさん集めましたね。その中から、推薦したい特徴を２つ選びましょう。
・付箋を移動させるだけだから簡単だな。
・似たような特徴は選ばないように気を付けよう。

○特徴の選び方に工夫が見られる子供を指名し、どう選んだのか発表させるとよい。

2 推薦する本の構成を考え、友達と交流する 〈20分〉

T　「本のしょうかい」や「よびかけ」を意識して構成を考えましょう。
○「本のしょうかい」や「よびかけ」も箇条書きで短くまとめる程度でよい。
○特徴をまとめられない子供には、本の背表紙や帯など、簡単にまとまっている箇所を示してあげてもよい。

T　考えた構成を友達に説明して、意見をもらいましょう。
○「よびかけ」が、その本の内容から外れていないよう確認する。

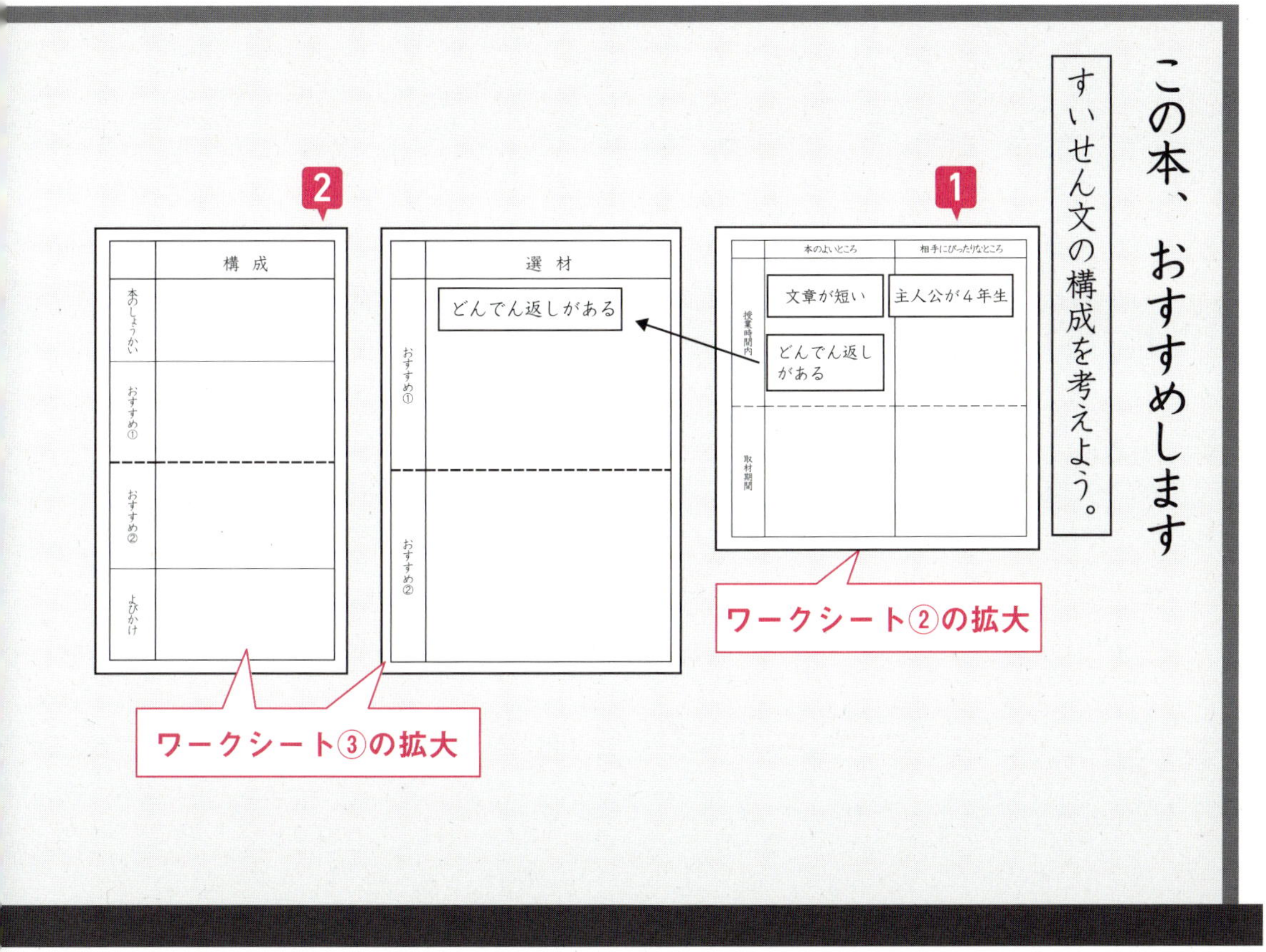

3 推薦したい本の構成を決定する〈５分〉

T 友達からもいろいろな意見がもらえましたね。友達の意見も参考に構成を決定しましょう。

○相手を想起させて、この構成でよいかどうかを考えさせる。

○場合によっては、選材の段階に戻って、推薦したい本の特徴を変えてもよい。

○友達の意見を採用するかどうかは、自分で判断させるとよい。

○推薦したい本を見返すことができるよう、授業の際は手元にその本を用意しておくことが大切である。ただし交流の際は、その本を見せないで交流した方がよい。

よりよい授業へのステップアップ

文例の工夫

教科書の文例を使うことは、子供にとってイメージをもたせる上でとても参考になる。しかし、１つの参考例だと足りない場合や子供の実態に合っていない場合がある。そこでもう１例、教師が文例を用意することで、子供が考えやすくなる。また、教師も実際に書くことで、子供のつまずきやすい箇所が見えてくるようになる。

交流の工夫

交流することで、その本を知っている自分では気付かない、説明の分かりづらい点を見つけることができる。

本時案

この本、おすすめします 4/7

本時の目標

・推薦したい本のおすすめポイントが伝わるように下書きを書くことができる。

本時の主な評価

❸相手を意識しながら、構成を基に事実と意見、感想を区別して書こうとしている。【思・判・表】

資料等の準備

・文例の掲示用
・ワークシート③の掲示用　18–03

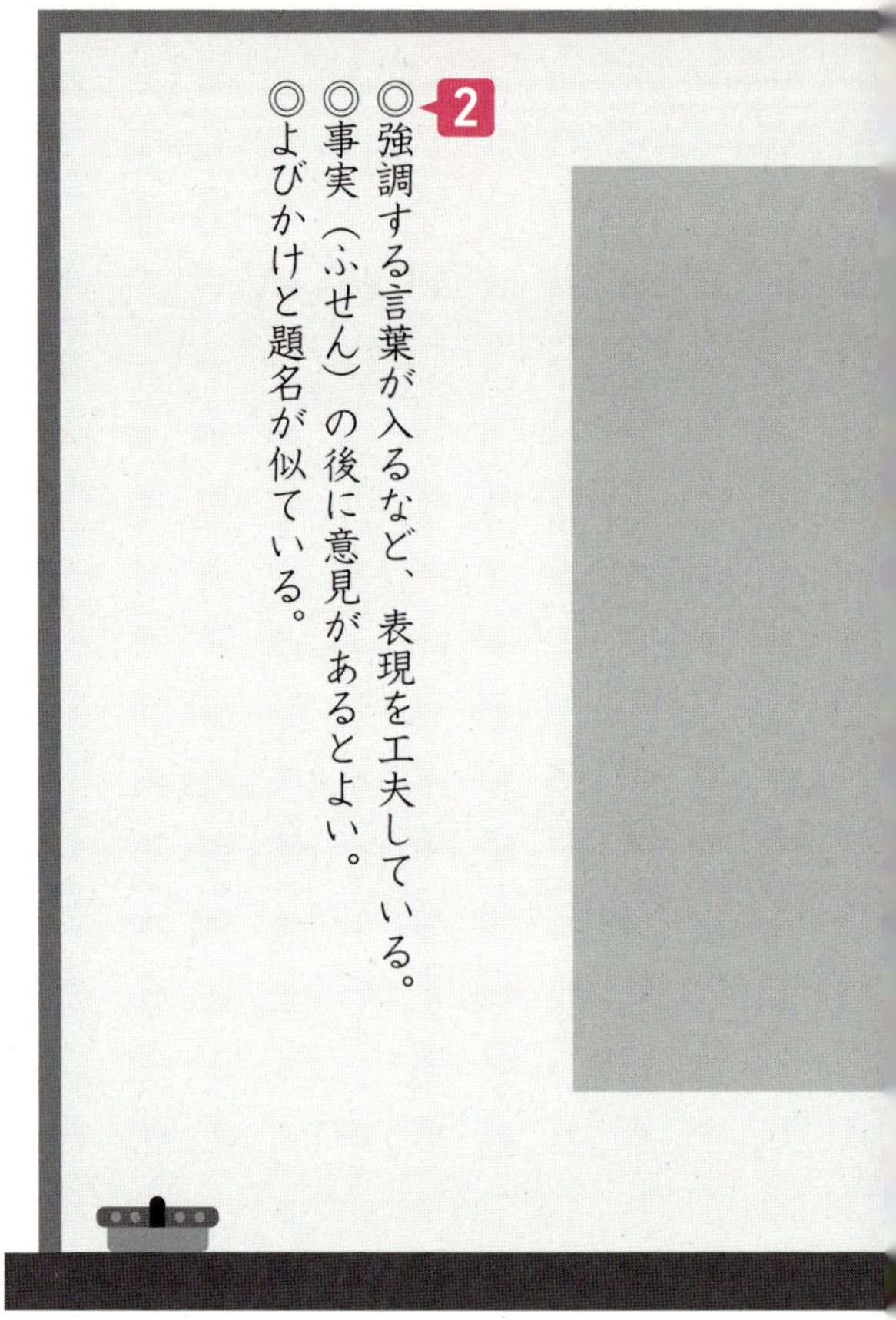

2
◎強調する言葉が入るなど、表現を工夫している。
◎事実（ふせん）の後に意見があるとよい。
◎よびかけと題名が似ている。

授業の流れ ▷▷▷

1 前時を振り返り、構成を見直す 〈7分〉

T　前回の授業で、構成はどんなことを意識して決めましたか。
・本のよいところや相手にぴったりなところを構成に入れました。
・相手が読みたくなるような「よびかけ」が難しかったです。

○相手を意識した構成になっていたり、工夫が見られたりする子供の例を紹介する。

○改めて自分の構成を見直し、相手を意識したおすすめのポイントになっているか、「よびかけ」に工夫はあるかを確認させる。

2 構成から文章への書き方を確認する 〈18分〉

○構成表（ワークシート③）から教師の文例（教科書例でもよい）にどうやって移行したのかを、全体で確認する。
T　構成表と文例の文章で違っているところはどこですか。
・「あっというまに」などの強調する表現が書き足されているよ。
・「おすすめ」には、付箋に書いている以外にも、自分の意見が書かれているね。
・事実から、読み手を意識して意見が書かれているんだ。
・「よびかけ」と「題」が似ているな。

○横書きの書き方も復習できるとよい。

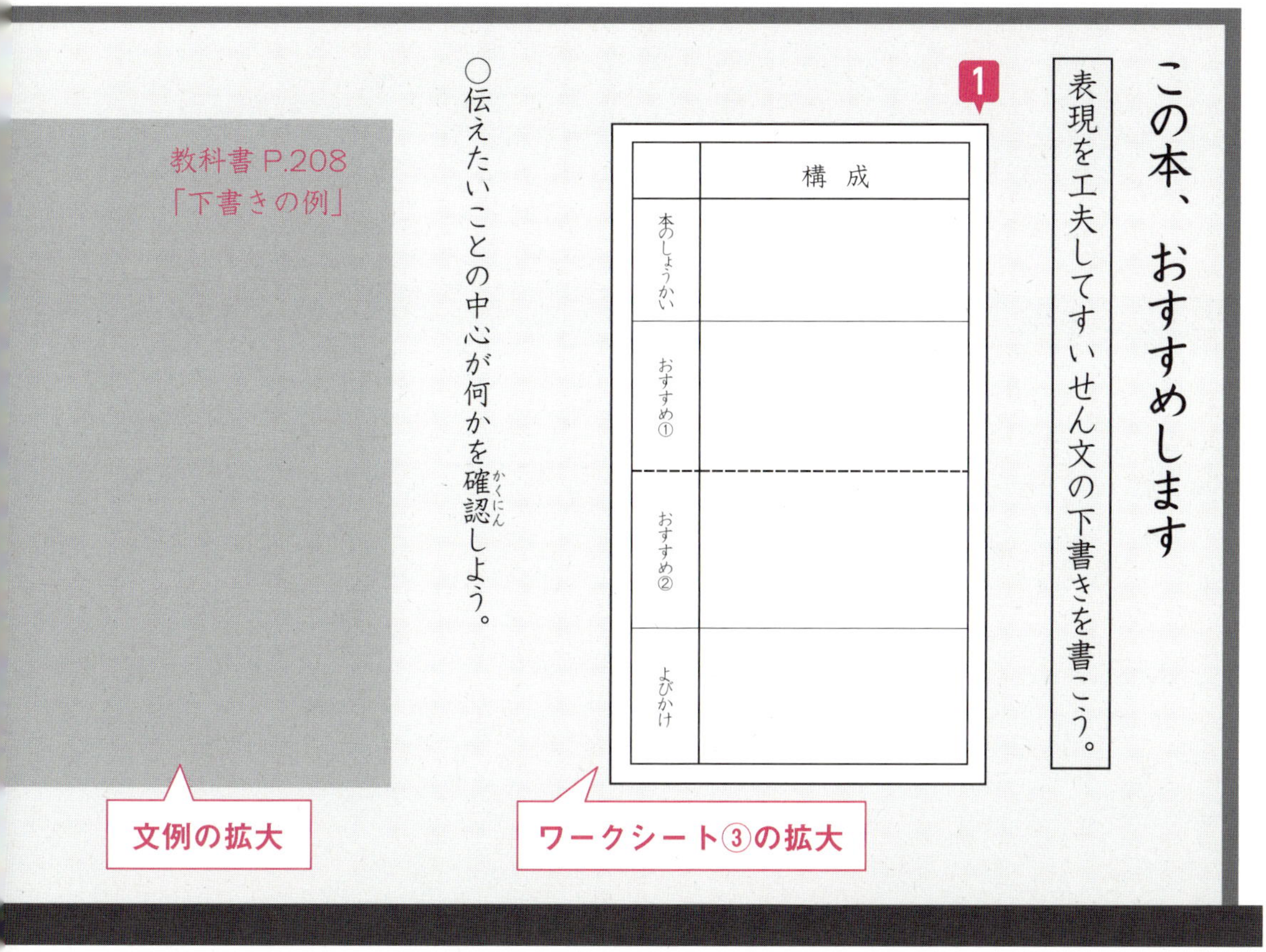
この本、おすすめします
1
表現を工夫してすいせん文の下書きを書こう。
構成
本のしょうかい
おすすめ①
おすすめ②
よびかけ
○伝えたいことの中心が何かを確認《かくにん》しよう。
教科書 P.208
「下書きの例」
文例の拡大
ワークシート③の拡大

3 下書きをする 〈20分〉

T　では、自分の書きやすい用紙を選んで、下書きを書いてみましょう。

・書き慣れているから、原稿用紙に書こう。
・マス目があると書きづらいから、下線のみの用紙がいいな。
・吹き出しとかも入れたいから無地がいいな。

○下書きをする際は、構成表や教科書の文例、おすすめの本などを参考に書かせていく。
○構成を考え直したい、おすすめのポイントを変えたいなどの意見は許容し、子供の主体的な活動を促していくとよい。
○この時間に書き終わらないことも想定されるので、次時に時間の余裕をもたせて、個別に支援を行いたい。

よりよい授業へのステップアップ

柔軟な学習の工夫

構成やおすすめのポイントを選び直す段階に戻るなど、子供の思考を優先して柔軟に学習を進めることが肝要である。また、子供の実態に応じて、下書き用紙も数種類用意するとよい。

場の設定の工夫

個人で書き進めたい子供もいれば、友達と相談したい子供もいる。そこで、友達や教師への相談スペースを用意するとよい。ただし、相談が終わったら席に戻って書くなど、子供の実態に合わせたルールを明確にする必要がある。

本時案

この本、おすすめします 5/7

本時の目標

・推薦したい相手に伝わるように書けているか推敲することができる。

本時の主な評価

❷相手を意識した、おすすめのポイントになっているかを推敲している。【思・判・表】

❸事実と意見、感想を区別して書き表している。【思・判・表】

資料等の準備

・児童の下書きの掲示用

・推敲用台本 18–04

3

〈グループすいこうの進め方〉

○『本のしょうかい』→『理由①』→『理由②』を説明。

○自分ですいこうしてみて、気になったところ。

○友達が説明を聞いて、気になったところ。

◎友達のアドバイスを聞いて、どのように直すか自分で考えよう。

◎相手におすすめの理由が伝わるようにしよう。

授業の流れ ▷▷▷

1 前時を振り返り、下書きを見直す〈10分〉

○よく書けている子供の下書きを紹介し、参考にさせるとよい。

T　この下書きのよいところはどこですか。

・事実と意見が書き分けられています。

・題名・見出しが工夫されています。

・ふりがながあり、読む人を意識していることが分かります。

○前時までに書いた自分の下書きを見直し、直せるところがないか見直す時間を取る。

○事実と意見の区別ができていない子供には、付箋で書いてあることが事実なのか意見なのかを助言するとよい。

2 下書きの見直しをする〈5分〜15分〉

T　下書きを見直し、書き直したり書き進めたりしましょう。

・「よびかけ」をもう少し工夫しようかな。

・友達の文が参考になるな。いいところを取り入れて書こう。

○下書きが早くに終わった子供には、見直しの視点に沿って個人で推敲を行うよう指示する。

○第４時の進み具合によって、下書きの時間を柔軟に運用するとよい。2が短い時間で済めば、3の時間を多く取ることができ、丁寧な見直しにつながる。

この本、おすすめします

相手におすすめの理由が伝わるように
すいこうしよう。

1 子供の下書きを掲示する

下書き

下書き

2

〈見直しの視《し》点〉
○事実と意見が書き分けられているか。
○題名・見出しに工夫があるか。
○読む人を意識した表現の工夫がされているか。

3 推敲をする 〈20分～30分〉

○推敲用台本を配り、推敲の進め方を確認する。

T それでは１人５分ずつの推敲時間を取ります。最初の人から説明を始めてください。

○３～４人のグループ編成で話し合えるとよい。（時間配分やグループの数は子供の実態に合わせて調整するものとする。）
○グループを意図的に配置してもよい。
○グループ推敲が終わったら、話し合ったことを基に個人で推敲をする。
○推敲の際は消しゴムなどを使わず、書き換えた言葉も残しておくとよい。

よりよい授業へのステップアップ

前時の学習を生かした振り返りの工夫

前時に子供が書いた下書きを使って振り返りをすることで、より実態に即した文例に触れることができ、参考にしやすくなる。また、賞賛された子供の励みにもなる。

推敲の仕方の工夫

推敲が誤字脱字のチェックで終わってしまうことがないように、推敲の仕方をしっかりと説明することが大切である。慣れていなければ、推敲用の台本を用意してもよい。また、意図的にグループ分けをすることで、効率のよい話合いができる。

本時案

この本、おすすめします 6/7

本時の目標

・推薦する本のよさが伝わるよう、丁寧に清書することができる。

本時の主な評価

❺自分のおすすめの本のポイントを、目的や相手を意識しながら推薦する文章を書こうとしている。【態度】

資料等の準備

・清書用紙

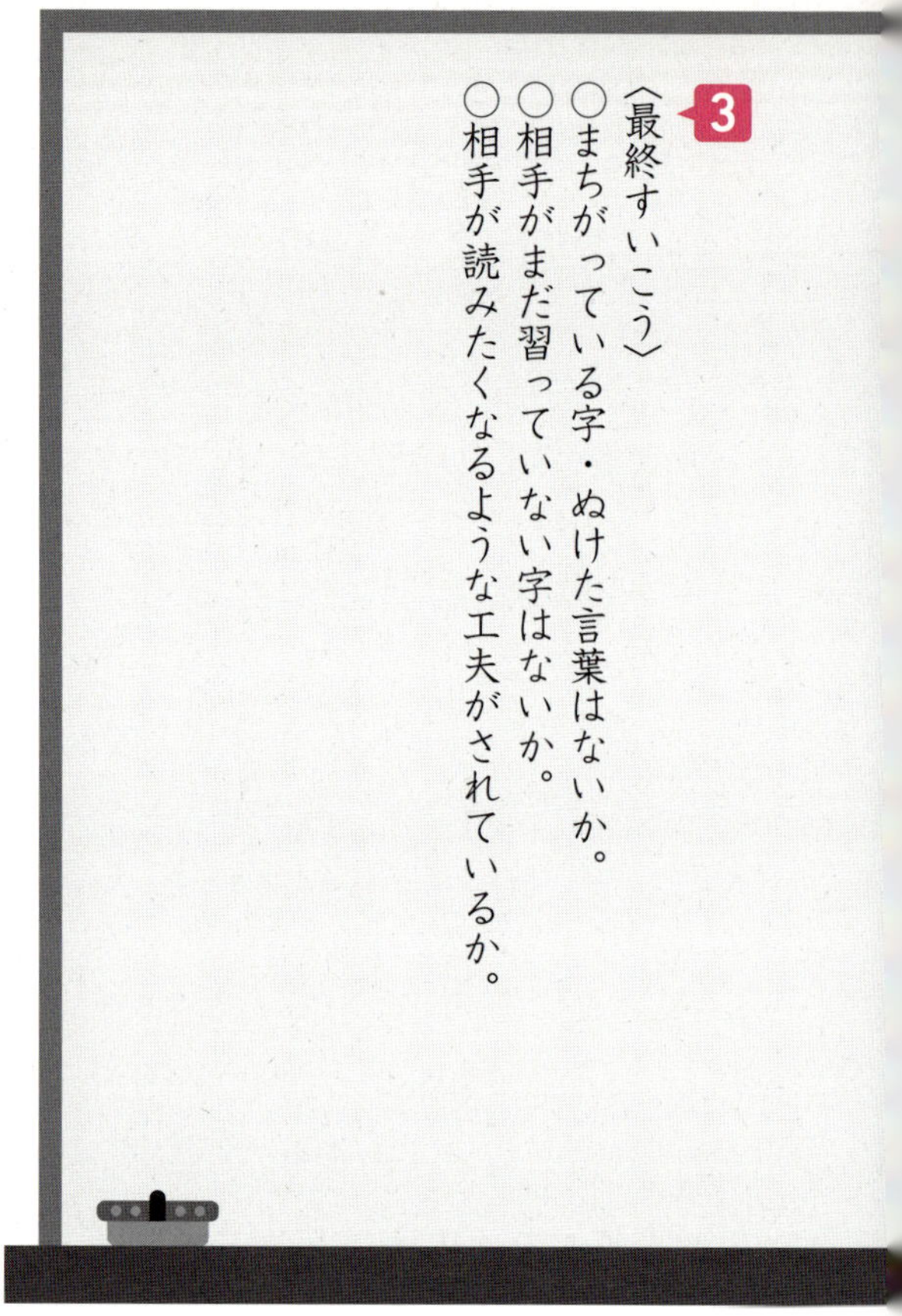

3
〈最終すいこう〉
○まちがっている字・ぬけた言葉はないか。
○相手がまだ習っていない字はないか。
○相手が読みたくなるような工夫がされているか。

授業の流れ ▷▷▷

1 前時を振り返り、推敲した下書きを見直す 〈10分〉

○友達の推敲を参考に、前時を振り返る。

T　どんなことに気付いて、推敲できているでしょうか。
・表現に比喩などの工夫を入れています。
・語尾を敬体に直しています。

○教科書 P.210の「たいせつ」を読んで、相手や目的に合わせて書く時の大切なことを復習する。
○自分で推敲する時間を取って、本当に清書に移れるかの最終確認をさせる。

2 清書をする 〈25分〉

○教科書 P.209の「清書の例」を読んで、書き方を再確認する。

T　清書で気を付けることは何でしょうか。
・相手を考えて、丁寧に書くことです。
・伝えたいことが伝わるように、工夫して書きます。
・事実と意見を分けて書きます。

○早く書き終わった子供には、題字や吹き出しのデザインを工夫させてもよい。
○子供の実態に合わせて、清書の時間と推敲の時間を工夫したり、推敲する場を設けたりしてもよい。

この本、おすすめします

本のよさが伝わるよう、ていねいに清書しよう。

1 子供の推敲を掲示する

推敲

推敲

2 〈清書の書き方〉

○相手のことを思い、ていねいに書く。

○伝えたいことが分かるように、字の大きさやデザインなども工夫する。

○事実と意見を区別して書く。

3 記述ミスがないか、最終推敲をする 〈10分〉

T　清書が書けた人は、誤字・脱字がないかどうか、確認しましょう。

・もらった人の気持ちになって、最初から読み直してみよう。

・５年生で習った漢字も書いてあるから、ふりがなを振ろう。

○次時で共有するため、自分で推敲することが望ましい。ここでの推敲は、文章の工夫というよりは誤字脱字の確認を主とする。

○協力して推敲をする場合は、前時でグループ推敲した友達同士でするとよい。

○授業後に教師も誤字脱字のチェックをすることが望ましい。

よりよい授業へのステップアップ

清書用紙の工夫

清書用紙は、活用の仕方に合わせて工夫できるとよい。子供の主体性を尊重できる無地の用紙だけでなく、本の名前や見出しを書く場所が指定されている用紙を準備すると、書く活動のみに専念でき、支援につながる。

目的意識・相手意識をもつことの重要性

清書を丁寧にできるかどうかは、書く意義をもっているかどうかに大きく左右される。清書前に、目的を明確にし、相手を再確認することで、気持ちを込めて書くことができるようになる。

本時案

この本、おすすめします 7/7

本時の目標

・友達と文章を読み合い、文章のよいところを伝え合うことができる。

本時の主な評価

❶言葉には、相手とのつながりをつくる働きがあることに気付いている。【知・技】
❹友達と文章を読み合うことで、自分の文章のよさに気付いている。【思・判・表】

資料等の準備

・付箋紙など

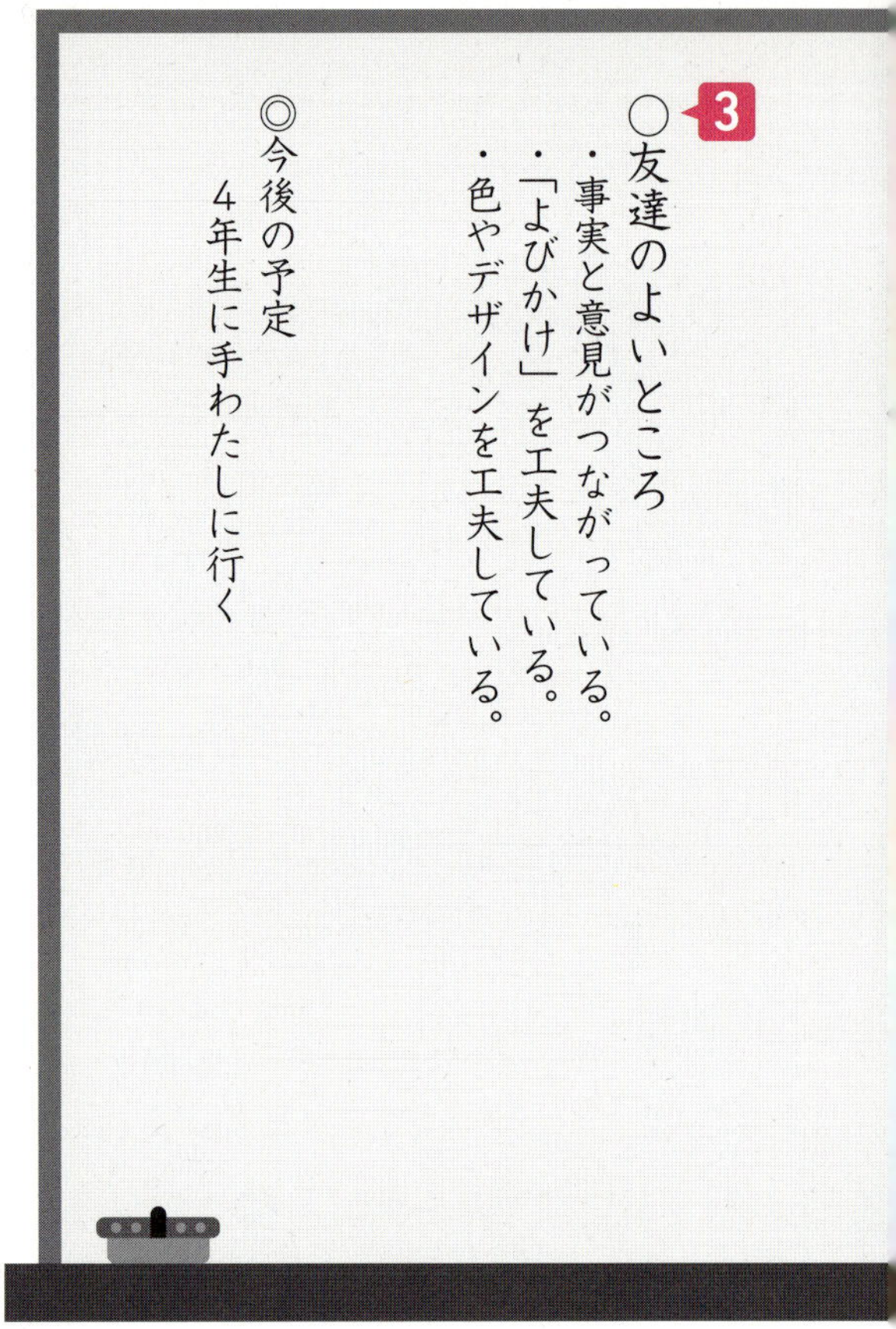
3
○友達のよいところ
・事実と意見がつながっている。
・「よびかけ」を工夫している。
・色やデザインを工夫している。
◎今後の予定
4年生に手わたしに行く

授業の流れ ▷▷▷

1 前時を振り返り、推敲した下書きを見直す 〈5分〉

○前時の学習で書き終えていることが前提の授業である。そのため、欠席等で清書がまだ終わっていない子供がいる場合は、期間を空けて全員が書き終えた状態で授業を行う。

T　みなさん清書を読み直してみましょう。
・改めて読んでみてもよく書けているな。
・書くときにここを工夫していたな。

○自分が何に気を付けて書いたかを振り返ることで、これから共有するときの視点を思い出せるようにするとよい。

2 友達と共有する 〈30分〉

T　今日は、友達の推薦文を読んで、よいところを付箋に書いて伝え合いましょう。

○ペアになって互いの文章のよいところを見つけ合い、しっかりと感想を伝えることで自分の文章のよさを実感させるとよい。
○共有の時間では、相手の文章の間違い等を指摘するのではないことをしっかりと確認する。
○クラスの実態を鑑み、ペアの相手を教師が指定したり、共有の場を限定したりすることも必要である。
○教師は、よさの発見が不得手な子供をサポートするなど、机間指導を行うとよい。

この本、おすすめします

友達と文章を読み合い、文章のよいところを伝え合おう。

1 ○清書を読み直そう
・書くときに工夫したところは
・書くときに気をつけたところは
・書くときに苦労したところは

2 ○友達の文章のよいところを見つけよう
・共有する相手とペアをつくる
↓
・ふせんによいところを書いてわたす
↓
・感想を言葉でも伝え合う
↓
・お礼を言って新しいペアをさがす

3 学習の振り返りをする 〈10分〉

T 友達の文章を読んで、どんなところをまねしてみたいと思いましたか。

・事実と意見がしっかりとつながったおすすめの仕方ができていました。
・「よびかけ」の文章がおもしろく書かれていて引き付けられました。
・おすすめポイントが分かりやすいように、色やデザインを工夫している友達がいました。

○学習感想を書く時間をたくさん取れるとよい。ここでの学習感想は、実際の場で活用されることへの期待や今後の書く活動への抱負が書かれることも期待できるからである。
○いつ、実際の場で活用するかも確認する。

よりよい授業へのステップアップ

共有の工夫

ただ言葉で感想を伝え合うだけでは、記憶に残りづらい。付箋紙や共有ワークシートなどに書かせることで、感想にも責任をもたせることができる。また、感想をよさに絞ることで、自分の作品のよさに気付かせたい。

実際の場に生かす重要性

「授業だから文章を書く」ではなく、「実際に使うから書く」活動をすることで、書いた作品の有用性を実感でき、「書いてよかった」「よりよい文章を書きたい」と思うようになり、次の書く活動への意欲付けにもなる。

資料

1 第1・2時資料　ワークシート①　18-01

この本、おすすめします

年　組　名前（　　　　）

○おもしろいと思った本

○その理由

◎この本、おすすめします

おすすめ相手

決定	本の名前	おすすめの理由

2 第2・3時資料　ワークシート②　18-02

この本、おすすめします

年　組　名前（　　　　）

おすすめ相手

おすすめする本

	本のよいところ	相手にぴったりなところ
授業時間内		
取材期間		

3 第3・4時資料　ワークシート③ 18-03

この本、おすすめします

年　組　名前（　　　　　　　　）

◎本のおすすめの理由を選ぼう。

	選材
おすすめ①	
おすすめ②	

◎構成を考えよう。

	構成
本のしょうかい	
おすすめ①	
おすすめ②	
よびかけ	

4 第5時資料　推敲用台本 18-04

この本、おすすめします

年　組　名前（　　　　　　　　）

◎グループで相談すること

	セリフ	空らんの内容　など
書き手	私は、［　　］という本をおすすめします。この本は［　　］という内容の本です。	・選んだ本の名前 ・『本のしょうかい』
書き手	おすすめの理由は、［　　］と、［　　］の二つ（三つ）です。	・『理由①』 ・『理由②』
書き手	自分ですいこうしてみて、いちばん相談したいことは、［　　］です。どう思いますか。	
友達一	［　　］	・アドバイス
友達二	［　　］	・アドバイス ※気になることは、どんどん話し合おう。
友達一	（例えば）「よびかけ」は、理由と合っていて分かりやすいね。	（時間になったら）
書き手	ありがとうございます。	（次の人と交代）

事実と感想、意見とを区別して、説得力のある提案をしよう

提案しよう、言葉とわたしたち

6時間扱い

〔知識及び技能〕(1)ア、オ　〔思考力、判断力、表現力等〕A話すこと・聞くことイ、ウ
関連する言語活動例A(2)ア

単元の目標

・提案したいことを伝えるために、事実と感想、意見とを区別するなど、話の構成を考え、自分の考えが伝わるように表現を工夫することができる。

評価規準

知識・技能	❶言葉には、相手とのつながりをつくる働きがあることに気付いている。〔知識及び技能〕(1)ア) ❷思考に関わる語句の量を増し、話の中で使うとともに、語句と語句との関係、語句の構成や変化について理解し、語彙を豊かにしている。また、語感や言葉の使い方に対する感覚を意識して、語や語句を使っている。(〔知識及び技能〕(1)オ)
思考・判断・表現	❸「話すこと・聞くこと」において、話の内容が明確になるように、事実と感想、意見とを区別するなど、話の構成を考えている。(〔思考力、判断力、表現力〕Aイ) ❹「話すこと・聞くこと」において、資料を活用するなどして、自分の考えが伝わるように表現を工夫している。(〔思考力、判断力、表現力〕Aウ)
主体的に学習に取り組む態度	❺説得力のあるスピーチになるよう、粘り強く構成や伝え方を工夫しようとしている。

単元の流れ

次	時	主な学習活動	評価
一	1	**学習の見通しをもつ** 学習活動を知り、スピーチに興味をもち、提案したいことを考える。	
	2	提案のための情報を集める。	
二	3 4	スピーチの内容や構成を考え、スピーチメモと提示する資料を作る。	❷❸
	5	構成に沿って、事実と感想、意見の違いが伝わるように話し方や表現を工夫してスピーチをする。	❹❺
三	6	**学習を振り返る** スピーチを聞き合って、感じたことを伝え合う。	❶

授業づくりのポイント

〈単元で育てたい資質・能力〉

説得力のある提案をするためには、聞き手の側に立って、話の内容や構成、話し方を工夫することが重要である。本単元では、事実と感想、意見を区別して話の構成を考えていくことをねらいとしているため、「事実」「感想」「意見」それぞれの意味をしっかりと子供に教えることが大切である。

具体例

○例えば、「最近、本を読む人が少ないので、楽しさを知ったほうがいいと思った」の「少ない」は主観的な判断のため、「事実」とは言えない。
以下のように、分けられる。
「事実」…例「約47％が１か月に１冊も本を『読まない』と回答している」
「感想」…例「本を読まない人が多いと思った」
「意見」…例「多くの人に本を読む楽しさを伝えていくべきだと考えた」

〈教材・題材の特徴〉

普段の生活の中で何気なく使っている「言葉」を見つめ直すことから始まり、課題や気付きを基に提案することを決めて、相手に伝わる構成や話し方を考えていく学習である。「自分が見つけたことを他の人に伝えたい」と強く願うことが、構成や話し方の学習を深めていく原動力になるだろう。そこで、振り返る視点を示したり、本やデータを用意したりして、「言葉」をめぐる課題や気付きを促していくことが必要である。

具体例

○「言葉」を振り返る視点
・「言葉が原因となったトラブル」…言葉遣い、齟齬、行き違いなど
・「言葉の力を感じた経験」…うれしかった一言、励まされた言葉、勇気付けられた言葉など
・「言葉の社会的な諸問題」…意味を間違いやすい言葉、ら抜き言葉、標準語と方言など
※文化庁「ことば食堂」「言葉に関する世論調査」などのサイトを活用すると、さらに課題を明確にすることができる。

〈言語活動の工夫〉

本単元では、多数の人を前に自分の考えを伝えるので、２つの点に留意する必要がある。まず１つ目は、子供にスピーチのおもしろさやよさに気付かせ、スピーチへの興味・関心を高めていく点である。２つ目は、相手意識を高める点である。誰に伝えるのかによって、構成や話し方は大きく変わっていくため、相手を念頭において学習を進められるようにしていきたい。

具体例

○スピーチへの興味・関心を高めるためには、動画等をモデルとして活用し、そのよさや工夫している点について交流する。
参考 URL

https://www.ted.com/talks?sort=newest&language=ja（「TED」）
http://tedxutokyo.com/（「TED」日本の大学のスピーチ）
http://www.ted-ja.com/2016/01/fa-ming-tojia-zu-ai-ikanishitesubarashiifa-ming-hasheng-mareruka-shen-gu-ming-ri-xiang-tedxkyoto.html（「TED」12歳の小学生のスピーチ）

本時案

提案しよう、言葉とわたしたち 1/6

本時の目標

・スピーチに興味をもち、学習計画を立て、提案したいことを考えることができる。

本時の主な評価

・スピーチ活動に興味をもち、学習計画を立て、身の回りの「言葉」との関わりを振り返ろうとしている。

資料等の準備

・学習計画表 19-01
・映像資料

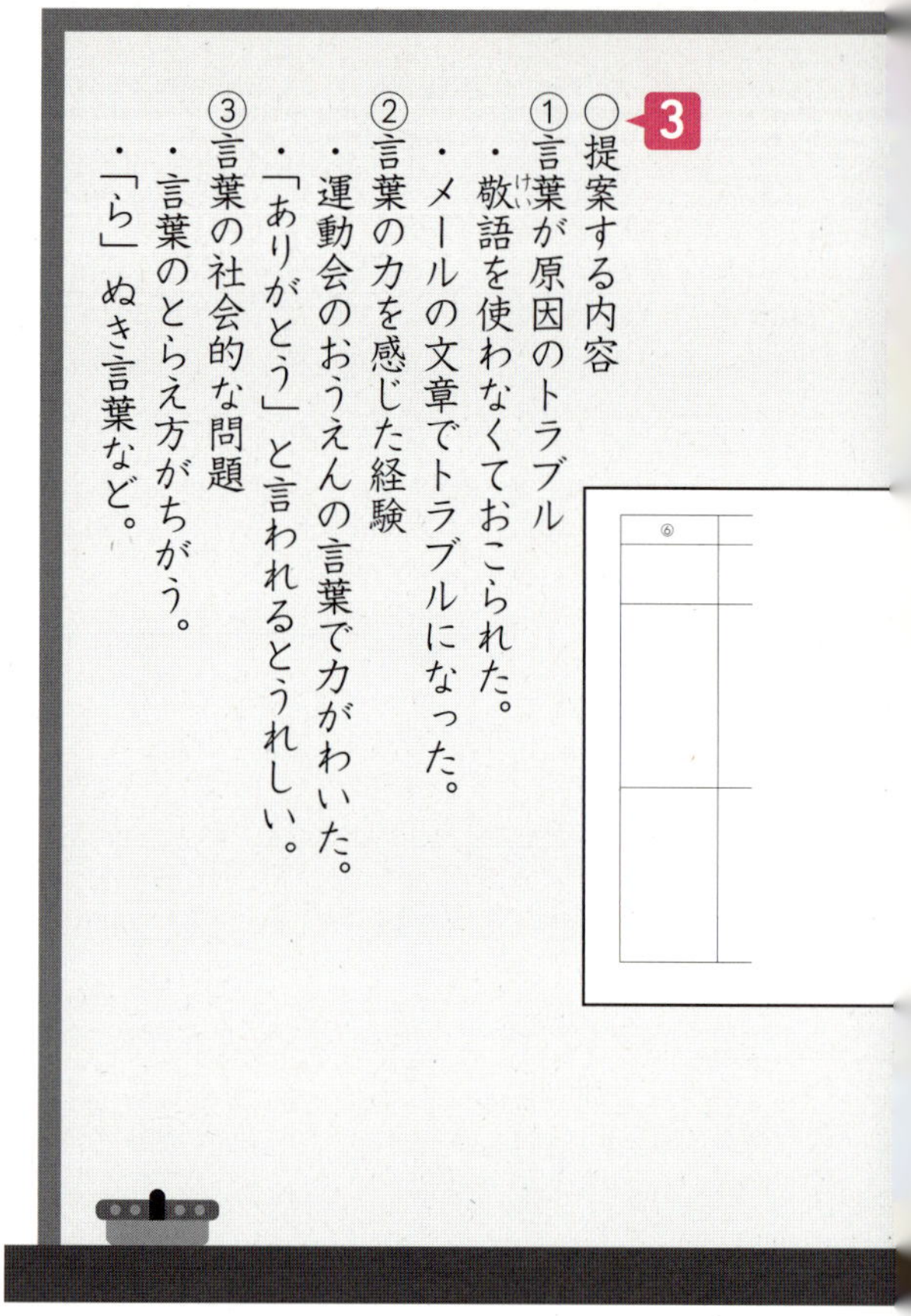

3
○提案する内容
①言葉が原因のトラブル
・敬《けい》語を使わなくておこられた。
・メールの文章でトラブルになった。
②言葉の力を感じた経験
・運動会のおうえんの言葉で力がわいた。
・「ありがとう」と言われるとうれしい。
③言葉の社会的な問題
・言葉のとらえ方がちがう。
・「ら」ぬき言葉など。

授業の流れ ▷▷▷

1 スピーチの映像を見て、工夫しているところを発表する 〈20分〉

T　日常生活での言葉の使い方を振り返り、自分の考えや発見したことをスピーチで提案します。 スピーチの映像を見て、工夫しているところを見つけましょう。

・問いかけるように話している。
・グラフや写真を見せながら話している。
・聞いている人を見ながら話している。
・間を空けたり、強弱を付けたりしている。

○スピーチ映像を用意して、その都度止めながら工夫しているところを考えさせる。

2 学習計画を立てる 〈5分〉

T　提案をスピーチで伝えるために、どんな学習活動が必要か考えましょう。

・まず何を提案するのか決める。
・情報を集める。
・スピーチの構成を考える。
・練習する時間を取る。
・スピーチを発表する。
・学習をまとめる。

T　それでは学習計画表を完成させましょう。

提案しよう、言葉とわたしたち

スピーチ学習の計画を立てて、提案する内容を集めよう。

1

○スピーチの工夫
・聞いている人に目線を向けている。
・間を空けたり、話すスピードを変えたりしている。
・伝えたい言葉を強くゆっくり話している。
・動作やジェスチャーを大きくしている。
・イラストや映《えい》像を使っている。

聞いている人に自分の考えを伝える工夫

2

学習計画

提案しよう、言葉とわたしたち
学習計画表
年　組　名前（　　　）

時	①	②	③	④	⑤
日づけ					
学習のめあて					
メモ					

3 言葉の使い方に関する課題について考える　〈20分〉

T　生活の中で使っている「言葉」について振り返って、提案することを集めましょう。

○「言葉が原因となったトラブル」「言葉の力を感じた経験」「言葉の社会的な諸問題」の視点で考えられるようにする。
・敬語を使わなくて怒られたことがある。
・運動会で応援されると力が出た。
・言葉の捉え方が人によって異なる場合がある。
○文化庁の「ことば食堂」「言葉に関する意識調査」などを例示してもよい。

よりよい授業へのステップアップ

「スピーチ」への興味・関心を高める映像資料

毎朝スピーチ活動を行う学級は多い。そのほとんどが日々の出来事や自身の考えに関することではないだろうか。

映像資料や教師のモデルを見ることで、提案したいことを「伝える」ことができると気付かせることにつながる。「伝える」ために様々な工夫があり、構成を工夫してみようとする姿勢をもたせたい。

本時案

提案しよう、言葉とわたしたち 2/6

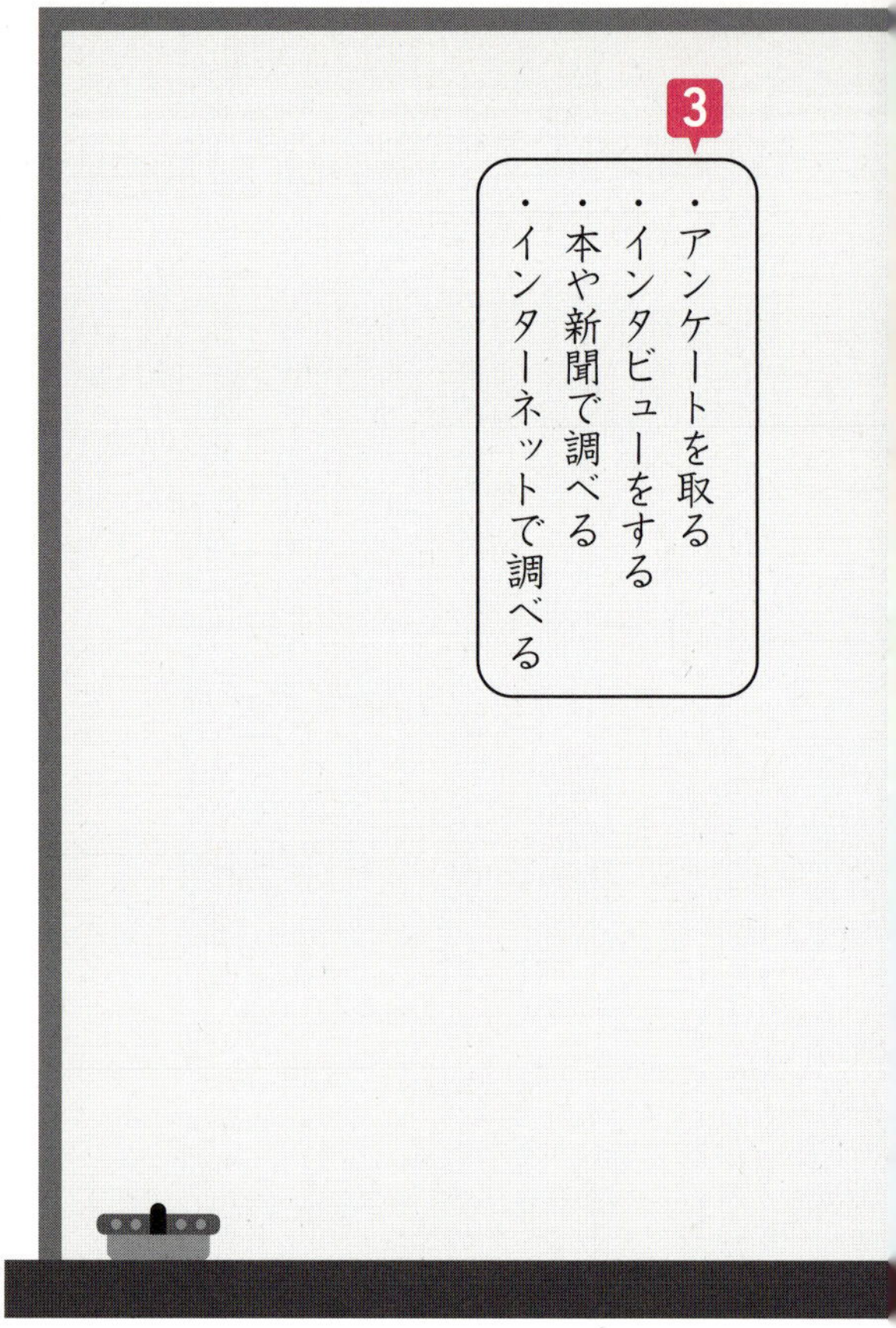
3
・アンケートを取る
・インタビューをする
・本や新聞で調べる
・インターネットで調べる

本時の目標

・身の回りから言葉の使い方に関する課題を集めて提案する内容を決めることができる。

本時の主な評価

・身の回りの課題からよりよく生活するために必要なことを考え、提案のための情報を集めている。

資料等の準備

・国語に関する世論調査データ
・国立国語研究所データベース
・関連図書（司書と連携して関係する本を借りておく）

授業の流れ ▷▷▷

1 提案する内容を振り返り、情報の集め方を考える 〈5分〉

T　前回集めた提案する内容を振り返りましょう。
・言葉が原因のトラブルをどうやって防ぐか。
・言葉の力を広げる。
・言葉の社会的な問題を解決する。
T　それでは、現状について調べ、根拠となる情報を集めましょう。どうやって調べますか。
・アンケートを取る
・インタビューをする
・本や新聞で調べる
・インターネットで調べる

2 インタビューやインターネットの使い方を確認する 〈5分〉

T　インタビューの仕方やインターネットの使い方について教科書を読んで確認しましょう。
・インタビューをする前に目的や質問することを考えておかなくてはいけない。
・インターネットや本で調べたときは出典をはっきりさせなくてはいけない。

提案しよう、言葉とわたしたち

身の回りから提案するための情報を集めよう。

1

○提案する内容

①言葉が原因のトラブル

・敬《けい》語を使わなくておこられた。

・メールや手紙の文章でけんかになった。

②言葉の力を感じた経験

・運動会のおうえんの言葉で力がわいた。

・「ありがとう」と言われるとうれしい。

③言葉の社会的な問題

・言葉のかいしゃくがちがう。

・「ら」ぬき言葉など。

3 提案のための情報を集める 〈30分〉

T　それでは、情報の集め方が同じ友達とグループになって協力して情報を集めましょう。

○アンケート、インタビュー、本や新聞、インターネットに分かれて集まり調べていく。

○インターネットを使用する子供には、あらかじめサイトを指定する。本や新聞で調べる子供にはあらかじめ司書と一緒に参考になる本を用意しておくと探す時間を短縮できる。

4 調べて分かったことを発表する 〈５分〉

T　調べてどんなことが分かりましたか。発表しましょう。

・読書する人が少なくなっていることが分かりました。

・敬語の間違いが多いことが分かりました。

T　調べて分かったことや集まった情報を基に、次回からはスピーチの内容と構成を考えていきましょう。

本時案

提案しよう、言葉とわたしたち 3·4/6

本時の目標

・スピーチの内容や話す順序を考え、スピーチメモと提示する資料を作ることができる。

本時の主な評価

❷語感や言葉の使い方に着目しながらスピーチメモを作成している。【知・技】
❸説得力のある提案にするために、スピーチの内容や話す順序を考えている。【思・表・判】
・提案を伝えるために効果的な資料を考え、作成している。

資料等の準備

・教科書 P.213「スピーチメモの例」の拡大コピー
・スピーチメモ 19–02

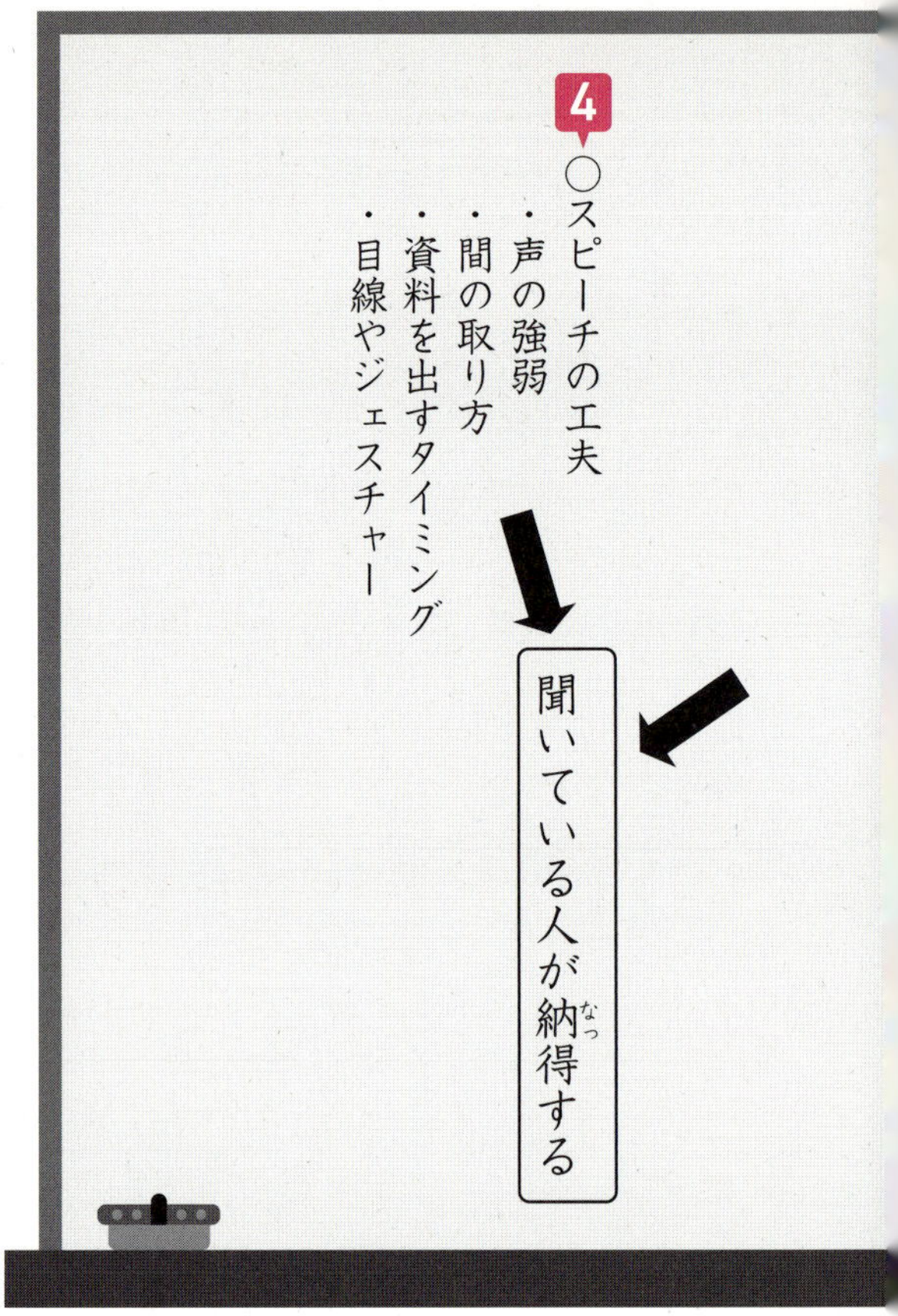

4
〇スピーチの工夫
・声の強弱
・間の取り方
・資料を出すタイミング
・目線やジェスチャー
聞いている人が納《なっ》得する

授業の流れ ▷▷▷

1 スピーチの内容や話す順序を知る 〈15分〉

T　教科書 P.213の「スピーチメモの例」を読んでスピーチの内容と順序を発表しましょう。
・提案のきっかけを最初に伝える。
・次に提案の内容と現状の問題を伝える。
・提案の理由と根拠を伝える。
・最後に提案したいことをまとめる。

2 事実と感想の違いを知り、スピーチメモを作る 〈30分〉

T　聞いている人を納得させるには、事実と感想、意見を分けて伝えることが重要です。教科書 P.214の「スピーチの例」で事実と感想、意見はどれでしょうか。
・「分かりました」とあるから事実です。
・アンケートの結果だから事実です。
・「はげまされているのだなと思いました」は自分の思い、感想だと思います。
・「よりよくできると思います」は考えたことだから意見だと思います。
・「言うようにしませんか」は自分の意見だと思います。
T　それでは、事実、感想、意見を分けてスピーチメモを作りましょう。

提案しよう、言葉とわたしたち

スピーチの構成を考えて、メモと資料を作ろう。

1

○スピーチの順序

①提案のきっかけ
②提案内容
③現状の問題
④提案の理由と根拠《きょ》
⑤まとめ

2

○事実と感想、意見をさがそう

教科書P.213「スピーチメモの例」

「分かりました。」（事実）
「～でした。」（事実）
「～だなと思いました。」（感想）
「～できると思います。」（意見）
「～にしませんか。」（意見）
文末表現に着目して分けていく

3

○効果的な資料

教科書の資料①
提案することを一言で表す

資料②
自分たちについて

資料③
社会の人たちも同じ

3 効果的な資料について考え作成する 〈10分〉

T　教科書の資料①～③はそれぞれどんな役割がありますか。
・資料①は提案したいことを一言で伝えています。
・資料②は自分たちの現状を伝えています。
・資料③は社会の人たちの調査結果です。
・資料②と③の結果があるから説得力があるのですね。
T　それでは、集めた情報を基に、資料を作成しましょう。

4 スピーチメモや資料を使ってスピーチの練習をする 〈35分〉

T　それではいよいよスピーチの練習をしましょう。これまでの学習を振り返って、どんなことに気を付ければよいでしょうか。
・声の強弱
・間の取り方
・資料を出すタイミング
・目線やジェスチャー
T　スピーチメモに工夫を書き込み、構成に沿ってスピーチの練習をしましょう。

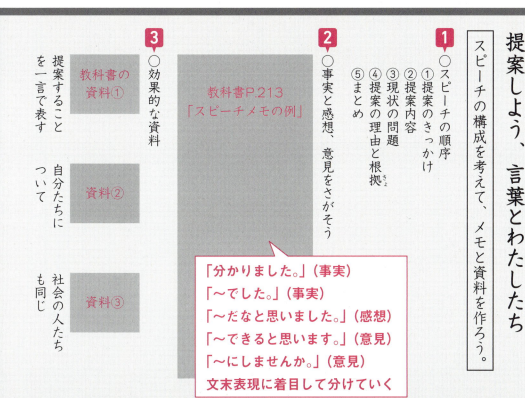

本時案

提案しよう、言葉とわたしたち 5/6

本時の目標

・構成に沿って、事実と感想、意見の違いが伝わるように話し方や表現を工夫してスピーチをすることができる。

本時の主な評価

❹自分の考えが伝わるよう資料を活用したり表現を工夫したりしている。【思・表・判】
❺説得力のあるスピーチになるよう、伝え方を工夫しようとしている。【態度】
・事実と感想、意見とを区別する言葉に着目してスピーチしている。

資料等の準備

・聞き取りメモ 19-03

○スピーチの工夫
・声の強弱
・間の取り方
・資料を出すタイミング
・目線やジェスチャー

授業の流れ ▷▷▷

1 スピーチ発表の流れを知る 〈5分〉

T いよいよスピーチ本番です。スピーチの順序を確認しましょう。
・提案のきっかけを最初に伝える。
・次に提案の内容と現状の問題を伝える。
・提案の理由と根拠を伝える。
・最後に提案したいことをまとめる。
T 事実と感想、意見の違いは何ですか。
・本当にあったことが「事実」。
・自分が感じたことや思ったことが「感想」。
・考えや評価が「意見」。

2 グループの中で互いのスピーチを聞き合う 〈30分〉

T これからグループの中でスピーチをします。友達のスピーチを聞いて工夫しているところやよいところを見つけましょう。

○1グループ10人程度のグループをつくっておく。発表用のブースをつくっておく。
○全員のスピーチが終わったらそれぞれのよいところや聞いた感想を伝え合うようにしておく。また、グループで1人代表を決める。

提案しよう、言葉とわたしたち

事実と感想、意見を分けて工夫してスピーチしよう。

1

○スピーチの順序
①提案のきっかけ
②提案内容
③現状の問題
④提案の理由と根拠《きょ》
⑤まとめ

○事実と感想、意見
事実…本当にあったこと。調査した結果。
感想…自分が思ったこと、感じたこと。
意見…自分の考え、評価。

○スピーチ発表の流れ
・一人一人発表をする。
・工夫していたところ、よいところをメモする。
・全員が終わったら、感想を伝え合い代表者を決める。

3 全体で気付いたことや分かったことを発表する 〈10分〉

T 発表を聞いて、誰のどんなところがよかったか発表しましょう。

・資料を見せながら考える時間を取っていた。

T その時間があるとなぜよいのですか。

・じっくり資料を見ることができるし、自分だったらどうするか考えられた。

○聞く側としてどのような思いになったのかまで考えさせていくことが重要。

・事実と意見がしっかりとつながっていて分かりやすかった。

T 次回は各グループの代表者のスピーチを聞いて学習のまとめをしていきましょう。

よりよい授業へのステップアップ

相手意識を高める環境づくり

全体で1人ずつ発表すると時間がかかり、集中して聞くことができない。今回はグループの中で発表をしているが、人数が少ないと普段の班での交流と同じような感覚になってしまう。あくまでスピーチという不特定多数の人に自分の考えを伝えることを経験させたい。そこで、学校公開や学校行事に合わせて保護者や地域の方を招待して聞いてもらえる環境をつくることが有効である。発表の場を意識することで、学習への必然性を高めることができる。

本時案

提案しよう、言葉とわたしたち 6/6

本時の目標

・スピーチを聞いて感想を伝え合い、学習を振り返ることができる。

本時の主な評価

❶スピーチ学習を振り返り、構成や表現の工夫、資料の活用をしていくことで、自分の考えを相手に伝えることができることを理解している。【知・技】

資料等の準備

・学習掲示（これまで掲示したもの）
・聞き取りメモ 19–03

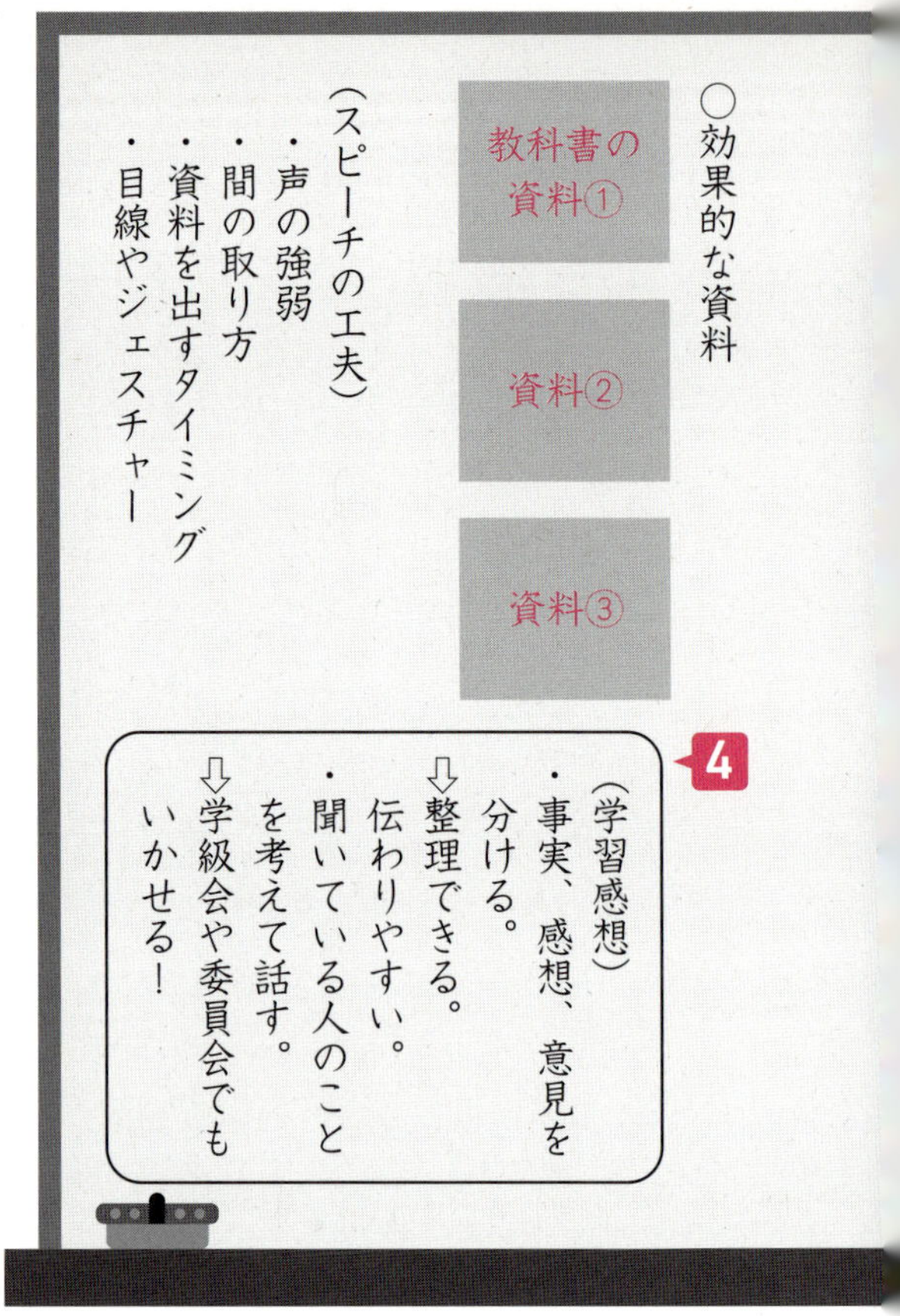

○効果的な資料
教科書の資料①
資料②
資料③
（スピーチの工夫）
・声の強弱
・間の取り方
・資料を出すタイミング
・目線やジェスチャー
4
（学習感想）
・事実、感想、意見を分ける。
⇩整理できる。伝わりやすい。
・聞いている人のことを考えて話す。
⇩学級会や委員会でもいかせる！

授業の流れ ▷▷▷

1 これまでの学習を想起する 〈5分〉

T　これまでに学んだことを振り返りましょう。

・スピーチの映像を見て工夫しているところを探した。
・テーマを決めて、情報を集めた。
・スピーチの構成を考えてスピーチメモを作った。
・資料を作った。
・スピーチの練習をした。

○これまでの学習で掲示した資料を貼り出していく。

2 代表者のスピーチを聞く 〈25分〉

T　それぞれのグループの代表者のスピーチを聞いて、これまでの学習がどう生かされているか考えましょう。

○聞き取りメモ用紙を配付する。

提案しよう、言葉とわたしたち

スピーチを聞いて学習をふり返ろう。

○学習計画 **1**（第1時で作成したもの）

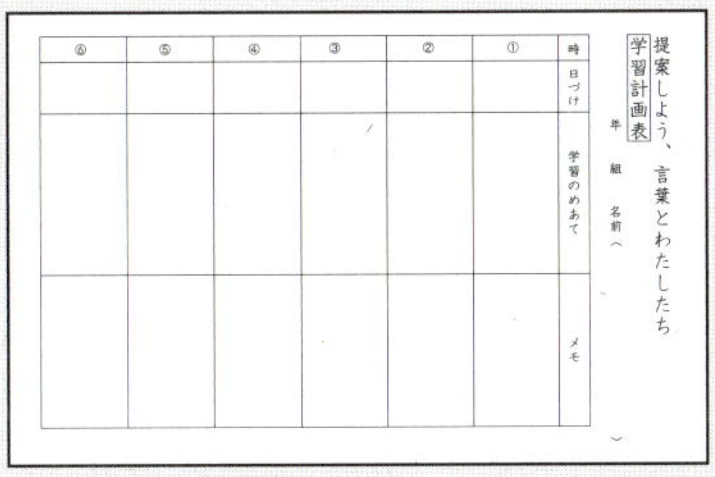
提案しよう、言葉とわたしたち
学習計画表
年　組　名前（　　）

時	①	②	③	④	⑤	⑥
日づけ						
学習のめあて						
メモ						

○教科書のスピーチ例（第3、4時で作成したもの）

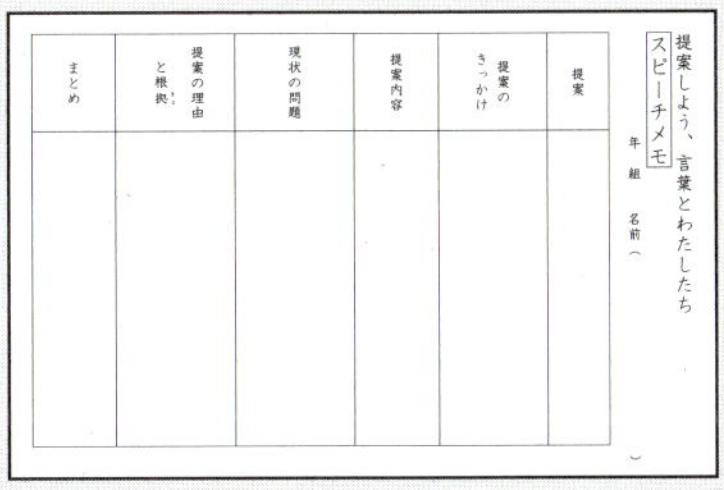
提案しよう、言葉とわたしたち
スピーチメモ
年　組　名前（　　）

提案	提案のきっかけ	提案内容	現状の問題	提案の理由と根拠	まとめ

3 スピーチを聞いて気付いたことを発表する〈10分〉

T　スピーチを聞いて気付いたことを発表しましょう。

・テーマや考えがおもしろい。
・資料にしている情報が納得できる。
・事実と感想、意見をしっかり分けているのでよく理解できる。

T　それでは、スピーチを聞いてもらってどう思いましたか。

・真剣に聞いてくれるとうれしい。
・自分の考えが伝わったなと思える。

○聞き手の役割についても考えられるようにする。

4 学習感想を書き、発表する〈5分〉

T　スピーチを聞き合って分かったことや学んだこと、これからの生活に生かしたいことを書きましょう。

・事実と感想、意見を分けることで伝えたいことを整理することができる。
・聞いている人のことを考えてスピーチすることが重要だと思います。
・委員会や学級会でも自分の考えをたくさんの人に伝えるときに生かせる。

資　料

1 第１時資料　学習計画表　19-01

提案しよう、言葉とわたしたち

学習計画表

年　組　名前（　　　　　　）

時	①	②	③	④	⑤	⑥
日づけ						
学習のめあて						
メモ						

2 第３・４時資料　スピーチメモ　19-02

提案しよう、言葉とわたしたち

スピーチメモ

年　組　名前（　　　　　　）

提案	提案のきっかけ	提案内容	現状の問題	提案の理由と根拠《きょ》	まとめ

3 第5・6時資料　聞き取りメモ　19-03

提案しよう、言葉とわたしたち

聞き取りメモ

年　組　名前（　　　　　　　　　　）

名前	話し方	事実、感想、意見	資料	メモ

日本語の表記

1時間扱い

〔知識及び技能〕(1)ウ(3)ウ

単元の目標

・文や文章の中で漢字と仮名を適切に使い分けるとともに、日本語の表記の特徴について進んで理解し、表記について理解を深めようとすることができる。

評価規準

知識・技能	❶文や文章の中で漢字と仮名を適切に使い分けている。(〔知識及び技能〕(1)ウ) ❷仮名及び漢字の由来、特質などについて理解している。(〔知識及び技能〕(3)ウ)
主体的に学習に取り組む態度	❸日本語の表記の特徴について進んで理解し、よりよい使い分けを試行錯誤する中で、表記について理解を深めようとしている。

単元の流れ

時	主な学習活動	評価
1	・身の回りでどんな文字が使われているか探し、気が付いたことを発表し合う。 ・教科書 P.216〜217を読み、漢字と仮名、ローマ字の表記について理解する。 ・P.217[1]の設問に取り組み、例に挙げられた俳句について、文字によって受ける印象がどう変わるかを話し合う。	❶❷ ❸

授業づくりのポイント

〈単元で育てたい資質・能力〉

身の回りには、様々な日本語表記が存在する。本単元のねらいは、読みやすさや伝わりやすさを考えながら、仮名や漢字を使い分ける力を育むことである。

平仮名、片仮名のいずれでも、全ての日本語の単語を表記することができる。ローマ字でも、書くことは可能である。また、ほとんどの単語には漢字表記がある。どの表記を用いるかは、文体・文脈・個人の好みなど、多くの要因によって決まる。つまり、音声的に同一の語句や文に対して多くの表記が存在するため、日本語にはこれが絶対的に正しいという表記はない。

したがって、まずは身の回りで使われている日本語の表記について興味・関心をもたせることが大切である。どんな場所や物でどんな表記がされているのかを子供自ら見つける時間を確保したい。その上で、日本語の表記の特徴を理解させる。そのような活動を通して、漢字と仮名を適切に交ぜて書き表すことのよさやローマ字表記の必要性を実感させ、目的に応じてよりよい使い分けができるようになることを目指す。

具体例

○単元に入る前に、どんな場所・物でどんな表記（平仮名、片仮名、漢字、ローマ字）があるか、集めてくる時間を確保する。本時では、それらを整理・分類する過程を通して、それぞれの特徴やよさに気付くことができる。

〈教材・題材の特徴〉

教科書では、見開き1ページの単元であるため、扱われている写真も少ない。しかし、身の回りには様々なパターンの日本語表記が存在する。子供が探すだけでなく、教師自身も子供が生活している地域に目を向け、デジタル機器を活用して写真や映像を授業で提示できるとよい。

また、授業後も、学習を生かして表記を見つけてきた子供を評価し、生活の中にある様々な表記に日常的に目を向けられる言語感覚を養いたい。

具体例

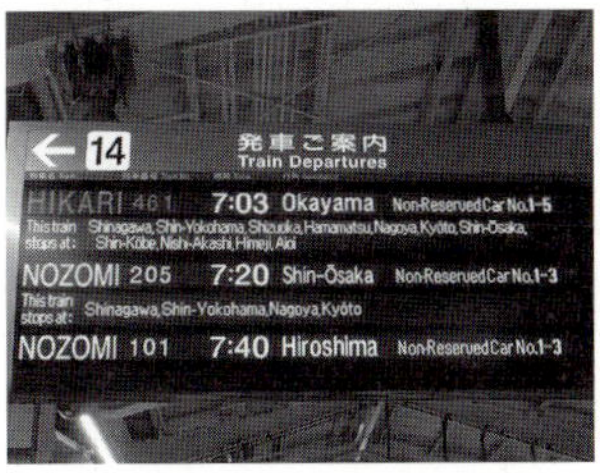

本時案

日本語の表記

1/1

本時の目標

・文や文章の中で漢字と仮名を適切に使い分けるとともに、日本語の表記の特徴について進んで理解し、表記について理解を深めようとすることができる。

本時の主な評価

❶文や文章の中で漢字と仮名を適切に使い分けている。【知・技】
❷漢字、平仮名、片仮名、ローマ字を使い分けるという日本語の表記の特質を理解している。【知・技】
❸日本語の表記について進んで理解し、表記について理解を深めようとしている。【態度】

資料等の準備

・身の回りにあるいろいろな表記の写真（教科書の写真や教師が準備した写真）
20-01～03

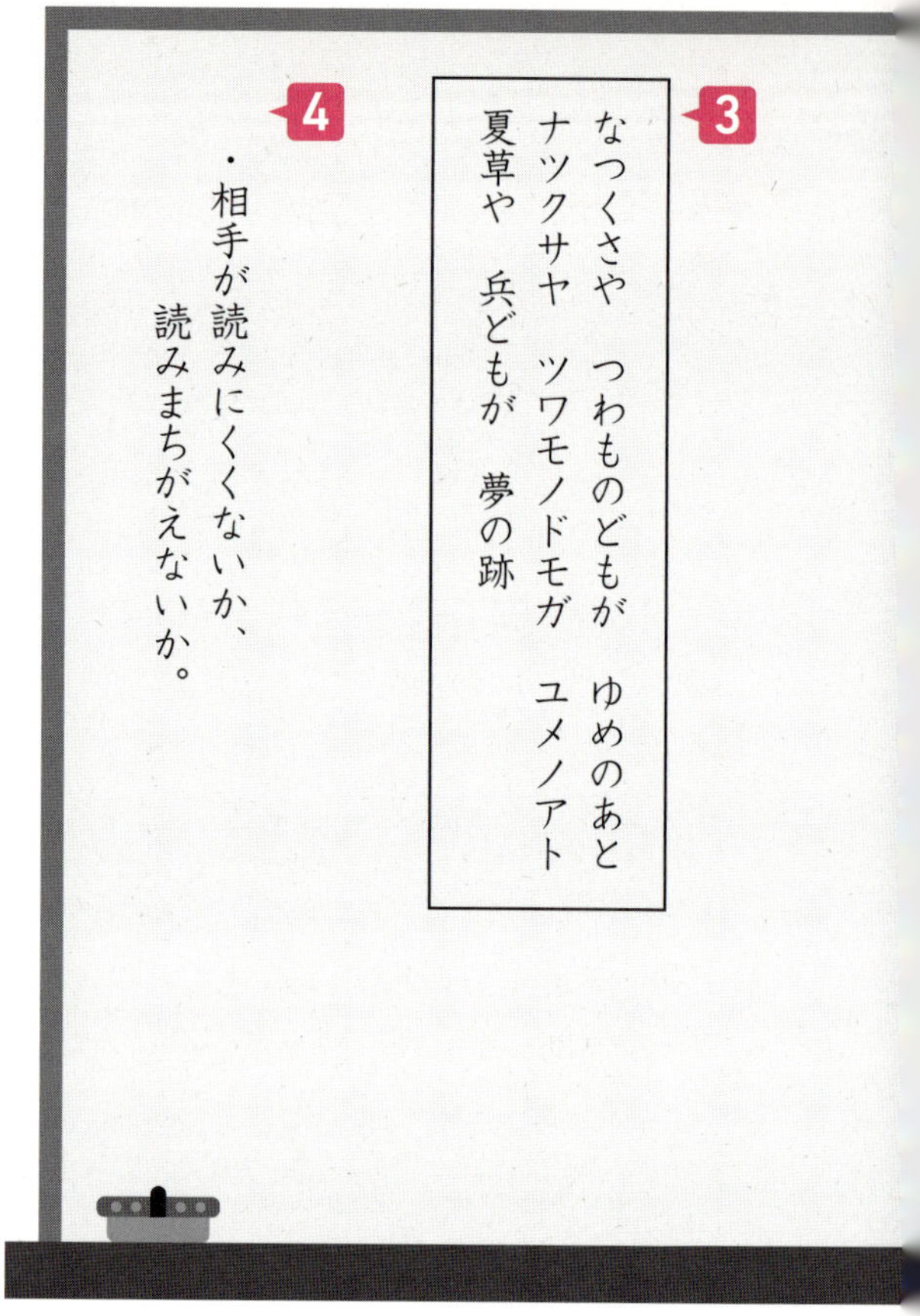

3
なつくさや　つわものどもが　ゆめのあと
ナツクサヤ　ツワモノドモガ　ユメノアト
夏草や　兵どもが　夢の跡
4
・相手が読みにくくないか、
読みまちがえないか。

授業の流れ ▷▷▷

1 身の回りでどんな文字が使われているかを発表する　〈10分〉

T　私たちの身の回りでは、どんな文字が使われているか、事前に探してきましたね。どんなところでどんな文字が使われているのかを発表しましょう。

・駅の表示は、漢字・平仮名・ローマ字が全て使われていました。

T　探してみて、気付いたことはありますか。

・ぱっと見てすぐに分かってほしい標識などは、平仮名が多く使われているように感じました。
・外国人にも分かるように、公共の場ではローマ字が多く使われているのかなと思いました。

2 教科書 P.216～217を読み、表記について理解する　〈15分〉

T　教科書 P.216～217を読みます。表記について確認しましょう。

○教科書に書かれていることを、分かりやすく端的に板書する。

T　教科書を読んで、感じたことはありますか。

・漢字を使うことで、意味が分かりやすくなるなと思いました。
・最近は、ローマ字表記をよく見かけるような気がします。

日本語の表記

1

2

漢字と仮名《かな》、ローマ字表記を使い分けよう。

・漢字…一字一字が意味を表す。 表意文字
・仮名…意味を表さず、音だけを表す。 表音文字

適切に交ぜて書き表す。
←
速く、正確に語のまとまりをとらえ、意味を読み取る。

・ローマ字…アルファベットを使う。

3 教科書 P.217の設問に取り組む 〈10分〉

T　教科書 P.217[1]の問題に取り組みましょう。

○ノートに書き写したり、声に出して読んだりすることによって、それぞれの特徴を多角的に捉えられるようにする。

・平仮名だけの表記は、見た目の印象が柔らかい感じがします。
・片仮名ばかりで書かれると、読みにくいです。
・漢字を使うと、意味がすっと入ってきます。

4 学習を振り返り、これからの生活に生かす視点をもつ 〈10分〉

○教科書 P.217「いかそう」を読み、これからの生活に生かす視点をもてるようにする。

・読む相手が誰かによって、仮名や漢字を使い分けたいと思いました。
・身の回りからもっといろいろな表記を探してみたいと思いました。

T　文章を書くときには、それぞれ読む相手や目的があります。それに合わせて、仮名や漢字を使い分けていけるとよいですね。

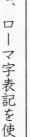

漢字の広場⑥

1時間扱い

〔知識及び技能〕(1)エ　〔思考力、判断力、表現力等〕B書くことオ

単元の目標

・第4学年までに習った漢字を書き、文や文章の中で使うことができる。
・新聞記者になりきって、構成や書き表し方などに着目して、文や文章を整えることができる。

評価規準

知識・技能	❶第4学年までに配当されている漢字を書き、文や文章の中で使っている。(〔知識及び技能〕(1)エ)
思考・判断・表現	❷「書くこと」において、文章全体の構成や書き表し方などに着目して、文や文章を整えている。(〔思考力、判断力、表現力等〕Bオ)
主体的に学習に取り組む態度	❸今までの学習を生かして、書き表し方に着目して、進んで文や文章を整えようとしている。

単元の流れ

時	主な学習活動	評価
1	・第4学年までに配当されている漢字を書く。 ・新聞記者になって出来事を報道する文章を書く。	❶❷ ❸

授業づくりのポイント

〈単元で育てたい資質・能力〉

本単元のねらいは、４年生までの漢字を確実に身に付けるとともに、文や文章を整える力を育むことである。そのためには、文章を書く中で既習の漢字を意識して使っていくことで、定着を図っていくようにする。また、書くことばかりではなく作成した文章を読むことで、音読みや訓読みができることも確認していく必要がある。

具体例

○「いつ」「どこで」「だれ（何）が」「何をした」など、必要な事柄を考えて文章を作成し、その文に合った漢字を使用していくことで、正しい漢字の使い方が身に付いていくようになる。
○例えば、教科書では「大臣」と「公害」という言葉を組み合わせた例文が挙げられている。「きょうのごぜん、こっかいでそうり大臣が公害についてかたった。」という文が思い浮かんだら、４年生までに習った漢字を使って、「今日の午前、国会で総理大臣が公害について語った。」というように、適切に既習の漢字を使って表すようにする。
○書いた文章を友達同士で読み合うことで、漢字の読みについても確認することができるようになる。

〈言語活動の工夫〉

使ってみたい語句を２つ以上選び、それらを使って、出来事を報道する文章として整える。教科書には33個の該当学年で習った漢字を使った語句が掲載されている。それらをどのように組み合わせて報道原稿にしていくのかを考えることで、意欲的に学習に取り組めるようにする。

また、キャスターになって友達が作成した文章を読み合うことで、第４学年で配当されている漢字の読み方も確認することができ、子供同士で正しい表現ができているかをチェックすることが期待できる。

具体例

○２つ以上の語句を組み合わせ、「いつ」「どこで」「だれ（何）が」「何をした」という必要な事柄を考え文を作成する。その場合、第４学年までに配当されている漢字を使う必要性が生まれる。第４学年までに配当されている漢字を正しく書くことで、漢字の定着を図っていく。
○33個の中から２つの語句を選ぶと500通り以上の組み合わせが考えられるので、いろいろな文章を作ることができると予想される。それらをキャスターとして読み合うことで、正しい読みができているかを判別することができる。

本時案

漢字の広場⑥

1/1

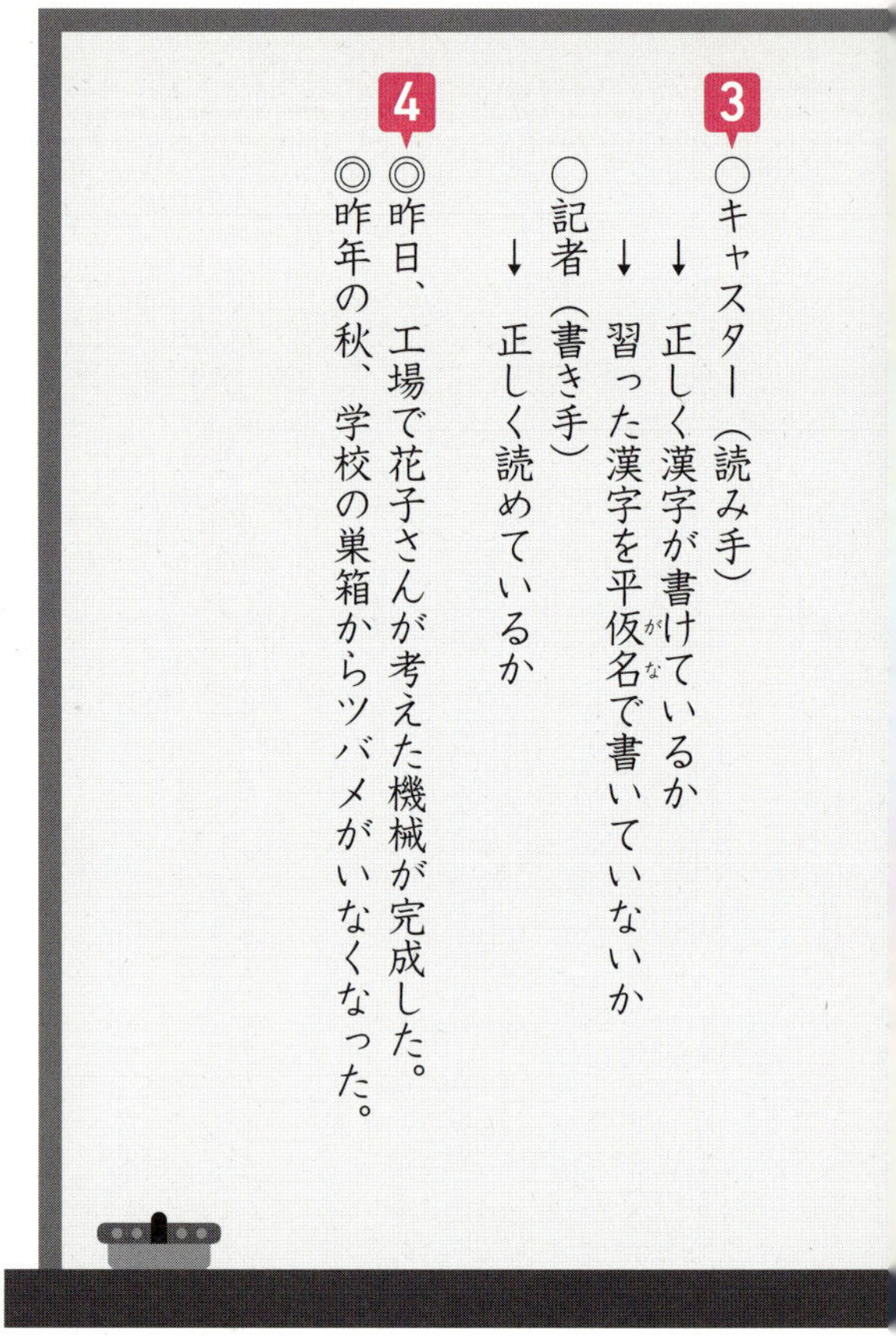
3
○キャスター（読み手）
→正しく漢字が書けているか
→習った漢字を平仮名《がな》で書いていないか
○記者（書き手）
→正しく読めているか
4
◎昨日、工場で花子さんが考えた機械が完成した。
◎昨年の秋、学校の巣箱からツバメがいなくなった。

本時の目標

・第４学年までに習った漢字を書き、文や文章の中で使うことができる。
・新聞記者になりきって、構成や書き表し方などに着目して、文や文章を整えることができる。

本時の主な評価

❶第４学年で配当されている漢字を文や文章の中で使っている。【知・技】
❷書き表し方などに着目して、文を整えている。【思・判・表】
❸今までの学習を生かして、書き表し方に着目して文を整えようとしている。【態度】

資料等の準備

・教科書の拡大図（カラーで拡大したもの）
・「いつ」「どこで」「だれ（何）が」「どうした」カード　21-01～04

授業の流れ ▷▷▷

1 新聞記者になって、報道する文章を書くことを知る 〈10分〉

T　今日は、漢字の読み書きの学習です。今回は、新聞記者になったつもりで、報道する文章を書きましょう。

○新聞記者として「書く」ときの注意点を確認する。「いつ」「どこで」「だれが」「どうした」の文脈に沿って書かせていく。

○教科書の〈例〉を例示して、「いつ」「どこで」「だれが」「どうした」の文脈になっていることを確認する。また、教師の考えた例を提示することで複数の例の提示となり、子供がイメージをもちやすくなる。

（例）昨夜おそくに国会議員が協力して岐阜城の庭に梅の種をまいたので、未来には絶景が見られると県民が関心を寄せている。

2 報道する文章を書く 〈10分〉

○カラーによる拡大図の掲示が望ましい。白黒での拡大の場合は、第４学年の既習漢字に赤いサイドラインを引くとよい。また、大きく映すICT機材があれば、それで代用するのもよい。

T　新聞記者になったつもりで、習った漢字を使って書いてみよう。

○学級の実態に応じ「何単語以上」など、複数の漢字を使うことを指定してもよい。

○机間指導を行い、早く終わる子供がいる場合には既習漢字を使っているか辞書などで確認させる。また、複数の文章を作成させてもよい。

漢字の広場⑥

新聞記者になりきって、使える漢字で原稿《こう》を書こう。

1

いつ　今日の午前

どこで　国会で

だれ（何）が　総理大臣が

どうした　公害について語った

2

教科書P.218
イラスト拡大

3 キャスターになりきり、報道する文章を読み合う〈15分〉

T　友達の作成した報道する文章を、キャスターになりきって読んでみよう。

○キャスター（読み手）は、正しく漢字が書けているか、既習の漢字を平仮名で書いていないか、確認しながら読む。
○報道する文章を正しく読めているか、書いた子供にはしっかりと確認させる。
○加除訂正があれば、随時直すことを認める。

T　なるべく多くの友達の報道する文章を読みましょう。その際、工夫して書けている友達を見つけましょう。

・たくさんの漢字を使っているな。
・新聞記者らしい書き方ができていてすごい。

4 友達の文章を聞き取って書く〈10分〉

T　工夫して書けている友達を紹介してください。

○文のつながりがきれいな子供を称賛する。
○推薦された子供の報道する文章を教師が口頭で読み、漢字を使って文を書かせる。
○正しく書けているか、教師が板書に正しい文を書いて確認する。また、子供の文章が正しく書けている場合は、大きく映すICT機材で代用してもよい。
○漢字の習得は書き慣れることが重要である。そのため、新聞記者になる活動を宿題などにして、継続的に学習させるとよい。

7 **すぐれた表現に着目して読み、物語のみりょくをまとめよう**

大造じいさんとガン　6時間扱い

〔知識及び技能〕(1)オ、ケ　〔思考力、判断力、表現力等〕C読むことエ、カ　関連する言語活動例 C(2)イ

単元の目標

・心情や場面の様子を表す表現を基に、人物像や人物の関係を具体的に想像し、表現の効果を考えることができる。

・物語の魅力をまとめ、比較しながら共有することで、自分の考えを広げることができる。

評価規準

知識・技能	❶思考に関わる語句の量を増し、文章の中で使うとともに、語句と語句との関係、語句の構成や変化について理解し、語彙を豊かにしている。(〔知識及び技能〕(1)オ) ❷文章を音読したり朗読したりしている。(〔知識及び技能〕(1)ケ)
思考・判断・表現	❸「読むこと」において、人物像や物語などの全体像を具体的に想像したり、表現の効果を考えたりしている。(〔思考力、判断力、表現力等〕C エ) ❹「読むこと」において、文章を読んでまとめた意見や感想を共有し、自分の考えを広げている。(〔思考力、判断力、表現力等〕C カ)
主体的に学習に取り組む態度	❺進んで物語の全体像を具体的に想像し、学習の見通しをもって考えたことを共有し、自分の考えを広げようとしている。

単元の流れ

次	時	主な学習活動	評価
一	1	**学習の見通しをもつ** ・全文を読み、物語の設定や時、登場人物を確かめる。大体の内容を読み取り、これからの学習のおおよその見通しをもつ。	
二	2 3	・大造じいさんの残雪に対する心情の変化を読み取る。	❸
	4	・情景を描いた表現を見つけ、大造じいさんのどのような心情が表れているかを捉え、表現の効果について考える。	❶❸
	5	・想像したことや感じたことが伝わるように朗読し、聞き合って感じたことを伝える。	❷❹
三	6	**学習を振り返る** ・物語の表現について、最も効果的に用いられていると感じるものを選び、物語の魅力について表現の効果とその理由をまとめ、共有する。	❹❺

授業づくりのポイント

〈単元で育てたい資質・能力〉

本単元のねらいは、大造じいさんの人物像や残雪への見方の変化を、心情や場面の様子を表す表現など複数の叙述に着目して読み取り、具体的に想像する力を育むことである。心情は直接描写や登場人物の言動、表情などから読み取ることができるが、この作品では豊かな情景描写によっても表されているため、その表現の効果についても考えさせたい。また、自分が魅力と感じていることとその理由を共有し、友達の考えと比較していくことで、考えをさらに広げることができるだろう。

具体例

○情景描写に描かれている大造じいさんの心情が作戦を行うごとに変化している。例えば、「秋の日が、美しくかがやいていました。」「あかつきの光が、小屋の中にすがすがしく流れこんできました。」「青くすんだ空を見上げながら」「東の空が真っ赤に燃えて、朝が来ました。」など、残雪との戦いに対する思いが年を経るごとに強くなり、だんだん色彩が濃くなっていることが分かる。

〈教材・題材の特徴〉

本教材は前書きから始まり、本文は４つの場面から構成されている。狩人である大造じいさんは、ガンを捕えるために様々な作戦を立てて実行していく。しかし、ガンの頭領である残雪によって繰り返し回避されてしまう。狩りの対象でしかない、いまいましい存在の残雪に対する大造じいさんの見方が、クライマックスでのハヤブサとの戦いによって大きく変化する。戦いの様子は、短い文で書かれており、戦いの激しさや息を飲む感覚が読者にも伝わってくる。中心人物である大造じいさんの心情の変化を多様な表現から読み取ることのできる作品である。

具体例

○大造じいさんの残雪に対する心情の変化は、呼称や言動、情景描写から読み取ることができる。例えば、「たかが鳥」「あの残雪め」という呼び方から、ハヤブサとの戦いを経た次の春には「ガンの英雄」「えらぶつ」と変化している。また、作戦が失敗に終わるたびに「『ううむ。』……思わず感嘆の声を……」や「『ううん。』と、うなって……」など言動や直接描写でも心情が描かれている。

〈言語活動の工夫〉

物語の表現で、最も効果的に用いられていると感じたものを選び、物語の魅力について、表現の効果とその理由を中心にまとめる言語活動を設定した。自分が魅力だと感じていることを意見とし、本文の叙述を根拠にして理由を明確にしてまとめられるようにしたい。その際、想像したことを具体的に表したり、自分の生活経験や読書経験を理由として挙げたりすることで、その魅力がクラスの友達にも伝わるようにする。互いに共有することで、同じ根拠を基にしながらも違う意見を抱いていることや、同じ意見でも理由が異なることなどに気付き、自分の考えを広げることができるだろう。

具体例

○子供が魅力をまとめられるように、大造じいさんの心情の変化を捉えるときには本文の叙述だけでなく、感情を表す語句を集めて表現できるようにする。

○どの表現に注目し、なぜそのように考えたのかを考えることで、意見と根拠、理由を明確にさせる。

本時案

大造じいさんとガン 1/6

本時の目標

・全文を読み、物語の設定や時、登場人物を捉えて内容の大体を読み取るとともに、優れた表現に着目して読み、物語の魅力をまとめていくという学習の見通しをもつことができる。

本時の主な評価

・物語が前書きと４つの場面から構成されていることを理解し、物語全体を通して大造じいさんの残雪に対する思いが変化していることを捉えている。

資料等の準備

・感想を書くためのたて罫線入り用紙
・難語句を調べるためのワークシート
22-01

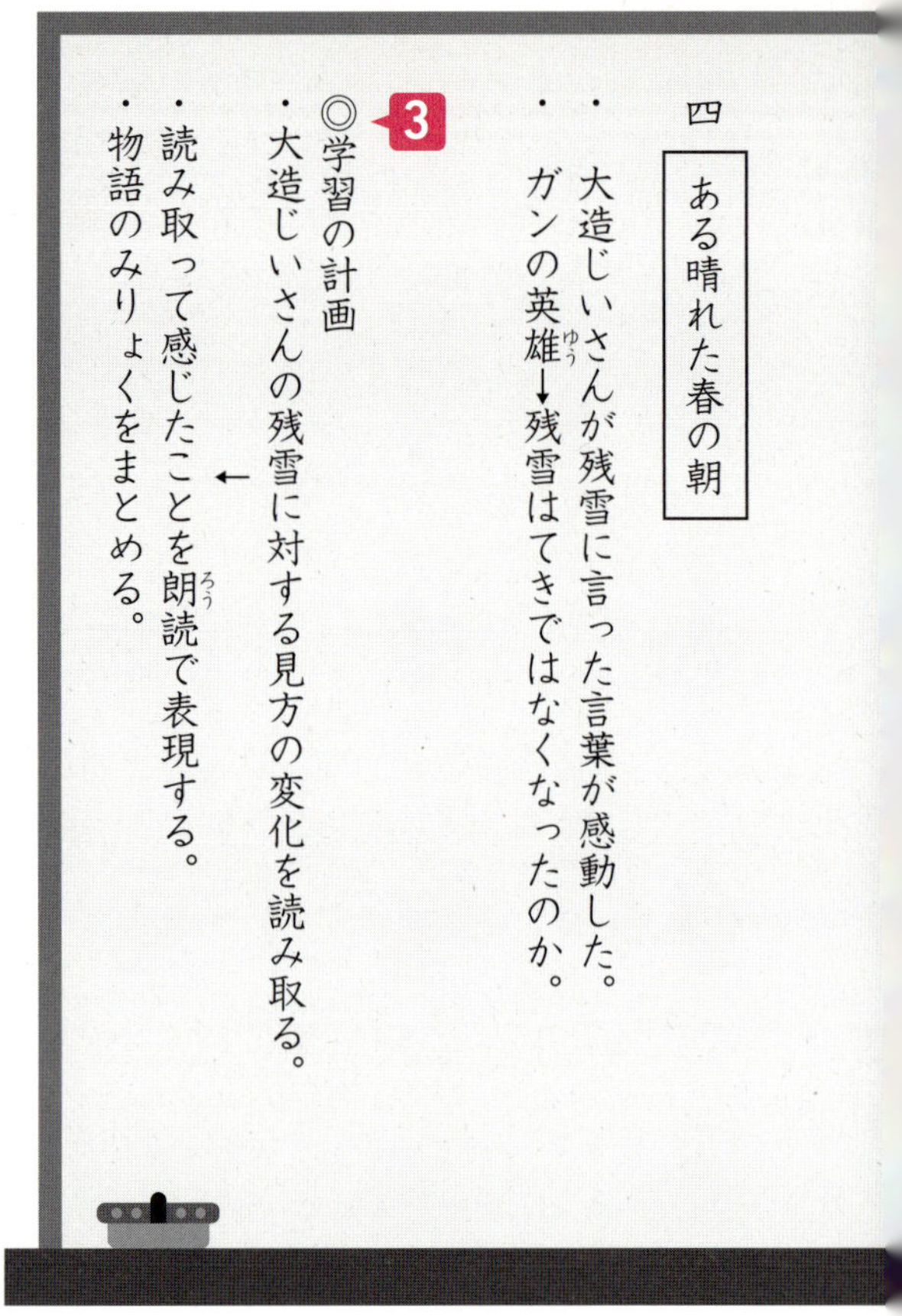

四
ある晴れた春の朝
・大造じいさんが残雪に言った言葉が感動した。
・ガンの英雄《ゆう》↓残雪はてきではなくなったのか。
3
◎学習の計画
・大造じいさんの残雪に対する見方の変化を読み取る。
←
・読み取って感じたことを朗《ろう》読で表現する。
・物語のみりょくをまとめる。

授業の流れ

1 全文を読む 〈15分〉

T 「大造じいさんとガン」という題名から、どんなお話だと思いますか。
・おじいさんの話かな。
・ガンという鳥の話だと思う。
T それでは、お話を読んでいきます。分からない言葉には丸印を、心に残った表現にはサイドラインを引きながら読みましょう。
○付属の朗読 CD でも教師の範読でもよい。
○前書きを読んだあと、「かりゅうど」「ろばた」などの言葉の意味を確認する。また、大造じいさんが36、37歳ごろの話であることを共通理解する。

2 物語の大まかな内容を読み取り、感想を書く 〈10分〉

T どのようなお話でしたか。
・大造じいさんがガンを捕まえる話。
・大造じいさんがガンを捕まえようとするけれど、残雪のせいでうまく捕まえられない話。
T 人物や時、場面について確認しましょう。
○中心人物は、作品の中で心情が大きく変化する人物であることを確認する。
・中心人物は、大造じいさんです。
・「今年も」「その翌年も」「今年もまた」「春になると」なので、時は場面ごとに１年ずつです。
T 心に残ったことを基に感想を書きましょう。
・好きな場面について書きたいです。
・印象に残った表現がありました。

大造《だいぞう》じいさんとガン

全文を読んで感想を書き、学習計画を立てよう。

前書き
大造じいさん…七十二さい

中心人物

→(三十五、六年前)三十六、三十七さい
こしひとつ曲がっていない老かりゅうど
話し上手・ガンがりの話

2

◎感想

一 今年も　ウナギつりばり作戦
・残雪がかしこいところ。

二 その翌年も　タニシばらまき作戦
・タニシを五俵《ひょう》集める大造じいさんに執《しゅう》念を感じる。

三 今年もまた　おとりガン作戦
・ハヤブサと残雪の戦い。
・大造じいさんのガンを助けたところ。
・大造じいさんはなぜ、じゅうを下ろしたのか。

3 感想を共有し、学習計画を立てる〈20分〉

T　感想を場面ごとに聞いてみましょう。
・どうして大造じいさんは銃を下ろしたのかが不思議に思った。
・最後に残雪をガンの英雄と言っていて、敵なのに何でだろうと思った。
T　みんなの感想から感じたことはありますか。
・出てきた疑問を解決していきたいです。
・大造じいさんがどんなふうに変わっていったのかを詳しく話し合いたいです。
T　次回から、大造じいさんの残雪に対する見方を読み取ったり、自分が読み取って感じたことを朗読で表現したりして、作品の魅力を考えていきましょう。
・感じている魅力を伝え合うのが楽しみです。

よりよい授業へのステップアップ

作品の設定を読み取る工夫

本作品は、前書きと4つの場面から構成されている。前書きの内容から、大造じいさんから聞いたガン狩りの話を土台として描かれていることを理解して読み進めたい。前書きには、「かりゅうど」や「イノシシがり」「ろばた」など子供にとって馴染みのない言葉も多くある。そのため一度に全文を読むのではなく、前書きを読んでイメージを共有した後、本文を読むことで作品世界に抵抗なく入ることができるだろう。

本時案

大造じいさんとガン　2/6

本時の目標

・登場人物の人物像や心情を表す表現を基に、大造じいさんの残雪に対する見方の変化を読み取ることができる。

本時の主な評価

❸登場人物の人物像や言動から、物語の全体像を具体的に想像し、心情の変化を捉えている。【思・判・表】

資料等の準備

・前時の感想を一覧にしたもの
・「心情の変化」ワークシート　22-02
・「心情を表す語彙」　22-03
・大造じいさんとガンの挿絵

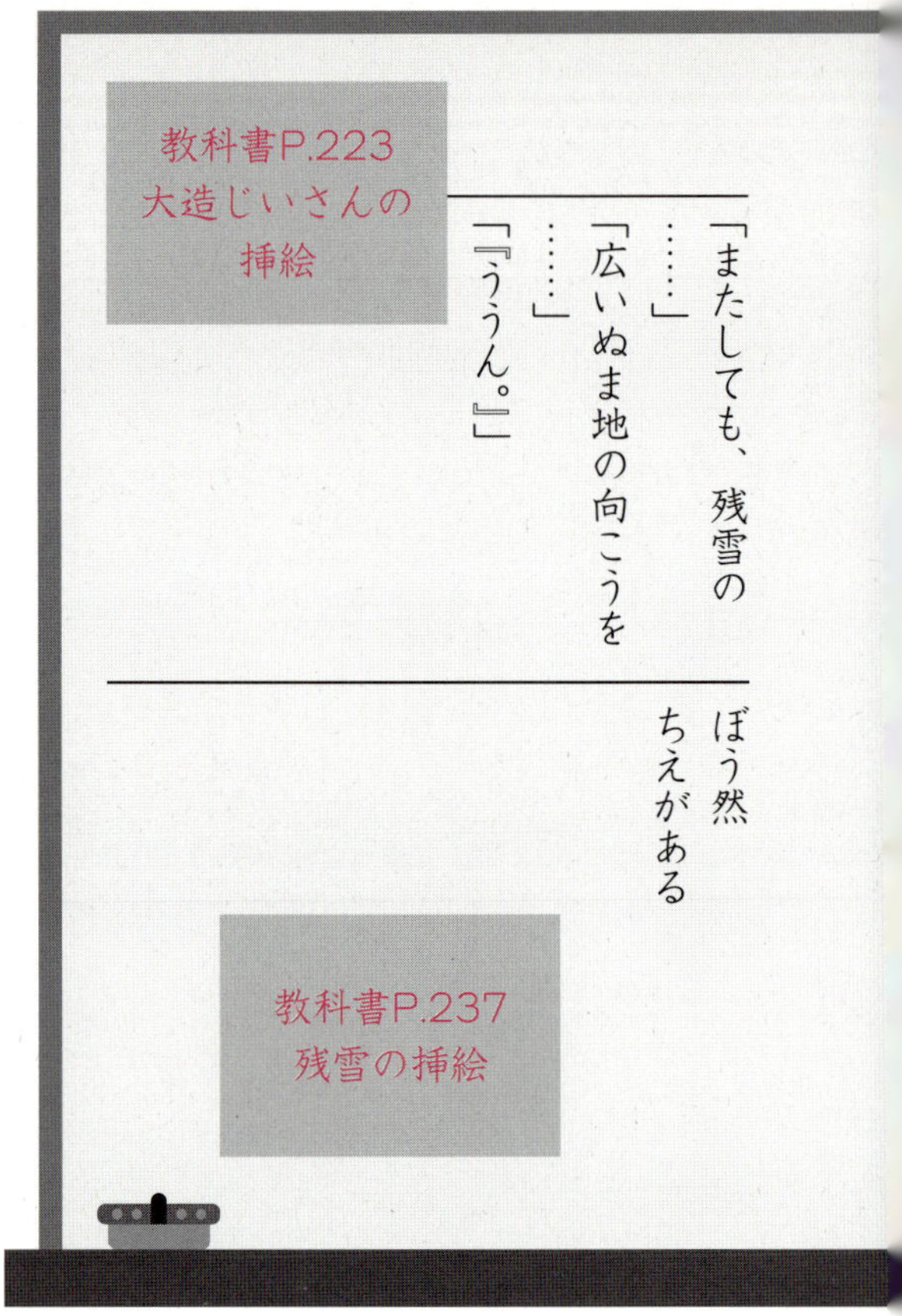

「またしても、残雪の……」
「広いぬま地の向こうを……」
「『うん。』」
教科書P.223
大造じいさんの
挿絵
ぼう然
ちえがある
教科書P.237
残雪の挿絵

授業の流れ ▷▷▷

1　山場の意味を知り、本時の学習課題を把握する　〈５分〉

T　物語の中で、中心となる人物のものの見方・考え方や、人物同士の関係が大きく変わるところを、山場と言います。前の時間に、作品を通して大造じいさんの残雪に対する見方が変化していることを確認しましたね。具体的にどのように変化していったのかを、読み取っていきましょう。
・「大造じいさんとガン」の山場はどこかな。
・大造じいさんは、残雪のことをどう思っていたのかな。
T　大造じいさんの残雪に対する見方や心情はどのような言葉に着目すると分かりますか。
・会話文や気持ちを表す言葉、行動を読みます。
・残雪の様子や行動の表現からも分かります。

2　１・２場面の中心人物の心情の変化をまとめる　〈20分〉

T　１・２場面を読んで、大造じいさんが残雪をどのように思っていたのかを、まとめましょう。
・残雪が来るようになってから１羽のガンも手に入れられないので、いまいましい。
・たかが鳥だと甘くみている。
・１羽は捕えたけれど、その後残雪が指導して捕れなくなったから、大した知恵をもっていると感心している。
・２年目はうまくいきそうだから、仕返しをしてやりたい。
・２年目も捕れなかったから、うなってしまうほど悔しさと悩みがある。
◯叙述にサイドラインを引き、心情を考える。

大造《だいぞう》じいさんとガン

大造じいさんの残雪に対する見方の変化を読み取ろう。

1 ◎山場…物語の中で、中心となる人物のものの見方・考え方や、人物どうしの関係が大きく変わるところ。

◎心情を読み取るとき

・気持ちを表す言葉・会話文・行動・表情　など

場面	叙《じょ》述	2 3 大造じいさんの心情
一	「仲間がえをあさっている……決して人間を寄せ付けませんでした。」 「たかが鳥のことだ」 「これも、あの残雪が……」 「『ううむ。』」 「思わず感嘆《たん》の声を……」	りこうなやつ いまいましい・いかり 見下している たいしたちえをもっている 感嘆
二	「うまくいったので……」 「今年こそは、目に……」	満足 何としてもとらえたい くやしい

3 まとめたことを発表して整理する〈20分〉

T　まとめたことを全体で整理しましょう。

・「いまいましい」は「非常に腹を立てる」という意味だから、怒りの気持ちが強い。ガンを捕りたいのに残雪のせいで捕れないからだと思う。

・「たかが鳥」という言い方は、ばかにしている感じがする。どうせ鳥だから、すぐ忘れてまたわなにかかるだろうと思っている。

・少し残雪が賢いと思っていて、なかなか捕えられないから、悔しいけれど、感心している。

◯「たかが鳥」「あの残雪」「思わず感嘆の声」などの表現にも着目して捉えられるようにする。

よりよい授業へのステップアップ

心情の変化を読み取るための工夫

大造じいさんの残雪に対する見方は、「いまいましい」「感心」「賢い」など多面的に捉えることができる。叙述から読み取ったことを、子供が多様な言葉で表現できるようにしたい。そこで、ポジティブな感情とネガティブな感情の語彙をたくさん集め、掲示しておくなどして適宜活用できるようにする。

本時案

大造じいさんとガン 3/6

本時の目標

・登場人物の人物像や心情を表す表現を基に、大造じいさんの残雪に対する見方の変化を読み取ることができる。

本時の主な評価

❸登場人物の人物像や言動から、物語の全体像を具体的に想像し、心情の変化を捉えている。【思・判・表】

資料等の準備

・「心情の変化」ワークシート 💿22-02
・「心情を表す語彙」 💿22-03
・前時の学習をまとめた掲示物
・大造じいさんとガンの挿絵

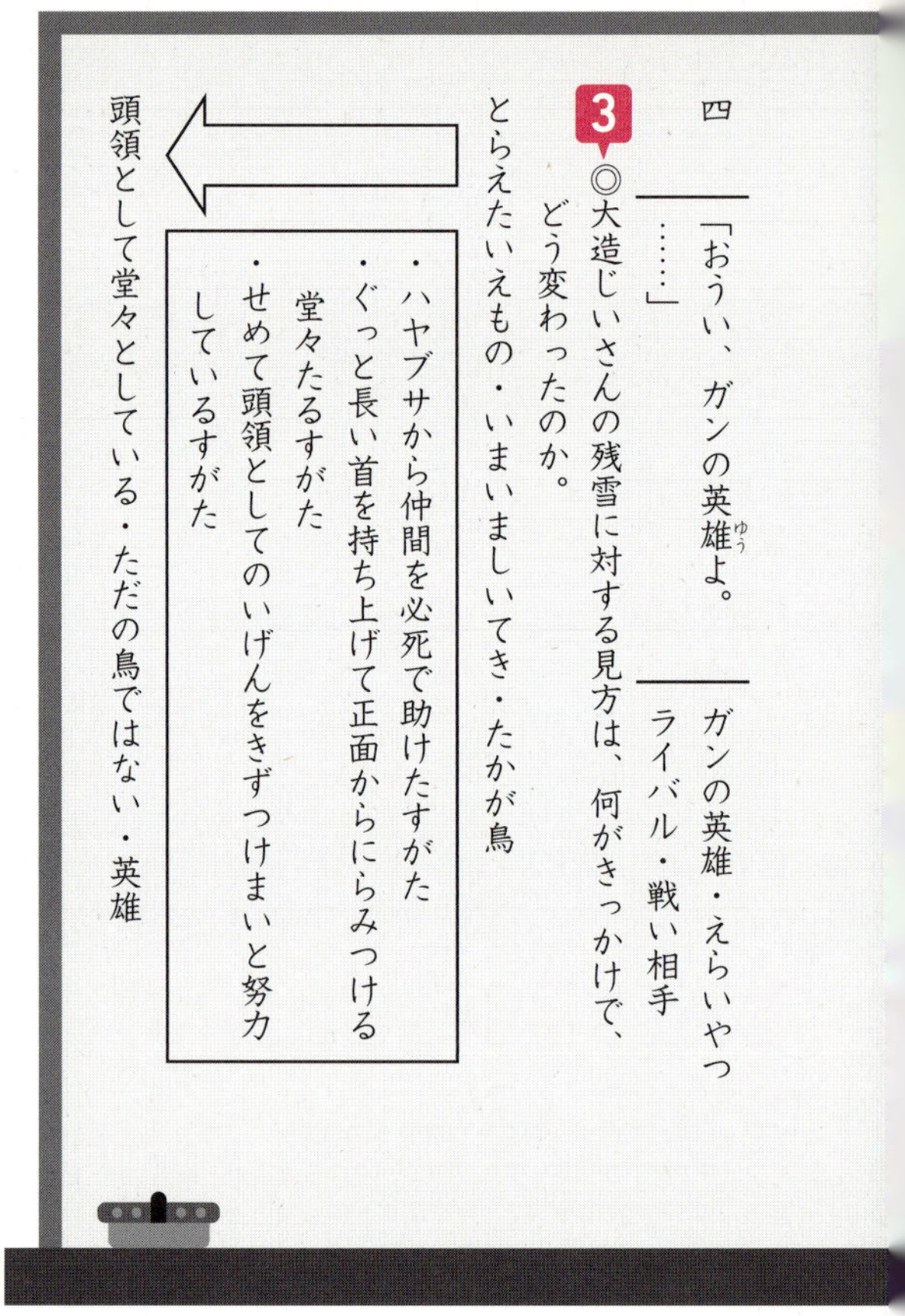

四
「おうい、ガンの英雄《ゆう》よ。
……」
ガンの英雄・えらいやつ
ライバル・戦い相手
3
◎大造じいさんの残雪に対する見方は、何がきっかけで、
どう変わったのか。
とらえたいえもの・いまいましいてき・たかが鳥
・ハヤブサから仲間を必死で助けたすがた
・ぐっと長い首を持ち上げて正面からにらみつける
堂々たるすがた
・せめて頭領としてのいげんをきずつけまいと努力
しているすがた
頭領として堂々としている・ただの鳥ではない・英雄

授業の流れ ▷▷▷

1 3・4場面の中心人物の心情の変化をまとめる 〈20分〉

T　前回は、1・2場面を読んで、大造じいさんが残雪に対してどのように思っていたのかを読み取りましたね。
・いまいましいけれど、利口。
・いまいましい気持ちが強かった。
T　今日は、3・4場面です。ここは、心に残った場面として感想を書いている人が多かったですね。では、さらにどのように変化していったのかを読み取りましょう。
・絶対に残雪の仲間を捕えてやりたい。残雪に一泡吹かせてやると思っていた。けれど、ハヤブサが来て、大造じいさんのガンを助けたから、撃てないと思った。

2 まとめたことを発表して整理する 〈20分〉

T　まとめたことを全体で整理しましょう。
・なぜ撃てなかったかというと、残雪が仲間思いで、頭領として堂々としている姿を見て、感動したからだと思う。だからばかにしていたり、見下していたりした気持ちはあまりなくて、認めていると思う。
・4場面で「英雄」や「えらぶつ」と呼んでいて、相手が弱っていたり仲間を助けてくれたりしたときに戦うのは卑怯だから、そういうことをせずに、また戦いたいライバルだと思う。

○大造じいさんの仕事が狩人であることを確認し、4場面の「ひきょうなやり方」が指し示すことが何かを確認する。

大造《だいぞう》じいさんとガン

2

大造じいさんの残雪に対する見方の変化を読み取ろう。

	三
叙《じょ》述	「このガンを手に入れた……」 『さあ、いよいよ戦闘《とう》開始だ。』 「冷え冷えするじゅうしんを…」 「あの残雪めに……」 「ぐっとじゅうをかたに当て、……じゅうを下ろしてしまい…」 「いかにも頭領らしい、堂々たる態度……」 「頭領としてのいげんを……」 「強く心を打たれて、ただの…」
大造じいさんの心情	残雪の仲間をとらえたい 戦いの相手 仕事のじゃまをする 緊《きん》張感のある相手 残雪をうてるけれど、今はうてない。 仲間思い 頭領としてりっぱ 堂々としている ただの鳥ではない。尊敬《けい》

3 大造じいさんの見方の変化をまとめる 〈5分〉

T 前回と今回を通して、大造じいさんの心情の移り変わりを読み取ってきましたね。大造じいさんの残雪に対する見方は、何がきっかけで、どう変わったのかをまとめましょう。

・大造じいさんのガンがハヤブサに襲われたとき、残雪が助けるためにハヤブサにぶつかっていく姿を見て、心が動かされ始めた。逃げずに正面からにらみつける姿や、堂々としている態度を見て、強く心を打たれ、大造じいさんにとって残雪は見下したえものという存在から、ガンの英雄であると認める存在に変わった。

よりよい授業へのステップアップ

読みを視覚的に捉える工夫

前時と本時では、大造じいさんの残雪に対する見方の変化を捉えた。見下していたいまいましい存在から少しずつ感心する気持ちが芽生え、揺れ動きながら最終的にはライバルとして認める存在へと変わる。大造じいさんと残雪の挿絵を動かしながら、大造じいさんから見た残雪の位置をその都度確認していくことで、読み取ったことが視覚的に理解でき、心情の変化が捉えやすくなるだろう。

本時案

大造じいさんとガン　4/6

本時の目標

・情景描写などの優れた表現について理解するとともに、それらが読み手にどのような効果を与えているかについて考えをもつことができる。

本時の主な評価

❶人物の心情などが想像できるように場面の様子や風景を描いた表現について理解し、語彙を豊かにしている。【知・技】

❸想像した人物像や全体像と関わらせながら、情景描写などの表現が与える効果について、自分の考えを明らかにしている。【思・判・表】

資料等の準備

・たて罫線入り用紙

3

◎表現の効果を考えよう。

・大造じいさんの心情が強調されている。

・様子や景色も具体的に想像しやすい。

・色などがあって、景色が思いえがきやすい。

授業の流れ ▷▷▷

1　優れた表現について知る　〈5分〉

T　前回まで、大造じいさんの残雪に対する見方の変化を読み取ってきましたね。どのような表現に注目してきましたか。

・大造じいさんの言動、気持ちを表す表現。

T　感想で表現に注目している人がいました。

・３場面が心に残りました。特に「東の空が真っ赤に燃えて、朝が来ました。」というところが好きです。なぜなら、これから始まる戦いに向けて熱意がどんどん湧いてきている感じがするからです。

・確かに燃えている感じがする。

・他にもそういう表現があります。

T　教科書 P.240の上段を読みましょう。

〇必要に応じて「情景描写」という言葉を教える。

2　優れた表現を見つける　〈15分〉

T　作品の中で優れていると思う表現を見つけ、どのような心情が表れているかを考えましょう。

・「秋の日が、美しくかがやいていました」は、大造じいさんがガンをしとめられると思ってウキウキしている感じがする。

・「あかつきの光が、小屋の中にすがすがしく流れこんできました。」は、「あかつき」が夜明け前だから、これからガンを捕まえてやるぞという気持ちが分かる。

・「東の空が真っ赤に燃えて、朝が来ました。」はその前に「戦闘開始だ。」とも書かれているから、いよいよ決戦という感じがする。

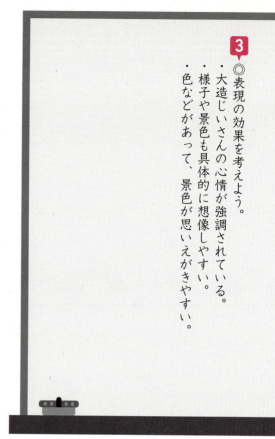

大造《だいぞう》じいさんとガン

効果的に用いられている表現を見つけ、考えをまとめよう。

1

◎すぐれた表現
・人物の様子や場面の様子などが、いきいきとえがかれた表現。
・人物の心情や性格を、情景をえがくことによって読者に想像させる表現の工夫。（情景描《びょう》写）

2

「秋の日が、美しくかがやいていました。」
→ガンをしとめるぞ。ウキウキしている。

夜明け前
「あかつきの光が、小屋の中にすがすがしく流れこんできました。」
→これからガンをつかまえてやるぞ。

「東の空が真っ赤に燃えて、朝が来ました。」
→いよいよ決戦。

「らんまんとさいたスモモの花が、その羽にふれて、雪のように清らかに、はらはらと散りました。」
→さわやか。残雪のけがも治って、晴れやかな感じ。

3 表現の効果について考える〈10分〉

T　情景描写をたくさん見つけられましたね。それぞれどのような効果があると考えますか。

◯表現がある場合とない場合を比べて考える。
◯表現全体や使われている語などに注目する。

4 見つけた表現とその効果について共有する〈15分〉

◯ペアやグループで話し合ってから、全体で共有する。

T　どのような効果があると考えましたか。

・「あかつきの光」や「朝が来ました」というところから、「これから始まる」という感じがします。この表現があると、緊張感がより伝わると思います。
・色に注目しました。「真っ赤に燃えて」はいかにも激しい戦いが始まりそうです。
・「スモモの花」や「雪のように」は白色が含まれていて、清々しさが強調されている効果があると思います。

本時案

大造じいさんとガン 5/6

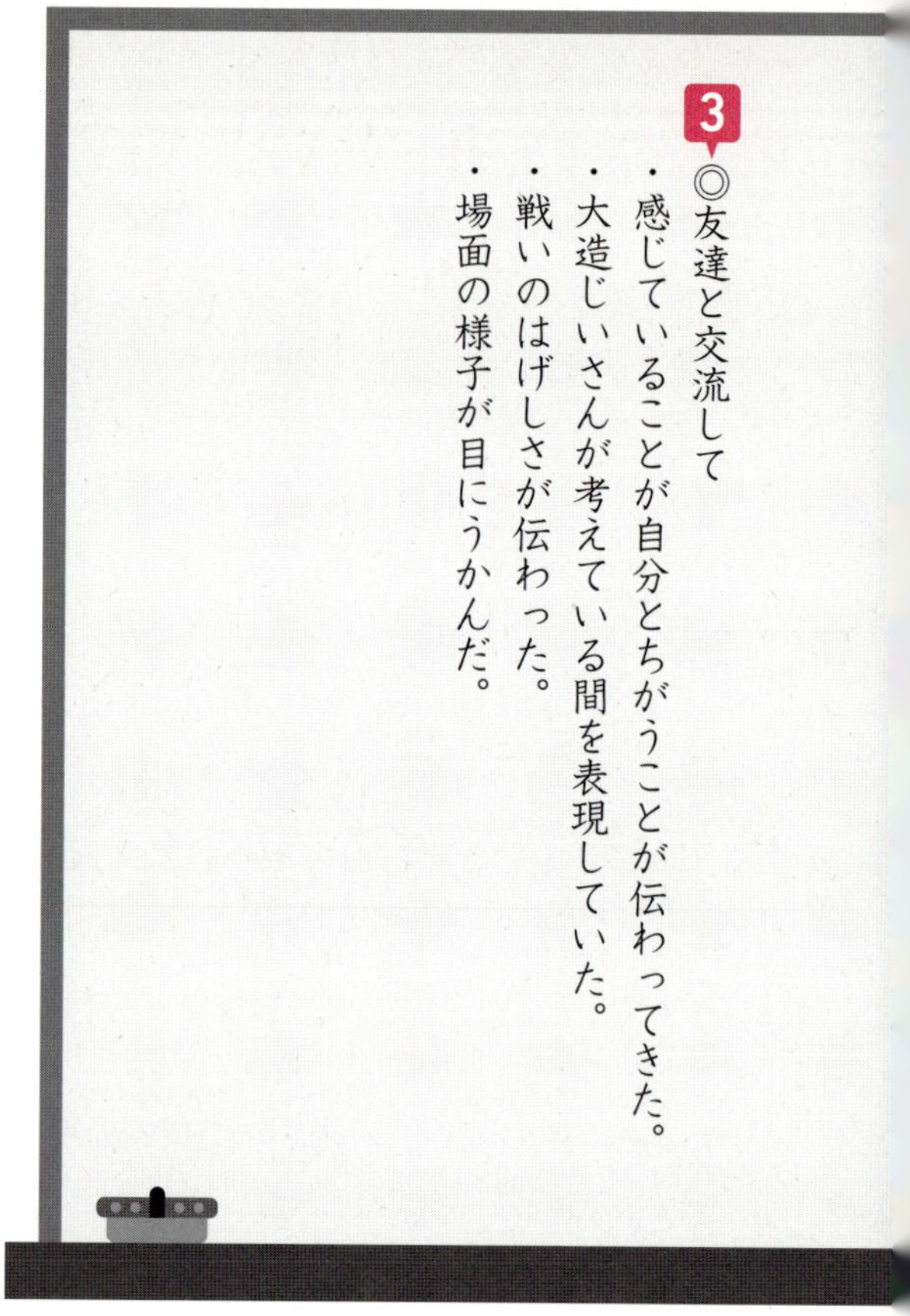
3
◎友達と交流して
・感じていることが自分とちがうことが伝わってきた。
・大造じいさんが考えている間を表現していた。
・戦いのはげしさが伝わった。
・場面の様子が目にうかんだ。

本時の目標

・自分の感じたことを朗読で表現するとともに、友達の朗読を聞き、感想を伝え合うことができる。

本時の主な評価

❷自分の感じたことが伝わるように朗読している。【知・技】

❹感じたことを伝え合い、自分の考えを広げている。【思・判・表】

資料等の準備

・たて罫線入り用紙

授業の流れ ▷▷▷

1 本時の学習課題を知る 〈5分〉

T 学習計画を確認しましょう。

・大造じいさんの残雪に対する見方の変化を読み取ったから、自分が感じたことを朗読で表現する。

・どんなふうに読んだら、想像したことが伝わるかな。

T そうですね。これまで読み取る中で作品について感じたこと、考えたことがありますね。そうした思いを朗読することで伝え、交流していきましょう。

○教科書 P.238下段の「朗読するとき」を確認し、どんなことを意識すればよいかという見通しをもたせる。

○学級で音読記号があれば、活用してもよい。

2 印象に残った場面を選び、理由を書く 〈15分〉

T では、朗読をする場面を決めます。一番心に残った場面とその理由を書きましょう。

・3場面の残雪がハヤブサと戦うところが心に残りました。なぜなら、「ピュ、ピュ、ピュ」「パーンと一けり」「ぱっ　ぱっ」などの音が入っていて、勢いがあるからです。速さや強さを工夫して読みたいです。

・4場面の大造じいさんが残雪に語りかけるところが心に残りました。残雪のことを認めてさわやかな気持ちになっているのが伝わってくるからです。また戦いたいと思う大造じいさんが「おうい、ガンの英雄よ。」と呼びかけた言い方や、晴れ晴れとした感じが伝わるように読みたいです。

大造《だいぞう》じいさんとガン

いちばん印象に残った場面を選び、自分の感じたことが伝わるように朗《ろう》読しよう。

1
◎朗読するとき
・間
・速さ
・強弱
・高低

2
◎印象に残った場面を選び、その理由を考えよう。
・選んだ場面
・理由
←
・どのように朗読するかを考える。

3 友達と交流して、気付きを伝え合う 〈20分〉

T　では、選んだ場面を友達と朗読し合い、お互いに感じたことを伝えましょう。

・４場面を選びました。大造じいさんが残雪に対して清々しい気持ちで送り出していることが伝わるように朗読します。

・４場面で「おりのふたをいっぱいに開けて」の「いっぱい」をゆっくり大きく読んでいたところからも大造じいさんの温かさが伝わってきました。

○選んだ場面と朗読で伝えたいことを説明し、聞き手は朗読を聞いて感じたことを伝える。

4 全体で振り返りをする 〈５分〉

T　友達の朗読を聞いて、気付いたことや考えたことはありましたか。

・友達がどうしてそういうふうに朗読したのかを聞くと、考えていることが似ているようで違うことに気付いて、納得しました。

・同じ３場面を選んだ友達と交流したときに、似ている考えをもっていたけれど、想像している場面の様子や時間の流れ方が違うことに気付きました。自分では、戦いが進むにつれてどんどんスピードアップして展開していく感じがしていたけれど、友達は所々間を取って、大造じいさんがその時々に考えている感じを表現していました。

本時案

大造じいさんとガン　6/6

本時の目標

・物語の魅力を効果的に伝えている表現について、その理由を中心にまとめ、共有し合い、自分の考えを広げることができる。

本時の主な評価

❹効果的な表現について、その理由を中心にまとめ、友達と共有することで考えを広げている。【思・判・表】
❺進んで物語の全体像を具体的に想像し、学習の見通しをもって考えたことを共有し、自分の考えを広げようとしている。【態度】

資料等の準備

・「物語の魅力」ワークシート　22-04
・文例を拡大したもの　22-05

3
◎友達とみりょくを読み合い、感想を伝え合おう。
・大造じいさんの残雪への見方の変化
↓「いまいましい」・「あの残雪め」
・情景描《びょう》写
↓色彩《さい》表現・大造じいさんの熱意、敬《けい》意
・きんぱく感のある表現方法
↓音や様子を表す言葉。「ピュ、ピュ、ピュ」「ぱっ　ぱっ」

授業の流れ ▷▷▷

1　学習を振り返り、本時の学習課題を知る〈5分〉

T　これまで、大造じいさんの残雪に対する見方の変化や、作品の表現の工夫などについて学習してきましたね。学習したことを生かして、物語の魅力をまとめていきましょう。
・友達は魅力をどのように表現するのかな。
・大造じいさんが何度も作戦を考えて試すところがいいな。
・残雪がガンを助けるところが心に残っているな。
・最後の場面がきれいだったな。

2　物語の魅力をまとめる〈10分〉

T　作品の中で最も効果的に用いられていると感じられる表現を選び、その効果と理由をまとめましょう。
○まとめ方のイメージがもてるように、教科書の文例や教師自作の文例を示してもよい。
○文章にまとめることが苦手な子供には、項目ごとに書けるワークシートを活用する。
・朗読で読み方を工夫した表現を中心にまとめよう。
・大造じいさんは、狩人としてガンを捕らえるために作戦を考えていたけれど、残雪の行動によって気持ちが変わったことが分かるところを選ぼう。

大造《だいぞう》じいさんとガン

最も効果的に用いられていると感じた表現を選び、物語のみりょくをまとめよう。

2 ◎物語のみりょくをまとめよう。

・物語のみりょく
・印象に残った表現
・その表現の効果と選んだ理由

この物語のみりょくは、大造じいさんが残雪の行動に強く心を打たれるところだと思います。

特に印象に残った表現は、「東の空が真っ赤に燃えて、朝がきました。」という表現です。この表現から、いかに大造じいさんが残雪に対して強い思いをもっていたかという闘《とう》志が伝わってくると思います。「真っ赤に」や「燃えて」という熱さを表す言葉からもそれが分かります。そのような強い思いをもっていた大造じいさんが、残雪をうつ絶好のチャンスで立ち止まり、残雪の行動に感動してうつことをやめるのが印象的でした。

3 友達と魅力を伝え合い、感想を交流する 〈30分〉

T　まとめた物語の魅力を友達と読み合い、感想を伝えましょう。共通点や相違点を探しながら読み合えるといいですね。

○一人一人感じていることが異なるため、共通点や相違点を考えながら読み合うことで、自分の考えを広げていくことができる。

・表現をいくつか選んで関係付けていることに納得しました。「いまいましい」「あの残雪め」など、何としても残雪を捕えたい思いが強く表れている表現に注目していて共感しました。
・ハヤブサと残雪の戦いのところで、「残雪です。」など短い言葉をつないでいて、緊迫した雰囲気が伝わることが分かりました。

よりよい授業へのステップアップ

学習活動の工夫

物語の魅力をまとめる学習は、本単元で学習したことを振り返り、表現する活動である。これまでの学習では、大造じいさんの言動・情景描写に着目して読むことや感じたことを朗読で表現し合うことを通して、作品の魅力に迫ってきた。それらを生かして、表現の効果とその理由を中心に魅力をまとめていくことが、単元のまとめへとつながる。本時では学級内の友達と共有をするが、他の学級の子供とも読み合う機会を設定することで、より学びが深まる。

資料

1 第1時資料　難語句を調べるためのワークシート　22-01

大造《だいぞう》じいさんとガン

意味調べ

年　組　名前（　　　　　）

ページ									
行									
語句									
意味									

2 第2・3時資料　「心情の変化」ワークシート　22-02

大造《だいぞう》じいさんとガン

年　組　名前（　　　　　）

場面	一	二	三	四
叙《じょ》述				
大造じいさんの心情				

3 第2・3時資料 「心情を表す語彙」 22-03

㊉・好き ・好感をもつ ・親しむ
・いやされる ・落ち着く ・あこがれる
・ときめく ・熱を上げる ・愛している
・愛しい ・かっこいい ・すてき ・むねが高鳴る
・ほれぼれする ・うっとりする ・慕《した》う
・そんけいする ・感めいを受ける ・感心する
・勝てない ・圧倒《あっとう》される ・見習いたい
・和《なご》む ・ほほえましい ・感激《げき》する など

㊀・いかり ・はらが立つ ・いら立つ
・嫌《いや》気がさす ・うらむ ・にくむ
・敵《てき》意 ・しっとする ・軽べつする
・鼻につく ・いまいましい ・うんざり
・不愉快《ゆかい》 ・あきれる ・しらける
・おろおろする ・ゆうえつ感がある
・ばかにする ・劣《れっ》等感がある
・がっかり ・失望する ・見下す
・かわいそう ・切なくなる
・ゆううつになる ・とまどう ・苦手 など

4 第6時資料 「物語の魅力」ワークシート 22-04

大造《だいぞう》じいさんとガン

年 組 名前（ ）

○物語のみりょく

○印象に残った表現

○選んだ理由

○その表現の効果

監修者・編著者・執筆者紹介

[監修者]

中村　和弘（なかむら　かずひろ）　東京学芸大学教授

[編著者]

井上　陽童（いのうえ　ようどう）　東京都小平市立小平第十小学校主任教諭

小木　和美（おぎ　かずみ）　東京都大田区立田園調布小学校主任教諭

[執筆者]　＊執筆順。所属は令和２年７月現在。

		[執筆箇所]
中村　和弘	（前出）	●まえがき　●「主体的・対話的で深い学び」を目指す授業づくりのポイント　●「言葉による見方・考え方」を働かせる授業づくりのポイント　●学習評価のポイント　●板書づくりのポイント
井上　陽童	（前出）	●第５学年の指導内容と身に付けたい国語力　●あなたは、どう考える
小木　和美	（前出）	●第５学年の指導内容と身に付けたい国語力
本村　文香	おおさわ学園三鷹市立大沢台小学校主任教諭	●秋の夕暮れ　●古典芸能の世界―語りで伝える　●古典の世界（二）　●冬の朝
渡邊　克古	山梨県富士河口湖町立小立小学校教諭	●よりよい学校生活のために　●生活の中で詩を楽しもう
佐々木　恵里	東京都武蔵野市立千川小学校主任教諭	●漢字の広場③　●やなせたかし―アンパンマンの勇気　●日本語の表記
吉永　安里	國學院大學准教授	●固有種が教えてくれること／統計資料の読み方／グラフや表を用いて書こう
浅井　哲司	神奈川県厚木市立睦合東中学校総括教諭	●カンジー博士の暗号解読　●複合語　●伝わる表現を選ぼう
井原　英昭	東京都練馬区立大泉学園桜小学校主任教諭	●漢字の広場④　●提案しよう、言葉とわたしたち
須田　美和子	東京都港区立高輪台小学校主幹教諭	●方言と共通語　●想像力のスイッチを入れよう
松江　宜彦	東京都中野区立平和の森小学校主任教諭	●この本、おすすめします　●漢字の広場⑥
吉田　知美	東京都調布市立緑ヶ丘小学校主任教諭	●漢字の広場⑤　●大造じいさんとガン

『板書で見る全単元の授業のすべて　国語　小学校５年下』付録 DVD について

・各フォルダーには、以下のファイルが収録されています。
　①　板書の書き方の基礎が分かる動画（出演：成家雅史先生）
　②　授業で使える短冊類（PDF ファイル）
　③　学習指導案のフォーマット（Word ファイル）
　④　児童用のワークシート（Word ファイル、PDF ファイル）
　⑤　黒板掲示用の資料、写真、イラスト等
・DVD に収録されているファイルは、本文中では DVD のアイコンで示しています。
・これらのファイルは、必ず授業で使わなければならないものではありません。あくまで見本として、授業づくりの一助としてご使用ください。
※フォルダ及びファイル番号は、単元の並びで便宜的に振ってあるため、欠番があります。ご了承ください。

【使用上の注意点】
・この DVD はパソコン専用です。破損のおそれがあるため、DVD プレイヤーでは使用しないでください。
・ディスクを持つときは、再生盤面に触れないようにし、傷や汚れ等を付けないようにしてください。
・使用後は、直射日光が当たる場所等、高温・多湿になる場所を避けて保管してください。
・PDF ファイルを開くためには、Adobe Acrobat もしくは Adobe Reader がパソコンにインストールされている必要があります。
・PDF ファイルを拡大して使用すると、文字やイラスト等が不鮮明になったり、線にゆがみやギザギザが出たりする場合があります。あらかじめご了承ください。

【動作環境　Windows】
・〔CPU〕Intel® Celeron® プロセッサ360J1. 40GHz 以上推奨
・〔空メモリ〕256MB 以上（512MB 以上推奨）
・〔ディスプレイ〕解像度640×480、256色以上の表示が可能なこと
・〔OS〕Microsoft Windows10以降
・〔ドライブ〕DVD ドライブ

【動作環境　Macintosh】
・〔CPU〕Power PC G4 1.33GHz 以上推奨
・〔空メモリ〕256MB 以上（512MB 以上推奨）
・〔ディスプレイ〕解像度640×480、256色以上の表示が可能なこと
・〔OS〕Mac OS 10.12（Sierra）以降
・〔ドライブ〕DVD コンボ

【著作権について】
・DVD に収録されているファイルは、著作権法によって守られています。
・著作権法での例外規定を除き、無断で複製することは法律で禁じられています。
・DVD に収録されているファイルは、営利目的であるか否かにかかわらず、第三者への譲渡、貸与、販売、頒布、インターネット上での公開等を禁じます。
・ただし、購入者が学校での授業において、必要枚数を児童に配付する場合は、この限りではありません。ご使用の際、クレジットの表示や個別の使用許諾申請、使用料のお支払い等の必要はありません。

【免責事項】
・この DVD の使用によって生じた損害、障害、被害、その他いかなる事態についても弊社は一切の責任を負いかねます。

【お問い合わせについて】
・この DVD に関するお問い合わせは、次のメールアドレスでのみ受け付けます。　tyk@toyokan.co.jp
・この DVD の破損や紛失に関わるサポートは行っておりません。
・パソコンやアプリケーションソフトの操作方法については、各製造元にお問い合わせください。

板書で見る全単元の授業のすべて
国語 小学校 5 年下
～令和 2 年度全面実施学習指導要領対応～

2020（令和 2 ）年 8 月23日　初版第 1 刷発行
2021（令和 3 ）年 5 月17日　初版第 2 刷発行

監 修 者：中村　和弘
編 著 者：井上　陽童・小木　和美
発 行 者：錦織　圭之介
発 行 所：株式会社東洋館出版社
〒113-0021　東京都文京区本駒込 5 丁目16番 7 号
営 業 部　電話 03-3823-9206　FAX 03-3823-9208
編 集 部　電話 03-3823-9207　FAX 03-3823-9209
振　　替　00180-7-96823
U R L　http://www.toyokan.co.jp

印刷・製本：藤原印刷株式会社
編集協力：株式会社あいげん社

装丁デザイン：小口翔平＋岩永香穂（tobufune）
本文デザイン：藤原印刷株式会社
イラスト：赤川ちかこ（株式会社オセロ）
DVD 製作：秋山広光（ビジュアルツールコンサルティング）
株式会社オセロ

ISBN978-4-491-04022-6　　Printed in Japan